实用对外汉语教学丛书

欧美学生汉语阅读教学研究

徐子亮　主编

图书在版编目(CIP)数据

欧美学生汉语阅读教学研究/徐子亮主编. —北京:北京大学出版社,2013.12

(实用对外汉语教学丛书)

ISBN 978-7-301-23441-9

Ⅰ.①欧… Ⅱ.①徐… Ⅲ.①汉语—阅读教学—对外汉语教学—教学研究 Ⅳ.①H195.3

中国版本图书馆 CIP 数据核字(2013)第 266451 号

书　　　　名：欧美学生汉语阅读教学研究
著作责任者：徐子亮　主编
责 任 编 辑：沈　岚
标 准 书 号：ISBN 978-7-301-23441-9/H·3425
出 版 发 行：北京大学出版社
地　　　　址：北京市海淀区成府路 205 号　100871
网　　　　址：http://www.pup.cn　新浪官方微博:@北京大学出版社
电 子 信 箱：zpup@pup.cn
电　　　　话：邮购部 62752015　发行部 62750672　编辑部 62767349
　　　　　　　出版部 62754962
印 刷 者：北京宏伟双华印刷有限公司
经 销 者：新华书店
　　　　　　　787 毫米×1092 毫米　16 开本　17.25 印张　420 千字
　　　　　　　2013 年 12 月第 1 版　2013 年 12 月第 1 次印刷
定　　　价：35.00 元

未经许可,不得以任何方式复制或抄袭本书之部分或全部内容。
版权所有,侵权必究
举报电话:010-62752024　电子信箱:fd@pup.pku.edu.cn

前　言

本书是徐子亮教授主持的国家社会科学基金项目——欧美学生汉语书面语阅读教学研究(06BYY025)的成果。

外语教学由于受直接法、听说法和交际法等教学流派的影响,有偏重于听说领先的倾向。但语言教学表明,听说也只是"领先"而已,过后还是要回到阅读上来,语言教学从来不忽视、不排斥阅读的功能与作用。因为阅读是语言输入、扩充和增益心理词典、改造与完善知识结构的重要途径。阅读不受时间与空间的限制,随时都可达到"开卷有益",这是听说教学所无法比拟,也不可能替代的。欧美学生由于受外语教学法流派和汉字识记困难的牵制与影响,常常会走"听说领先"的通道,有的甚至排斥汉语的书面阅读,从而导致汉语学习停滞不前。因此,探究、分析欧美学生汉语书面语阅读以及教学问题,是国际汉语教育领域重要的使命和任务,它有着深刻的理论意义与现实意义。

本书研究欧美学生的汉语阅读教学,着重于基本原理的分析探讨与教学模式的建构与运用,其主要特点体现于创新性、科学性和应用性这几个方面。

一、创新性

1. 提出了欧美学生识记汉字首先要建立汉字字感的观点,将建立字感说的理论引向深入。

字感说在国际汉语教育界提出多年,惜乎语焉不详,鲜有透彻的分析与阐发。本书提出了欧美学生识记汉字首先要建立汉字字感的观点,把建立汉字的字感提到了相当的高度来看待。研究结果表明,欧美学生之所以畏惧方块汉字,原因是多样的。要克服识记汉字的困难,首先得让欧美学生建立汉字字感,熟悉方块汉字的外部形状。就像中国儿童耳濡目染汉字的字形,在潜移默化中具有了汉字的字感,入学认读汉字就能水到渠成。这个原理也能在欧美学生身上起作用。因此本书强调具有汉字字感是欧美学生识记汉字的基础和先决条件,因为只有习惯于方块汉字的线条的纵横架构,才能减少认读障碍。唯此,才有可能逐步建立汉字的心理字库。

2. 建立了在理论指导下形成的适合于欧美学生的汉语书面语阅读教学的

基本教学模式。

建构欧美学生汉语阅读教学模式是本书的重点。这些教学模式是在问卷调查的数据统计、师生访谈的分析,以及对阅读要素(诸如字、词、句、篇、背景知识等)的研究基础上提炼和归纳出来的,并在教学实践中进行了进一步的应用和验证。这是国际汉语教育领域首次基于欧美学生的汉语阅读心理过程和心理规律,针对欧美学生的汉语阅读特点和难点,提出的适合欧美学生的全面系统的汉语阅读教学模式,所具有的针对性、实用性和可操作性是不言而喻的。

二、科学性

本书理论基础扎实,注重跨学科研究。理论阐述注意汲取和运用认知心理学的基本原理和研究成果,对一般的阅读要素、欧美学生汉语阅读中存在的困难和问题、教学模式的建立和应用等等,都进行了深入的剖析和探讨。从认知科学的高度来审视和理解汉语阅读的特殊性,因而研究中每个问题的解释,每个举措的提出,都有认知心理学的基本原理作为基石和支撑;而在引用相关理论进行解释和阐述时,也不作教条式的大段引证,而是结合理论,面对实际问题,用具体实例展开分析或论证。

本书研究态度严谨,方法科学。在撰写过程中多次召开不同类型的研讨会、举办学术沙龙,集思广益,进行充分的研讨和论证;通过问卷调查、访谈、实验研究、现场听课、课堂教学过程实录等等,获取翔实的资料和大量数据。因而,本书所列出的观点、见解和采取的策略等都是通过深入的调研和数据分析归纳、提炼出来的,它符合欧美学生汉语阅读的实际情况,体现其客观性和规律性。研究不拘泥于单一的方式,充分运用了对比分析、统计分析、实验研究、教学实例分析等多种方法,力图分析和阐明问题的实质,归纳和揭示解决问题的途径与方法。

三、应用性

本书理论结合实践。所建立的汉语阅读教学模式阅读理论和教学实践相结合,具有较强的针对性和可操作性,适合于欧美学生汉语阅读教学的实施和应用。汉语阅读教学模式的建构、阐述和介绍都比较详细。其中有模式理论的阐述、模式程序的演绎、模式操作的介绍以及教学实例的展示等等,便于教师掌握与实施,这对提高阅读课的教学质量和效果,有着重要的理论意义和实用价值。这些模式的推广和应用,可以根本改变汉语阅读课教师满堂灌、一言堂的局面,可以(1)促使欧美学生尽快建立中文心理字典和心理词典;(2)创造条件,提高欧美学生切分汉语文字串的能力;(3)保证欧美学生能够较多地积累阅读所需要的语篇知识、百科知识和中国文化知识;(4)有利于培养欧美学生的汉语语感，提高和加强他们在汉语阅读方面的技能、技巧。同时也可以调动和鼓舞学生汉语学习和汉语阅读的积极性，打消欧美学生汉语阅读难的畏惧心理，欧美学生的汉语阅读能力和阅读水平也有望上一个台阶。

本书的主要观点和各章内容简介如下：

一、主要观点

本书依据认知学说和阅读的心理机制，审视欧美学生在汉语书面语阅读方面的薄弱环节，提出了以下一些观点：

1. 建立和加强汉字的字感。欧美学生的汉语书面语阅读，其基础和先决条件是识记和积累足够的汉字，而这恰恰是欧美学生的薄弱环节。要解决这一问题，首先要让欧美学生建立和强化汉字字感，改变只能接收线性排列的拼音文字的视觉习惯，熟悉方块汉字的线条的纵横架构，从而为汉字的认读识记与阅读理解打下基础。

2. 自下而上和自上而下地切分汉字串。汉字与中文词的特殊性也是困扰欧美学生顺利阅读汉语书面材料的一大障碍。本书从字的组合与词语的切分两个方面，进行双向的研究和探索。尤其重视中文词语的切分，由词的层面去认识字（词素）的性质，从上而下地确定字词的区别。这是解决欧美学生汉语阅读的最为基本的要求与手段。

3. 非直觉因素对阅读理解的影响。阅读不仅仅是接触文字、攫取信息的过程，而且更是读者凭借和运用自己的知识和经验去阐释与体察作者写作意图的过程。本研究揭示了世界知识、文化知识、篇章知识在阅读中的预期作用、跳跃作用、补充和想象作用，讨论了欧美学生学习和掌握世界知识以及培养这方面能力的途径，同时也提示汉语教师在阅读教学中应注意和加强知识的传授与补充，扩大课堂阅读教学的容量和空间。从这个意义上来说，本书的研究对目前阅读教学偏重于理解字词句的倾向是有所突破的。

4. 构建良好的教学模式并有效提高学习者的阅读能力。本书形成汉语书面语阅读教学的基本规则，总结并建立了有关欧美学生汉语阅读的教学模式。这些基本规则和教学模式符合欧美学生汉语阅读能力培养的特点，课堂教学运用这些教学模式，必将有效提高欧美学生汉语书面语阅读能力。

二、各章内容简介

绪论部分介绍欧美学生汉语阅读教学研究的性质与意义以及研究的思路与方法；第一章从欧美学生汉语阅读的一般情况、汉语阅读过程和汉语阅读教学等方面分析调查结果；第二章阐述阅读的心理机制，包括汉语阅读的心理流程、汉语阅读理解的认知因素以及元认知与阅读理解；第三章探讨阅读要素——汉字的字感与识记，着重于汉字字感的组成元素、字感的实验与分析、汉字的识记与阅读以及字感的培养问题；第四章论述词语的切分与阅读，分别从词的切分与意义理解、词组切分与意义理解以及影响切分的因素和相关教学要求等方面展开；第五章涉及句群及篇章的把握与阅读理解，解释复句与句群的分析与意义的理解、段落和篇章的理解以及学习者的知识背景对阅读理解的影响等相关问题；第六章讨论欧美学生汉语阅读教学模式的建构，分别就教学模式的性质和种类、教学模式的心理机制以及阅读教学模式的建模和用模等问题提出相应的观点和看法；第七至十二章集中介绍分解整合型阅读教学模式、合作型阅读教学模式、任务型阅读教学模式、前导型阅读教学模式、讨论型阅读教学模式和提问与质疑型阅读教学模式，并对六大模式从模式的性质、模式的认知原理、模式的应用、教学程序、教学实例以及对模式的评价诸方面展开全面的分析论证。

　　本书由徐子亮教授进行课题规划和设计申报，并组织课题组成员撰写。徐子亮负责全书的结构和章节设定，并对全书进行修改与统稿。各章执笔人是：绪论、第一章、第二章：徐子亮；第三章：叶军；第四章：张永奋；第五章：第一、二节张永奋，第三节徐子亮；第六章：徐子亮；第七章：第一、二、四、五节肖路，第三节徐子亮；第八章：陈流芳；第九章：朱勘宇；第十章：陈流芳；第十一章：徐子亮；第十二章：陈流芳。

　　我们期待本书能较好地反映国际汉语教育领域对欧美学生的汉语阅读教学研究的水平，企盼本书能有益于广大读者，并真诚希望学界前辈、同仁不吝赐教。

徐子亮
2011 年 12 月于上海

目 录

绪 论 ··· 1
 第一节 欧美学生汉语阅读教学研究的性质与意义 ················ 2
 第二节 欧美学生汉语阅读教学研究的思路与方法 ················ 5

第一章 欧美学生汉语阅读的调查分析 ································· 10
 第一节 欧美学生汉语阅读的一般情况 ································ 10
 第二节 欧美学生汉语阅读过程分析 ··································· 13
 第三节 欧美学生汉语阅读教学分析 ··································· 20
 第四节 欧美学生汉语阅读的学习特点 ································ 30

第二章 阅读的心理机制 ·· 32
 第一节 汉语阅读的心理流程 ·· 32
 第二节 汉语阅读理解的认知因素 ······································ 36
 第三节 元认知与阅读理解 ··· 45

第三章 阅读要素:汉字的字感与识记 ··································· 53
 第一节 汉字的字感 ·· 54
 第二节 汉字字感的组成元素 ·· 56
 第三节 汉字字感的实验与分析 ··· 61
 第四节 汉字的识记与阅读 ··· 66
 第五节 字感的培养 ·· 73

第四章 词语的切分与阅读 ··· 76
 第一节 词的切分与意义理解 ·· 78
 第二节 词组切分与意义理解 ·· 84
 第三节 影响切分的因素以及相关的教学要求 ······················ 87

第五章　句群及篇章的把握与阅读理解 …… 99
第一节　复句与句群的分析与意义的理解 …… 100
第二节　段落和篇章的理解 …… 105
第三节　学习者的知识背景对阅读理解的影响 …… 110

第六章　欧美学生汉语阅读教学模式的建构 …… 114
第一节　教学模式的性质和种类 …… 114
第二节　阅读教学模式的心理机制 …… 116
第三节　阅读教学模式的建模和用模 …… 119

第七章　分解整合型阅读教学模式 …… 124
第一节　分解整合型阅读教学模式的性质 …… 125
第二节　分解整合型阅读教学模式的认知原理 …… 126
第三节　分解整合型阅读教学模式的应用 …… 129
第四节　分解整合型阅读教学模式的教学实例 …… 132
第五节　对分解整合型阅读教学模式的评价 …… 138

第八章　合作型阅读教学模式 …… 140
第一节　合作型阅读教学模式的性质 …… 140
第二节　合作型阅读教学模式的认知原理 …… 142
第三节　合作型阅读教学模式的教学程序 …… 144
第四节　合作型阅读教学模式的教学实例 …… 150
第五节　对合作型阅读教学模式的评价 …… 162

第九章　任务型阅读教学模式 …… 168
第一节　任务型阅读教学模式的性质 …… 169
第二节　任务型阅读教学模式的认知原理 …… 170
第三节　任务型阅读教学模式的教学目标 …… 172
第四节　任务型阅读教学模式的教学程序 …… 173
第五节　任务型阅读教学模式的教学实例 …… 175
第六节　对任务型阅读教学模式的评价 …… 182

第十章　前导型阅读教学模式 …… 185
第一节　前导型阅读教学模式的性质 …… 186
第二节　前导型阅读教学模式的认知原理 …… 186
第三节　前导型阅读教学模式的内容策划 …… 189

第四节　前导型阅读教学模式的教学程序 …………………………… 192
　　第五节　前导型阅读教学模式的教学实例 …………………………… 194
　　第六节　对前导型阅读教学模式的评价 ……………………………… 199

第十一章　讨论型阅读教学模式 …………………………………………… 202
　　第一节　讨论型阅读教学模式的性质 ………………………………… 203
　　第二节　讨论型阅读教学模式的认知原理 …………………………… 204
　　第三节　讨论型阅读教学模式的应用 ………………………………… 205
　　第四节　讨论型阅读教学模式的教学程序 …………………………… 209
　　第五节　讨论型阅读教学模式的教学实例 …………………………… 213
　　第六节　对讨论型阅读教学模式的评价 ……………………………… 218

第十二章　提问与质疑型阅读教学模式 …………………………………… 221
　　第一节　提问与质疑型阅读教学模式的性质 ………………………… 222
　　第二节　提问与质疑型阅读教学模式的认知原理 …………………… 223
　　第三节　提问与质疑型阅读教学模式的应用 ………………………… 225
　　第四节　提问与质疑型阅读教学模式的教学程序 …………………… 230
　　第五节　提问与质疑型阅读教学模式的教学实例 …………………… 232
　　第六节　对提问与质疑型阅读教学模式的评价 ……………………… 241

参考文献 ……………………………………………………………………… 244
附　录 ………………………………………………………………………… 250
后　记 ………………………………………………………………………… 262

绪　论

　　人类有关世界的知识,绝大部分是依靠文字记载下来的。没有文字的记载,浩瀚的典籍、图书、文献也无从流传和保存。人们之所以能够探究、揭示和解释世界的奥秘,无论是直接的还是间接的,多半得依赖和利用前人的科研成果和书面资料,在此基础上才能有所发现、前进和创新。而要把前人留下的文献资料化为自己的知识,就得掌握阅读的能力和技巧。阅读乃是积累知识、并凭借这些知识进行判断和推理、从而同化和获取新知和未知的最为有效的渠道和途径。没有阅读能力的人,例如文盲,他们也能认识客观世界,并在实践中积累自己的知识,但是他们的见识毕竟有限,常流于孤陋寡闻的境地。因此,每个国家的语文教学,都把培养与提高母语文字阅读能力放在重要的地位。与此同时,人们也十分注重外语阅读的训练,把外语阅读作为第二语言教学的重要组成部分。教育学家与认知心理学家都清楚地认识到,一门外语的掌握,需要有足够的心理词汇和一定数量的句子模式,这是掌握一门外语的基础,而要扎实地打下这个基础,离不开外语阅读教学和外语阅读训练。因而在外语教学领域内,外语阅读教学的研究和探索就很自然地成为一个重点课题和项目。研究的重心主要体现在下列一些方面:外语阅读能力的获得过程,包括心理词汇的积累和扩展、句子模式的掌握和运用、外语语感的培养和强化、阅读内容的逐渐深化、阅读速度的逐步提高和阅读技能的逐步熟练等等;影响能力获得的相关因素的分析,诸如文字的识记、词语和句子的切分、篇章的内部结构,以及读者具备的世界知识(包括图式与心理活动类型)对阅读内容的预期与补充等等;培养外语阅读能力所进行的教学,特别是各类教学模式和渗透在教学模式中的诸种教学策略的研究。本书研究论述欧美人的汉语阅读教学,因而在阐述和分析过程中,除了探究一般的外语阅读教学规律外,笔力着重于欧美学生学习汉语阅读的特殊性分析,以及适合于欧美学生的汉语阅读教学模式的探索,并希冀在这些方面有所突破和前进。

第一节 欧美学生汉语阅读教学研究的性质与意义

任何科学研究的性质都与其研究对象有着密切的关系,而研究对象的特点往往决定了该研究的性质。本研究基本围绕着欧美学生汉语书面语的阅读以及对欧美学生的阅读教学这两个方面来展开,因而研究的性质也将由此而定、其意义也将由此而显现。

一、研究的性质

欧美学生汉语阅读教学研究是一项基础研究和应用研究相结合,并以应用为重的研究。我们的研究对象是欧美学生,研究内容是欧美学生的汉语书面语阅读和对欧美学生的汉语阅读教学。

1. "书面语阅读"的基本定义

由于图视传媒文化的影响,摄影图片类以及漫画书籍的阅读迅速增长,数码影像的虚拟世界冲击了以文字形式构成的书籍的阅读。视频的直观形象以及图片正以惊人的力量改变着人们的阅读取向,以独特的功能创建人们的认识世界(陈相雨、汤天明 2003)。"而作为传播工具,形象的使用已经具有了与书面文字同等重要的地位,报纸、杂志、电影、电视和电脑充满了各种图像,我们的社会靠视觉调谐着"(孟建等 2005)。但是图片阅读毕竟不能替代文字阅读,外国学生的汉语阅读指的是中文阅读,而不是图片阅读。因而本研究之所以提出"书面语阅读",其目的首先在于将我们所研究的文字阅读区别于视觉的图像阅读。

其次,由于作为第二语言阅读的特殊性,汉语作为外语的"书面语阅读"除了报刊、杂志和书籍外,还包括口语的书面形式(即对话体课文或大白话课文)的阅读。汉语作为外语的教学,吸取了国外外语教学法的长处,根据语言交际的需要,注重听、说的训练。教材中的课文或是对话形式,或是叙述性的短文。课文往往集听、说、读、写几种语言技能的训练为一体,其语料大都是地道的口头语言,即使是作为阅读材料的叙述性短文也是口头语的色彩比较浓重。"把口头上说的话写下来,严格地说是不能作为阅读材料的。当然一般初级外语教材都无法避免这个问题,汉语就是因为口语与书面语之间差距较大,所以情况特别突显"(佟秉正 1996)。汉语学习,"语言、声调、汉字(包括繁简二体)、词汇、句型等学生已感应接不暇,如果在文体上再细作分明,一方面增加学生负担,一方面也易造成文白混乱,得不偿失,所以教材编者与教师都不得不采取口头与书面皆用大白话的'一条鞭'法"①。对学习汉语阅读的欧美学生而言，各种教材语料的阅读往往是其汉语阅读的主要部分。因而我们研究的"书面语阅读"当然包括了口语的书面形式的阅读。

再次，我们的研究包含了语句的阅读和文本（即使是便条、通知）的阅读。因为书面阅读的学习规律是：从句子和语段到长篇、由浅入深地循序渐进。如果仅仅把阅读定义在泛读上面，认为浏览或扫视大块文章才叫阅读是不够的，也不符合外国学生汉语阅读的学习规律。实际上，通过语句、短篇的阅读研究，可以从中找出阅读理解的心理过程。同时，对外国学生来说，大块文章的阅读，也不只是满足于一般性的理解，要研究篇章的内在结构对阅读的作用，以及怎样发挥这种内在结构的作用来把握文章的脉络和意义，具有了这种能力，才能掌控阅读的技能技巧，才能自如地对文章进行分析综合，从而提高阅读的质量和水平。

总之，我们的书面语阅读指的是欧美学生在汉语学习过程中的书面语阅读，而汉语学习，包括课内课外的各种阅读语料，决定了欧美学生汉语书面语阅读的范围和特性，我们的研究符合并充分体现汉语作为外语阅读的特点。

2. 基础研究和应用研究相结合，并以应用研究为重

阅读问题的解决涉及汉字的认读和识记，阅读过程对语言形式的理解和领悟等等，这些都与阅读文本和阅读心理有密切的关系。探讨阅读的心理机制、汉字字感的建立、汉语词语的切分和篇章的理解过程等等，进行的是基础性的研究。而阅读教学研究是以教学理论为基础，通过教学实验，进行教学过程分析，探寻对欧美学生行之有效的阅读教学模式，这是实践性与操作性都很强的应用研究。本研究旨在以理论为指导，形成对欧美学生的汉语书面语阅读教学的基本原则，建立相应的教学模式，以提高欧美学生汉语书面语的阅读能力。因而这是一项基础理论与应用相结合的研究。基础理论研究与应用研究是相辅相成的，理论研究是应用研究的基础，而应用研究又能促进理论研究的深入。本研究将二者结合，并以应用研究为重，通过教学活动使基础研究与应用研究不断加强联系，有机结合，进一步提高研究水平。

二、研究的意义

本研究的意义主要体现在以欧美学生汉语书面语阅读的认知机制为基础，探索其阅读方法和途径，建立汉语作为外语的阅读教学模式以及给汉语作为外语的书面语阅读材料的编写提供理论依据和新的编写思路等几个方面。

1. 探索欧美学生汉语阅读的方法和途径

欧美学生的汉语阅读，首先面临的是认读汉字的问题。凡接触过对外国

---

① 佟秉正，从口语到书面——中级汉语教学课题之一[J]，《世界汉语教学》，1996，4：93。

人的汉语教学的,深感欧美学生认读汉字的艰难以及教学的棘手。因为要欧美学生从线性的字母拼读改为线条、笔画立体式的汉字整体识记,不是一朝一夕的事。如何培养建立欧美学生的汉字字感,使汉字识记符合学生的认知心理过程和规律,是首先要解决的问题,因为只有在汉字的认读积累到一定数量之后才能引导学生开展汉语阅读活动。由于汉语的字和词既是关联的、意合的,又是引申的、转化的,所以学生虽然能够认读汉字,却不一定能正确理解词义。即使具有汉字背景的日韩学生,他们在母语中接触的中文借字(词),其意义与汉语的相关字词的意义也有相当的差距,不能完全按照母语的中文借字来解释和理解汉语中的相关字词。更何况没有汉字背景的欧美学生,他们只有在汉语语境中去猜测、推论、断定有关的字词意义。而正确地认读切分词语,准确地理解语句、语段、篇章的意义,还只是阅读的基础。要达到全面、深刻地理解文章的含义,还需要有一定的中国文化知识去融入、渗透和整合,如此才能正确理解和吸收汉字书写的资料和文献。因而欧美学生的汉语阅读应该有符合认知心理规律的独特的方法和途径。本研究旨在以认知规律为指导,探索其汉语书面语阅读的途径和方法,培养他们的阅读兴趣,逐步提高欧美学生的汉语阅读能力。

2. 建立汉语作为外语的阅读教学模式

汉语作为外语的阅读教学虽然已历时几十年,但长期以来书面语阅读教学主要是组织阅读教学和实施阅读过程,通常以教师读讲(包括领读和讲解生词、朗读句子和解释句义、概括段意和揭示中心思想,有时中间穿插个别语法的讲解以及背景或语境的介绍和诠释)结合提问、做练习为主。这种形式是比较传统的教法或者说是比较传统的模式,它们对本国学生的语文学习较为有效,而对外国学生的汉语学习未必一定适合。当然间或也有教师把国外外语教学的方法引进到自己的阅读教学中来,进行了一些有效的、难能可贵的实验和尝试,但总的来说还比较零散,没有真正上升到理论层面,因之没能汇合成汉语作为外语阅读教学的主流。

汉语作为外语的阅读教学,对象是外国学生。如果说由于汉字认读和识记的特殊性,日韩学生尚能适应教师的讲读模式,那么欧美学生则很难跟得上教师的讲读教学速度。欧美学生认读汉字、切分词语、整合词义、理解句意的过程比较长,不时需要反复回视、重新检索、再度整合,有时还要翻阅词典,遴选和推敲词义。他们需要有一个比较自由的阅读时间和宽松的阅读条件,跟在教师后面疲于奔命的学习模式,会因为紧张的节奏和囫囵吞枣、一知半解的状况而失去学习和阅读的兴趣,从而导致学习的迟缓和低效。因此,建立有益于欧美学生的阅读教学模式是国际汉语教育的重任之一。

本研究试图在现代外语教学理论和认知理论的指导下,根据汉语书面语阅读的特点,形成阅读教学的基本原则,建立起科学系统的教学模式,给针对欧美学生的汉语阅读教学提供具有可操作性的参照模式。

3．为汉语作为外语的书面语阅读材料的编写提供理论依据和新的编写思路

目前给外国人学习汉语的教材,有用拼音字母编写,不出现或少出现汉字的。这在学习的初级阶段有助于欧美学生汉语听说能力的培养,但不利于阅读能力的提高。有的教材,忽略了欧美学生认知汉字的特点,每篇课文所包容的内容过深过繁,超出了学生接受的能力。教材编写涉及许多问题,诸如认读汉字的阈限、汉字出现的依据和规律、低频字的识记、字词数量的控制、词义（中文词与母语词）不对应的处理、字词的复现率、阅读材料的字数和篇幅、新词语和新语法点的限度、课文内容的熟悉度等等,这些都必须在教材中有所体现和控制。

本书从认知心理学角度研究书面语阅读的认知心理机制,探寻欧美学生视觉感知的汉语文字材料在头脑中整合意义的过程,探索欧美学生汉语书面语阅读的规律,为编写汉语书面语阅读教材提供认知理论支持下的新思路,改变现阶段人们对书面语阅读教材的提高大多着眼于阅读内容的种类和深浅的状况,切实致力于欧美学生汉语阅读能力的培养和开发。

第二节 欧美学生汉语阅读教学研究的思路与方法

研究思路和研究方法对研究结果会产生直接的影响。清晰的研究思路和科学的研究方法是进行研究的重要基础,也是我们研究的出发点。

一、研究思路

本书的研究思路是：

1．通过定性定量分析,探寻欧美学生汉语书面语阅读的特点。

2．在现代外语教学理论和认知理论的指导下,论述欧美学生汉语书面语阅读的心理过程和心理规律；

3．通过实验研究,探寻建立汉字字感的因素,结合教学培养欧美学生的汉字字感。阅读汉语的书面材料,识记汉字是基础。而认读汉字首先必须建立汉字的字感。让熟悉拼音文字的人建立汉字的字感,就如中国儿童认识汉字之前早有方块汉字的感觉一样,建立接受和认读汉字的前提和基础。通过字感的建立,提高汉字认读识记的效率,为汉语书面语阅读的顺利进行打下良好的基础。

4．研究欧美学生视觉感知的汉语文字材料在大脑中整合意义的过程,分析其语句理解、汉语字词切分的正确与不足之处,考察其汉语语段、篇章理解

的过程以及背景材料对其阅读理解的影响和作用。通过对学习的研究,为阅读教学模式的建立从理论和实践两方面做好充分的铺垫与准备。

5. 遵循书面语阅读的认知规律,充分考虑到欧美学生汉语阅读的特点,在理论指导下构建有序的经验系统:进行教学理论分析、概括基本特征及运作过程,提炼上升为可操作的教学程序,建立科学的阅读教学模式。通过教学程序的阐述,教学实例或教案实例的分析展示,充分体现阅读教学模式的理论意义与实践意义。而模式评价,一方面是归纳总结具体教学模式的特点或长处,另一方面从不足之处为后续研究提供进一步发展的空间。

二、研究方法

研究方法的正确是保证研究的真实性、可靠性并取得成功的前提。以下我们分两个部分加以说明。第一部分综合介绍本书所运用的一系列研究方法,第二部分具体说明问卷调查的相关内容。

1. 总体介绍

本研究的进行,综合运用了以下方法:

(1) 理论构建:通过文献研究和书面及电子资料的收集,掌握目前对外国学生的汉语阅读教学研究现状,吸收国内外相关理论和国内外语教学界及国际汉语教育界的有关研究成果,在理论指导下开展研究工作,构建以拼音为母语文字的学习者汉语书面语阅读及阅读教学的理论框架。

(2) 对比分析:比较拼音文字的线性拼读(从左到右)和方块汉字的整体辨识(自上而下和自下而上)[①],找出学习汉字的途径,建立学习者的汉字字感,为汉语文本的阅读打下基础。基于对比的理念,探讨中文文本阅读在篇章结构和文本背景理解方面的特点,提高欧美学生中文阅读的适应性。

(3) 实验研究和教学案例分析:通过实验研究,探索培养汉字字感的方法和途径。通过现场听课、课堂教学录音和录像,记录课堂教学的全过程。并将录音及录像内容转写成文字材料,分析研究教学的典型案例,寻求适合欧美学生特点的阅读教学模式。通过教学实践,验证教学模式的有效性及存在的问题,并从中归纳出解决问题的步骤和方法。

(4) 统计分析:通过访谈、问卷调查等定性和定量分析相结合的方法,了解欧美学生认读汉字、阅读和理解汉语书面语的过程及策略,总结学习的成功经验和不足,进一步探索欧美学生汉语书面语阅读的认知心理规律。以数据统计形式,对阅读教学模式的构建做不同角度的论证。同时结合访谈,佐证数据的真实性和合理性。访谈对象为欧美学生和从事国际汉语教育的一线教师。访谈内容主要为阅读教学模式的适合性、可操作性及实际效果,以进一步挖掘

---

① 此处的自上而下和自下而上是认知概念。自上而下指从一个字的整体到字的内部结构,自下而上指从一个字的组成部分到一个字的整体。

其深层含义。

(5) 评估分析:通过教学实施,对汉语书面语阅读教学模式进行评估,以进一步完善本文的研究;同时也为模式的推广应用,提高汉语阅读教学水平提供重要依据。

2. 问卷调查

(1) 问卷设计

要研究阅读教学,必须对教学对象有充分的认识,对学生的学习需求有足够的知晓。由此本研究进行的主要是学生的问卷调查。希望通过问卷调查了解欧美学生汉语阅读的兴趣、阅读的障碍和难点、阅读理解的过程和阅读特点,了解他们对阅读课堂教学的要求、对教学活动的认可度与参与度等等,以使阅读教学模式的创建和阅读教学能有针对性地实施。

问卷的科学性和可行性是调查数据可靠性的基本保证。为设计问卷,我们查阅了大量文献资料,研究了国内外学者所设计的有关学习问卷,也分析了国际汉语教育界的研究人员设计的相关问卷。在此基础上,最终我们自行设计了阅读调查问卷。这是因为我们的调查对象是一个特殊的群体——学习汉语的以拼音文字为母语的欧美学生,调查内容具有很强的针对性——反映欧美学生汉语阅读的特点和问题,以及在阅读教学中的一般状况与对阅读教学模式的适应性等等,那么自行设计问卷就更切合研究的要求与实际,更有针对性。当然,我们也从国内外文献资料中吸取了不少有益的东西。在设计过程中集思广益,征求了一线教师的意见,几易其稿。同时通过预测检验问卷的信度和效度,先后三次让欧美学生试答问卷,并对每次的答卷都进行了细致的分析、修改调整,最终定稿并进行大批量的调查。

(2) 问卷内容

问卷内容包括被试的基本情况、一般阅读状况、阅读过程及阅读课堂教学四部分。

① 被试的基本情况包括:性别、国籍、汉语水平、HSK级别、学习目的、学习时间等项。

② 一般阅读状况包括:是否喜爱阅读、阅读种类、阅读难度、阅读时间长度、阅读方式等项。

③ 阅读过程涉及:生词、难词难句的处理、词意猜测方式、句子理解方式、阅读障碍的解决、阅读方式等项。

④ 阅读课堂教学包括:课堂教学步骤的适应性、课堂学习方法的接受度、课堂活动的认可与参与等方面。

(3) 调查规模

本次问卷调查前后历时一年。调查对象为学习中文的欧美学生。

涉及的院校、单位有:华东师范大学、复旦大学、上海交通大学、东华大学、上海市对外服务有限公司对外教育和国际交流部、纽约大学、弗吉尼亚大学、美国国际教育交流协会(CIEE)、意大利米兰大学、俄国彼得堡大学。

国别有：美国(69人)、意大利(14人)、俄罗斯(12人)、哈萨克斯坦(9人)、英国、德国、澳大利亚(各7人)、荷兰(4人)、法国、瑞士、挪威(各3人)、苏丹、以色列、秘鲁、巴西(各2人)、捷克斯洛伐克、土耳其、多哥(各1人)。①

涉及总人数为149人，其中男性：89人；女性：60人。

（4）数据统计

本次调查发放问卷250份，收回193份，其中有效问卷149份。有效问卷的调查人数为调查总人数。我们将有效问卷数据输入电脑进行资料处理，数据基本采用百分比的方法分类统计。这是因为：首先，这个问卷是用于调查汉语学习者的阅读现状，其目的在于了解各种水平和特质的分布状况，而不是做比较、相关等分析。其次，问卷调查中的题目大都具有独立性，题目之间没有交互作用，因此可以每道题独立分析，而不需要研究各题目结果之间的关系。第三，被试量大于30，为大样本统计，每道题的信度和效度都有保障，因此可以进行独立的百分比统计。百分比一般是做频次数据，将某一个种类的数据频率计算出来，然后根据多少做趋势判断。我们的研究不仅仅依靠数据统计的结果得出结论，而是意在参照统计数据发现问题、提出问题，进行分析。我们希望通过统计数据获得一个总体的倾向性。虽然我们没有进行诸如莱克特的五级分制、使用平均值、标准差等一系列的数据处理，但百分比统计已经可以说明问卷调查结果以及研究中的有关问题。并且百分比的分类统计方法计算简便，读者明白易懂，这种方法的运用可以达到我们的目的、满足研究的要求。

3. 访谈

访谈是定性研究中一种重要的形式，访谈往往会使研究者得到预想不到的信息或数据，而有些问题是问卷调查的统计数据所无法反映的，访谈还可以加以弥补，因而本项研究十分重视访谈这一研究方法。尽管访谈花费时间较多，且需要投入一定的经费，但为了研究结果的科学性和说服力，我们仍然采用了这一方法。

访谈对象：学生和教师。

学生：有来华留学的欧美学生，也有在海外学习中文的欧美学生。其中部分学生参与了问卷调查，部分学生未参与。

教师：有在国内从事对外汉语教学的大、中学校教师，包括本校（华东师范大学）教师，也有兄弟院校教师。还有相关语言教学单位的，如上海市对外服务有限公司对外教育和国际交流部专门从事海外商务人员汉语教学的教师。也有在海外从事中文教学的教师，如美国旧金山地区中小学中文教师，加拿

---

① 俄语是哈萨克斯坦主要运用的语言，俄语属斯拉夫语，故将哈萨克斯坦计入。土耳其是跨欧亚两个洲的国家，故亦计入。

大、澳大利亚的大、中、小学的中文教师,还有彼得堡大学、米兰大学、弗吉尼亚大学等大学中文教师。

访谈形式:

有小型研讨会、座谈会、学术沙龙和个别交流。我们在研究期间共召开了两次小型研讨会,举办了主要由青年教师和赴美国进行汉语教学的志愿者参加的三次学术沙龙,还召开了由美国旧金山地区中小学汉语教师和美国纽约中小学汉语教师参加的两次座谈会。此外还进行了多次个别访谈。总计参与访谈人数达106人。

访谈类别:

我们进行了开放式访谈、半开放式访谈、结构化访谈和半结构化访谈。除了开放式访谈,一般情况下在访谈前,我们拟定调查提纲,特别针对问卷调查的统计数据不能充分表现与深入的部分,设计访谈提纲。开放式访谈由于受限制少,往往可以谈得比较深入,但有时也会因信息较繁杂且比较粗疏,需要在分析时仔细梳理,以便能从中找出规律性的东西。半开放式访谈有事先设计好的问题,参与访谈的师生可以围绕问题展开谈话。而结构化访谈则会按照事先拟定的问题进行有针对性的问答。这样的问答控制性很强,访谈对象一般不会随便发挥,但又容易流于简单而不太可能有新意或较为深刻的观点或意见。相对而言,半结构化访谈就比较宽松,不太拘泥于所设计的问题。以半结构化访谈佐之,能弥补结构化访谈的不足。

综上所述,本书研究方法的特点集中体现在两方面:

1. 研究方法的综合运用。本研究所运用的每一种方法都各有其优点、局限性和不足。采用多种方法的综合运用,可以弥补单一方法的局限性。多种方法的结合、相互补充和印证,可以使研究结果更为可靠,更具说服力。

2. 研究理念与教学实际相结合。本研究注意融入最新的情境学习理论的观点,使研究理念与欧美学生的汉语阅读教学相结合,并根据教学实际情况进行分析、尝试和验证。因而本研究具有较大的应用价值,研究成果可付诸教学实践。

第一章 欧美学生汉语阅读的调查分析

外国学生汉语阅读能力的培养和提高,具有一定的规律性,例如随着识读汉字、积累词汇、掌握句式的不断巩固与丰富,阅读水平也相应得到逐步的提升。其中识记汉字的数量尤为关键,它影响着汉语书面资料的阅读和理解。日韩学生阅读能力较强,得益于母语中存有汉字借字,可以用来扩大识读汉字的数量;欧美学生阅读水平较低,应归因于母语属拼音文字系统,其认知习惯不适应认读与识记方块字形。因而不同国别与语种的学生,在学习和培养汉语阅读能力方面存在着一定差异,也因此而形成各自的汉语阅读特点。汉语作为外语的教学必须针对外国学生汉语阅读的不同特点,例如欧美学生阅读汉语书面材料的特点,选取与构建阅读教学模式,进行有效的教学,以提高他们的阅读能力和阅读水平。

为了能够充分揭示欧美学生在汉语书面阅读方面的状况、特点与要求,我们做了问卷调查,并专门找了一部分欧美学生以及对阅读教学特别有经验的教师进行了访谈。下面就问卷调查的相关数据统计和访谈记录,进行梳理、综合、归类和分析。

第一节 欧美学生汉语阅读的一般情况

本节主要陈述被调查对象的汉语水平和欧美学生对汉语阅读所持的态度,其中有问卷数据统计,有对学生与教师的访谈记录,并对此进行了综合与分析。

一、被调查对象的汉语水平

本项目调查的欧美学生分布在初级、中级、高级①等几个层次,他们的汉语阅读水平和阅读状况也相应地有所不同。

1. 问卷数据统计

表1—1:被调查学生的汉语水平分布

汉语水平	初级	中级	高级
人数/百分比	86/58%	56/37%	7/5%

2. 访谈记录

问:根据问卷题目,请谈谈你们的汉语阅读情况。
学生的回答:

(1) 我们几个是初级班的,学习一篇课文前先自己阅读有很大困难。我们有时只能看懂课文中的几个句子,有时能看懂内容简单的一段。

(2) 我们是中级班的,上课前能够预习一篇还没有教过的课文,可以懂得大概的意思。不过对内容不太熟悉的课文,理解模模糊糊的。

(3) 我们两个是高级班的,一般能够读懂比较长的课文,课外我们也找一些报刊或杂志上有兴趣的文章看看。

教师的反映:

初级班的欧美学生比较多,可以单独编班;到了中年级,欧美学生相应减少,一般都跟亚洲学生混合编班;到高年级,欧美学生可说是凤毛麟角,班级里大多是日、韩学生。这个情况说明欧美学生学习汉语比较困难,特别是汉字常常成为绊脚石,妨碍了欧美学生汉语水平的提高,也影响了欧美学生汉语书面阅读能力的提高。

3. 调研的综合与分析

被调查的欧美学生,汉语初中级的学生居多,约占95%,其阅读能力也依次相应为:能读一段话或较长的段落;能阅读一般文章。达到高级阅读水平的较少。客观情况决定了本项目的研究着重在初中级学生的汉语阅读。因为这个层次的学生最多,也最典型。他们积累了一定数量的词汇,基本学完了汉语语法,也了解一些中国的文化知识,培养了一定的汉语语感,从而有条件和能

---

① 初级:能较顺利地听懂并进行日常对话,能阅读较长的段落,能写出表达比较准确的句子及段落。
中级:能很顺利地听懂并进行一般对话,能阅读一般文章,能写出表达准确的句子及文章。
高级:能听懂并进行专业性较强的对话,能阅读专业性较强的文章,写作表达准确,可以翻译专业文章。

力开展一些汉语的阅读活动,具有一定的代表性。

二、欧美学生对汉语阅读所持的态度

根据问卷调查,欧美学生学习汉语,有 2/3 是希望能够阅读汉语书面材料的;至于 1/3 学生不喜欢汉语阅读,原因种种,而最主要的问题是汉字难学,书面材料中生词太多,要读懂它,障碍重重,因而缺乏阅读兴趣。

1. 问卷数据统计

表 1—2　欧美学生对汉语阅读的态度

态度	很喜欢	比较喜欢	不太喜欢	很不喜欢
人数/百分比	28/19%	73/49%	43/29%	5/3%

表 1—3　不喜欢汉语阅读的原因(以表 1—2 选择"不太喜欢"和"很不喜欢"的 48 人计)

原因	生词太多	语法结构太难	不熟悉汉语的文化背景	阅读速度太慢
人数/百分比	25/52%	7/15%	7/15%	9/18%

2. 访谈记录

问:欧美学生对汉语阅读的兴趣怎样?为什么有些同学不太喜欢汉语阅读?

学生的回答:

学习一门外语,能够达到阅读的水平,自然很高兴,也就会越来越喜欢阅读,学习汉语也一样。但是汉字很难学,我们说话和听力提高了,阅读却很难有进步,因为不熟悉的汉字与词语太多,我们读不懂文章的意思,所以有些同学不喜欢阅读课,有的只想学习一些说话,不想学习阅读。

教师的反映:

识记汉字是汉语阅读的基础,欧美学生汉语阅读水平上不去,很重要的原因是识记和积累的汉字太少,中文词汇量也不够。一个句子中,生字(词)占 1/4,尚可勉强阅读;如果占了 1/3—1/2,那阅读只能抓住少数几个零散的词语,句子的意思加合不起来,就很难读懂了。另外,阅读速度的缓慢,在一定程度上也影响了他们对汉语阅读的积极性。

3. 调研的综合与分析

根据问卷调查,欧美学生喜欢和比较喜欢汉语阅读的人数占调查总人数的 68%,说明他们是有阅读汉语材料的兴趣和愿望的。至于 32% 的学生不太喜欢和很不喜欢汉语阅读,主要是碍于生词多的缘故。生词多起因于生字多,一个句子中生词一多就很难看懂,阅读也就进行不下去。另外,欧美学生对中文词的反应也较慢。阅读时,对一些已经学过的、出现频率低的中文词,要思索一会儿才能把它们从记忆中唤醒与提取出来。阅读速度的缓慢,自然就影响到阅读兴趣。因此生词多和阅读速度慢是欧美学生不太喜欢和很不喜欢汉语阅读的主要原因。至于语法难与文化背景不熟悉也会影响到阅读,但已不是主要因素了。

第二节 欧美学生汉语阅读过程分析

这一节主要陈述和讨论欧美学生汉语阅读障碍与克服举措、阅读过程中有关复读与回视、阅读理解的母语转译,以及关于阅读习惯等问题。包括问卷与数据,有对学生与教师的访谈记录,并对此进行了综合与分析。

一、阅读障碍与克服举措

欧美学生在阅读汉语材料时,遇到文字障碍或难词难句,常用查字典、请教旁人、跳跃语句、根据上下文猜测等举措来克服或解决。但不是所有的学生都能这样做的,这跟汉语阅读的水平有关。阅读的初级阶段,往往是一个字、一个词地硬读(查读或问读),还没有这个水平来跳跃和猜测,只有到了中高级阶段才逐步具备跳跃语句和猜测词义的能力。

1. 问卷数据统计

表1—4 阅读时遇到生词或难词的解决办法

方法	查字典	跳过去	通过上下文猜	问别人	
程度	人数/百分比				合计
初级	45/52%	5/6%	11/13%	25/29%	86/100%
中级	24/43%	6/11%	15/27%	11/19%	56/100%
高级	1/14%	2/29%	4/57%		7/100%
总计	70/47%	13/9%	30/20%	36/24%	149/100%

表1—5 阅读时遇到难句的解决办法

方法	查字典或书	跳过去	通过上下文猜	问别人	
程度	人数/百分比				合计
初级	10/12%	8/9%	18/21%	50/58%	86/100%
中级	9/16%	5/9%	23/41%	19/34%	56/100%
高级	1/14%	2/29%	3/43%	1/14%	7/100%
总计	20/13%	15/10%	44/30%	70/47%	149/100%

表1-6 自己阅读时的要求

方法 程度	每个词都弄懂 人数/百分比	弄懂大部分词	只要求知道个大概	合计
初级	17/20%	41/48%	28/32%	86/100%
中级	9/16%	29/52%	18/32%	56/100%
高级	1/14%	4/57%	2/29%	7/100%
总计	27/18%	74/50%	48/32%	149/100%

2. 访谈记录

问：阅读一篇汉语课文或汉语课外读物，遇到生词或难句怎么处理？采取什么措施来解决？

学生的回答：

遇到生词，我们习惯上翻看课文后面的生词表，生词表没有的，就查词典。有时因为读不出字或词的音，查词典很困难。如果解决不了生词问题，就只能问同学或老师。要是句子中的生词不多，跳开这些生词还能理解句子的意思的话，那就跳过去。

开始学习汉语阅读，我们一个字一个字地念，一个词语也不放过去。后来，特别是学了比较长的一段时间，大概到中级班，我们慢慢学会跳过一些词语或者根据前后句子的意思来猜词义；不熟悉的、不重要的词语看一眼就过去。只要能够知道句子中大多数词语的意思，那么就可以理解句子大概的意思了。

教师的反映：

欧美学生汉语阅读的初始阶段，应该要求弄懂句子中的每一个词语，因为这好比是原始积累，词语积累不多，不丰富，是无法进行汉语阅读的。

但是到了中级阶段，阅读有了一定的基础，阅读的容量大了，阅读的篇幅长了，这时候应该有意识地培养他们跳跃阅读的能力，学会抓住重要的或关键的词语，从中攫取有用的信息。不必死抱住每一个词不放。例如汉语水平考试（初中等）的阅读题，文本很长，有的也很艰深，但答题要求并不高，只要能够抓住文中的有关要点，许多词语跳跃过去并不妨碍阅读理解。

3. 调研的综合与分析

欧美学生在阅读训练中，特别是初级阶段，遇到生词或难词查词典（一般使用音序检字法，笔画和部首检字比较难掌握）是个很好的阅读习惯（以后到了熟练阶段，从语境猜测词义或跳跃，则上升为主要方式），多数学生（占52%）是这样做的。查词典是把新知或未知的汉语词语与已知的母语词语相联系的过程,凭借母语的词语概念与词典的解释来判断与理解生词在句中的意义和作用。这种举措可以提高阅读水平,也可以扩充词语知识。

低年级学生的阅读困难主要反映在生词上(因为阅读的内容可能就是一句话或两句话),高年级学生的阅读困难主要反映在难句上。欧美学生遇到不懂的句子,就问别人,主要是问老师,也问旁边的同学,他们没有什么思想顾虑。所以就生词而言,初级有29%(中级有19%);就难句而言,初级有58%(中级有34%,高级有14%)的欧美学生会向老师提问、质疑,或向别人请教,不像日韩学生遇到问题冥思苦想的居多,生怕自己提的问题太幼稚而被人笑话。当然,高年级学生的阅读也不是遇到每个难句就问,他们有条件和能力根据上下文语境和句中词语的一些信息去猜测句子的意思。因此靠猜测来理解句意的情况也有一定的比例。对于难句也可以采用跳跃的办法,特别是有些不甚紧要的句子,但跳跃过多,就无法连贯和理解段落的意思,因此这种方法应用的学生较少,初级和中级都只占9%,高级则上升到29%。

具有初级阅读水平的学生,他们一般都要求弄懂句中的每个词,才能理解句子的意义;具有中高级阅读水平的学生,他们只要弄懂句中的大部分词,就可以凭借语境和自己的世界知识来判别和断定语句的意思。如果是泛读(即浏览、扫读等),目的只是获取有用的信息,那就只要求知道个大概就行了。但是泛读的难度比精读高,所以反映在欧美学生的阅读中,弄懂大部分词较之于知道个大概的人数要多得多,前者中级占52%,高级占57%。

二、阅读与理解

欧美学生的汉语阅读,有个逐步熟练的过程。开始阶段,复读与回视率较高,时不时地要回过来重读,以求得每词每句的理解;而在理解过程中,常需不同程度地用母语进行转译,才能加合中文词语的意义从而读懂它们,母语转译成分越少,就越能说明阅读的熟练。当然这里还涉及阅读者的阅读水平与阅读习惯。

(一)复读与回视

复读与回视是阅读理解不可避免的策略。一般来说,复读及回视率与阅读的熟练程度成反比:回视越多,越显得阅读的不熟练;复读越少,越能反映出阅读的成熟。对欧美学生来说,阅读中频繁的复读与回视,表明他们正在努力思考和探索语句的意思,有其一定的积极意义。

1. 问卷数据统计

表1—7 阅读中遇到不理解的句子时采取的办法

方法	从头开始再读一遍	反复看句子中难懂的词语	跳过去
人数/百分比	78/52%	65/44%	6/4%

表1-8 阅读中因跳跃而意思不连贯时采取的办法

方法	重读	抓主要词语的意思	读到后文时再联系前面跳跃部分	放弃理解
人数/百分比	35/23%	48/32%	59/40%	7/5%

2. 访谈记录

问：阅读过程中，遇到不理解的句子或者句子与句子之间意思连接不起来，怎么办？

学生的回答：

阅读时经常会碰到难懂的句子，如果放过去，跳过去，有时候会不理解后面句子的意思，有时候会错误理解，所以我们读着读着常常要回过头来重读这个句子，很可能不止一个句子，也许要重读前面的好几个句子。

重读一遍或几遍句子，有时仍然读不懂，那只能暂时放一放，再继续读下去，读到后面再联系前面的句子，几个句子的意思可能就连接上去了。

实际上，重读句子往往是反复看、反复想这个句子中难懂的词语。如果这些词语读懂了，句子的意思也就理解了。

教师的反映：

外国学生在汉语阅读过程中，回过头来重读一、两个句子是很普遍的现象。尤其是初中级阶段，学生已经具备一点汉语的阅读技能，但还不很熟练，他们的阅读理解基本上是词语意思加合为句子意思。如果所读的某些词语没能马上反应过来，就影响到对该句子的理解，甚至还影响到后续句子的理解。所以重读与回视，实际上是阅读理解很好的举措。

3. 调研的综合与分析

欧美学生在汉语阅读过程中，多数是遇到难句就问别人或进行猜测，很少跳跃过去（只占4%）或放弃理解（只占5%）的。而所谓的猜测也不是胡猜乱测，它是建筑在反复阅读的基础之上的。特别对欧美学生来说，更需要进行重读，因为他们从接触汉字（词）到头脑中进行正确的反应与匹配，所花的时间较日韩学生长。在某些字词上停留时间多些，对某些句子进行重读，是积极的思考过程，有助于汉语阅读能力的培养。而且，是从头开始再读，还是反复看句子中难懂的词语，都是试图从上下文语境中得到某些启示，努力诠释这个不太理解的句子。反复看和反复读的目的，是竭力抓住一丝一毫的线索，回忆储存在长时记忆心理词典中的词语，希冀能激活和提取可能存在于记忆库中的这个词语的音、形、义，以便确定词语的意义。当然，实在提取不出，那就只能猜测句子的近似义，或者跳跃过去了。

阅读理解从句子的开头就开始，还是到句子的末尾才开始？熟练的读者应该是从接触书面材料的词语就开始理解,随着一个个词语意义连续被认知,句子的意义也越来越明了。问题是对于阅读还不怎么熟练的欧美学生来说,阅读没有那么顺利,阅读中难免有词语或句子的跳跃,因此常常到了句子的末尾,在理顺句子的含义时,要回过头来重读,看看意思能否连接起来。实在连接不起来,就放一放,先读后面的句子,领会后面句子的意思,再联系前面跳跃的语句,从下文倒推上去求得理解。这种方法运用比较普遍。不过也有较多的学生抓住主要词语的意思,获取主要信息后,进行跳跃性的大致连接,这在泛读过程中运用较多。至于因为难解而干脆放弃对这个语句的理解,为数毕竟不多。

(二)母语转译

读者阅读外语书籍,一般都会有母语转译的手段参与,区别在于参与程度的高低和参与数量的多寡。欧美学生汉语阅读技能的培养与训练,可以说是依赖母语、利用母语、摆脱母语的过程。当然,母语转译越少,说明欧美学生直接运用汉语理解汉语语料的水平越高。

1. 问卷数据统计

表1-9 阅读句子时的母语转译

方法	把汉语词语意义翻译成母语来理解	一半翻译成母语来理解	直接用汉语来理解
人数/百分比	40/27%	81/54%	28/19%

2. 访谈记录

问:在汉语阅读过程中,母语起什么作用?

学生的回答:

我们在阅读汉语课文时,多数情况是把汉语的词一个个翻译成母语词的意思,再把它们连成句子的意思来理解。这样的情况会持续很长一段时间。到了中高年级,对于熟悉的汉语词语与汉语句式,基本上可以用汉语反应出句子的意思;但对不太熟悉的词语与句式,或者用汉语理解感到困难时,还是要用母语来翻译然后理解的。完全用汉语直接来阅读理解的,还是比较少的。

教师的反映:

欧美学生汉语阅读的培养,总的来说,是依赖母语、利用母语、摆脱母语的过程。开始阅读,一般都依赖母语转译来理解,阅读速度较慢;中间阶段是一部分用汉语直接理解,一部分利用母语转译来理解,加快了阅读速度;最后是摆脱母语,直接用汉语理解,阅读的速度更快了。所谓直接用汉语理解,对于欧美学生来说,实际上是用母语转译的时间极为短暂,自己已感觉不到,其实母语的杠杆作用或多或少还是存在的。

3. 调研的综合与分析

成年的欧美人已经建立了比较完整的母语词语第二信号系统,当他们学习外语或汉语时,必须建立目的语词语的第二信号系统。前一个信号系统是欧美学生非常熟练的;后一个信号系统是欧美学生尚在学习和构建的。由于两个信号系统之间有许多对应或相关的地方,因此,在运用目的语阅读和说话时,尤其是对目的语词语不太熟练的情况下,会不由自主地依赖母语进行翻译,实现两个第二信号系统之间的转换。

欧美人阅读汉语书面材料,初中级阶段基本上是把汉语词语翻译成母语意义来理解,中间必须有个转译过程,也就是说,当视觉接触到汉字,如果觉得是熟悉的词,头脑里马上会出现跟母语词语相对应的概念或意义;如果是不太熟悉的词,那得在头脑里思索或搜寻其与母语词语相近的意义,待到句子的词语都翻译成母语时,才能把它们的意义加合起来。到中高级阶段,阅读汉语书面材料比较熟练时,当接触到熟悉的词语,头脑里马上能闪现其概念,不需要有意识地翻译成母语词语(或者说翻译的过程速度很快,可以忽略不计),只有遇到不常用或比较生疏的词语时,才要进行翻译。利用母语转译到直接用目的语理解的过程是漫长的,会时有反复,呈螺旋形上升。应该说,阅读理解的训练,实际上就是逐步减少用母语翻译的过程。因而,欧美学生的汉语阅读,大一半是用母语翻译来理解的,约占54%,真正能直接用汉语来理解的为数不是很多,只占19%。

(三) 阅读习惯

所谓汉语阅读习惯,实际上是汉语水平高低的一种外在反映。识记汉字少,积累中文词不多,阅读理解自然只能一字一词地译成母语概念来理解句意。随着中文水平的提高,阅读时,抓住几个词语的意义就能理解句子意思,即使句中有两三个词语不熟悉或吃不准,也可凭句意反过来推测、确定它们的意义。到高年级,就可凭着汉语语感,从整个篇章出发来抓关键语句,攫取其主要信息,从而理解所读材料的内容。

1. 问卷数据统计

表1-10 词义和句意的理解

方法 程度	先词义再句子 人数/百分比	先句意再确定词义	从词义到句子再从句子确定词义	合计
初级	33/38%	23/27%	30/35%	86/100%
中级	18/32%	13/23%	25/45%	56/100%
高级	1/14%	2/29%	4/57%	7/100%
总计	52/35%	38/25%	59/40%	149/100%

表 1—11　阅读时习惯上意义理解的凭借

意义理解的凭借	语法分析	字词意义	语感	
程度	人数/百分比			合计
初级	4/7%	59/66%	23/27%	86/100%
中级	6/14%	27/43%	23/43%	56/100%
高级	1/14%	3/43%	3/43%	7/100%
总计	11/7%	89/60%	49/33%	149/100%

表 1—12　汉语阅读时最关注的内容

最关注的内容	字词的意思	语法结构	信息	文化背景	
程度	人数/百分比				合计
初级	55/64%	6/7%	22/26%	3/3%	86/100%
中级	20/36%	5/9%	25/44%	6/11%	56/100%
高级	1/14%	1/14%	4/58%	1/14%	7/100%
总计	76/51%	12/8%	51/34%	10/7%	149/100%

2. 访谈记录

问：阅读时，你们习惯上是怎样来理解意义的？

学生的回答：

刚开始学习汉语阅读的时候，我们都是一个字一个词地辨认，确定词语的意义，再把它们加合为句子的意思。有时对句子的意思或句子中某个词语的意思决定不了，会先放一下，读后面的文章。等读到后面整个文章的意思大概明白了，再回过来猜前面意思不清楚的句子或词语。

中级阶段，我们常常这样来阅读汉语材料：先读、理解词语的意思，决定不了的就重读这个句子，依靠句子意思来选择和确定词语意思。

听话和说话常常凭汉语语感，阅读也要依靠汉语语感。我们有时候就是凭汉语语感来猜想或推测词义，这样可以加快阅读和理解的速度。

教师的反映：

欧美学生的汉语阅读，开始的习惯常常是念读（边看边念）或指读（手指点着汉字读），这两种读法都比较初级，说明他们的阅读理解是一个词、一个词的意义加合。后来发展为默读，虽然也含有喉头肌肉的念读动作，但不一定是逐字逐词地读，可能有所跳跃，程度高的还可以做到扫读，即一眼数词或一目数行地读。这说明这部分学生已经脱离初级的读法，可以抓住关键词语和关键句子从而攫取其中的信息了。

3. 调研的综合与分析

欧美学生先理解词义再理解句子的较为普遍，约占总数的 35%，其中初级学生运用的更多些。先理解句意再确定词义的,相比之下要少些,因为有一定难度,约占总数的 25%。一般而言,阅读要求速度快、理解准,所以大多数学生是采用由词而句和由句而词两相结合来进行阅读理解的,这也比较符合阅读的基本规律,为多数欧美学生所乐于采用,约占总数的 40%。

　　欧美学生的阅读主要依靠字词意义的加合来理解,这是实词策略。实词意义比较实在,概念比较清晰,一个句子的实词意义搞清楚了,句子的意义也就清晰明了了,故而为大多数欧美学生采用,初级占到 66%,中高级也占到 43%。至于语法策略,往往是在发生歧义或结构复杂、句意不清时使用,实际阅读中运用不多,初级占 7%,中高级占 14%。中高级比例的上升从另一方面说明语法策略的运用需要一定语言基础的支持。凭汉语语感来帮助阅读理解,初级占 27%,中高级占 43%。因为在汉语语感里,已经融合了词语(包含词组)的搭配意义和句法作用。

　　欧美学生的汉语阅读,最关注的是字词的意思,占总数的 51%(其中初级占 64%,中级占 36%,高级占 14%),其次是语句所包含的信息,占总数的 34%(其中初级占 26%,中级占 44%,高级占 58%)。因为信息是由字词传递的,字词加合的意思,构成命题,命题就是信息,而攫取信息正是阅读的根本目的。至于语法结构与文化背景,在深入理解书面材料所蕴涵的意义时,也有一定的作用(前者占总数的 8%,后者占总数的 7%)。不过这是中高级水平的学习者可能用到的,统计数字显示中高级水平学习者的关注比例明显高于初级学习者。

第三节　欧美学生汉语阅读教学分析

　　这一节主要陈述欧美学生对阅读课的要求、阅读课的前期准备、阅读课的有效方法、阅读理解的整合方式、阅读与念读的关系、快速阅读能力的培养等问题,结合问卷与统计数据,以及对学生与教师的访谈记录,进行综合与分析。

一、对阅读课的要求

　　阅读课是一门综合性、技能性较强的课程,欧美学生对这门课程的期望值也比较高。他们希望通过阅读教学和综合训练,积累较多的中文字词和语篇知识,丰富自己的文化知识,不断提高汉语水平和阅读能力。

1. 问卷数据统计

表1-13　学生希望教师在阅读课堂上做的工作(可以多选)

项目	人数	百分比
解释词语	102	68%
介绍背景	60	40%
讲解语法	73	49%
讲解难的句子	80	54%
讲解文章意思	57	38%
做课后练习	39	26%
让学生讨论	52	35%
让学生查找资料	19	13%
讲解汉字	25	17%

2. 访谈记录

问:你们对老师上阅读课有些什么要求？希望老师讲什么？做什么？

学生的回答:

　　我们阅读课文,比较困难的是生词和有新的语法的句子,所以最希望老师讲解生词和语法。但有的课文生词太多了,一下子学习那么多生词,记不住,很快就忘了。最好是看课文的情况,分段讲解生词。结合课文学习生词,容易懂,也容易记住。

　　有些句子因为生词多,难懂；有的句子有新的语法,不好懂；有的句子好像没有生词,但还是看不懂,老师说是因为里面有俗语和习惯语,句子意思要转变一下。这些方面都需要老师重点讲解。

　　了解文化背景,对阅读和理解课文的意思也很重要,我们比较喜欢听。但是我们不喜欢老师一个人讲,大家一起讨论有意思,我们很有兴趣。

教师的反映:

　　对外汉语教师上阅读课,一般的教学程序是:介绍课文的文化背景→讲解生词→讲解新的语法或句式→读课文→疏通句子→分清段落意思,最后归纳中心思想。不过这适合于日韩学生。对于欧美同学,最好能开展讨论,因为他们的特点是喜欢主动学习。被动地听教师讲,时间不能太长,否则就坐不住。

　　对于高年级的欧美学生,就课文内容讨论还不够,应该布置他们自己去寻找有关材料,拓宽思路,深化思想,阅读的兴趣才会提高。

3. 调研的综合与分析

阅读课的综合性较强，输入的知识比较多，词语、语法、文化知识等等，接收的内容很多；阅读课对汉语能力的培养比较全面，从接触文字转化为语句的意思，从句子的连贯和关联转而理解句群、段落的意思；从文化背景的联系转而对文章意思的深刻理解；从课堂讨论的各抒己见到意见的趋同，等等，包含着种种心理认知和心理活动，其中有视觉和听觉的活动，有思维和整合的活动，有书面文字与口头语言的互相转化活动。因此，汉语阅读教学搞得好，对欧美学生的汉语水平和汉语实用能力的提高，有着很重要的意义和作用。至于教学内容和教学活动的安排，当视课文的内容、文字的深浅、学生的语言水平等具体情况而定。

二、阅读课的前期准备

读懂一篇课文或语料，了解有关的文化内容至为重要。欧美学生比较欢迎教师在正式上阅读课文之前，能讲解、介绍或推荐一些与课文有关的文化知识和资料，让他们有个先期的准备（包括文化上的、内容上的、心理上的准备），以便顺利地进入阅读状态。

1. 问卷数据统计

表1-14　对阅读课文涉及的文化内容处理方法

方法	听老师介绍	自己查找资料	知道不知道都无所谓
人数/百分比	112/75%	28/19%	9/6%

表1-15　对于上阅读课之前教师向学生介绍关于文章内容的前导性材料的需求

需求	需要	不需要
人数/百分比	103/69%	46/31%

2. 访谈记录

问：上阅读课，老师怎么做对你们的阅读最有帮助？

学生的回答：

上阅读课，老师的讲解很重要，比如课文的文化背景知识，阅读课文之前能够多了解一些，对阅读理解就很有帮助。有些文化知识我们已经接触过，但是在阅读的时候没能把它们跟课文内容联系起来。这个时候，如果老师指点一下，就能帮助我们打开思路。

有的老师上阅读课，常常把以前学过的、跟现在的课文有关的内容、词语和句子，先进行复习或整理，让我们在阅读时有一些思想准备。这样做，我们觉得课文的新内容、新词语和新句子就会变得比较容易学习。

教师的反映：

> 有的课文内容，学生比较陌生；文字也较艰深，学生难以接受。对此，教师备课要多动些脑筋，也就是要多准备和考虑有关的文化知识、有关的可以类比的内容、以前学过的词语与句式，把这些相关因素先提取出来，让学生依靠已有的知识和经验去接受、同化新的知识与内容，教学效果要比遇到什么问题就解释什么问题要好得多。

3. 调研的综合与分析

欧美学生大多认为阅读课文的文化背景对于理解课文内容特别重要，否则对课文中的某些情景的叙述、人物的言行和活动、情节的发展等等，没有较深的体会，理解比较肤浅。所以他们(有75％)喜欢听教师介绍有关的文化背景知识。还有一部分学生(有19％)，独立阅读能力较强，他们喜欢自己去查资料，加深对阅读材料的体会和理解。而认为文化背景知识可有可无的，为数很少，只占6％。这部分学生往往阅读水平较低，无暇顾及文化知识。

教师上阅读课能够先行组织有关的前导性材料，比如举出可以启示的背景知识、可以类比的生活内容、可以对照的句子句式、可以联系的同类词语等等，让学生通过与依靠已知、旧知去同化与接受新知、未知，能够取得事半功倍的阅读效果。因而约有70％的欧美学生赞同和需要老师介绍前导性材料。当然也有30％的学生，对此不感兴趣。原因在于，他们觉得课文内容已经很多，再外加别的知识内容更来不及接受了。

三、阅读课的有效方法

阅读课的方法多种多样，可以是教师讲解或同学讲述，可以是开展小组或大班讨论，可以是提问质疑，可以是游戏或表演，可以是自主学习。不同年级、不同层次的欧美学生，对于如何阅读有着不同的要求。

1. 问卷数据统计

表1—16　欧美学生喜欢的上阅读课的方法

方法	教师讲解生词和课文	教师指导学生分组讨论合作阅读	自学	
程度	人数/百分比			合计
初级	36/42％	47/55％	3/3％	86/100％
中级	24/43％	29/52％	3/5％	56/100％
高级	1/14％	3/43％	3/43％	7/100％
总计	61/41％	79/53％	9/6％	149/100％

表 1-17　欧美学生喜欢的阅读课的学习活动

学习活动	听老师或同学说	回答问题或提问	做游戏或者表演	小组讨论
人数/百分比	33/22%	47/32%	29/19%	40/27%

表 1-18　所希望的处理阅读课文后问题的方法

方法	听老师解释	跟同学讨论	自己想
人数/百分比	52/35%	59/40%	38/25%

2. 访谈记录

问：你们喜欢老师用什么方法上阅读课？

学生的回答：

　　我们上阅读课喜欢听老师介绍和讲解，但是如果一堂课全部由老师一个人来讲，也很没意思。我们有时候也想说说自己的意见和想法，小组讨论时讲也好，在全班讲也好，就是跟同桌交换一下看法也不错。通过讨论，互相学习，印象深刻，容易理解。

　　上阅读课，应该讨论一些问题，或者回答一些问题。问题可以是老师提出的，也可以是我们提出的，或者是课文后面练习中提的。这些问题如果一个个都解决了，那么课文的主要内容和主要意思也就明白了。

教师的反映：

　　一般来说，日韩学生比较坐得住，他们习惯于教师的讲解。而欧美学生比较活跃，安坐课堂的时间是有限的，因此，教师要掌握这个度，利用欧美学生课中安静的时间，将需要讲的内容输送进学生的头脑。此后，要匀出较多的时间进行师生间和同学间的互动学习。这不是放任自流，而是在教师有意识的掌控和导引之下，进行自学，并与同桌或小组成员交流，最后在大班讨论或辩论。这样做对于阅读文本的理解和阅读能力的提高都有好处。

3. 调研的综合与分析

　　欧美学生占总数的53%，(其中初级55%，中级52%，高级43%)反映他们比较喜欢在课堂上讨论，进行合作阅读，这样可以互相取长补短，加深理解。他们也习惯教师的讲解（占总数的41%），特别在初级和中级阶段，独立阅读有一定困难，如果在教师的讲解下领会和理解课文就会容易得多。统计数据也显示，初级和中级阶段的学生分别有42%和43%愿意教师讲解课文的。自学的要求比较高，欧美学生在相当长的时期内，做不到真正的自学（能自学的只占总数的6%）。他们也在上课前进行预习，但那只是大致地了解即将上课的内容，许多地方都是半懂不懂的。

　　欧美学生上阅读课，比较喜欢教学活动多样化，他们愿意听老师或同学说

(占22%),喜欢回答问题或提问(占32%),赞成做游戏或表演(占19%),也喜爱小组讨论(占27%)。他们不太喜欢单一的讲解,活动多样化能提高阅读的兴趣。

欧美学生觉得课文后面的问题,特别是有关课文内容的思考题,最好是自己先思考(有25%的人喜欢自己想),然后跟同学讨论(有40%的人喜欢跟同学讨论),补充或修正自己原先的想法。最后,他们(有35%的人)还是希望教师进行解释或小结,这样可以全面地理解。现在老师也基本上按照这样的次序来处理和解决后面的问题。

总的来说,阅读课采用讨论或互动的方式,1)可以互通有无,化个体阅读为群体阅读,利用集体的智慧来阅读和理解比一个人苦思冥想要深入、透彻得多;2)在讨论中运用学过的词语和句子来进行交流,可以巩固、消化所学的语言知识;3)通过讨论或互动可以检验学生理解的程度,了解他们的倾向;4)将阅读所理解的内容,转换成口语来表述,有利于汉语水平的全面提高。

四、阅读理解的整合方式

阅读一篇课文或语料的目的在于读懂和理解。如何理解,即怎样整合语篇所包容的意义:是从字词到语篇、自下而上地进行,还是从语篇着眼抓关键词语、自上而下地进行;抑或从字词向上、和从语篇向下交互地进行。欧美学生因汉语水平和阅读能力的差异而有不同的阅读方式和要求,而教师的教学组织也应当对此有所考虑。

1. 问卷数据统计

表1—19 阅读文章时常采用的方式[①]

方式	A	B	C
人数/百分比	47/32%	29/19%	73/49%

表1—20 所希望的阅读课生词与课文讲解方式

方式	先讲生词再读课文	先读课文再讲生词	无所谓
人数/百分比	96/65%	42/28%	11/7%

2. 访谈记录

问:根据你们的阅读习惯,老师怎样组织教学比较好?
学生的回答:

---

① A:自下而上,即先弄清生词的意思和句子的语法结构,然后理解整篇文章的意思。
　B:自上而下,即根据自己的知识,对文章进行推测和假设,然后依据篇章信息对自己的推测和假设进行验证,而不注重理解每个生词和语法结构。
　C:A和B的方式交互使用。

开始学习阅读的时候,我们希望老师每个字词和句子都讲解,等到有了一定的基础,我们不再耐心地等老师细细地讲,大家都急于知道整个文章说些什么,希望扫过一些词语就能大概地理解句子和段落的意思。有不理解的,会再回过去看看、想想先前猜过的、跳过的或暂时放过去的词语和句子,改正自己的一些错误想法。这样可以提高我们的阅读速度和独立阅读的能力。

教师的反映:

阅读教学,尤其在初级阶段,一般会采取精讲细解的方式,因为这是阅读的知识积累,必须这么做。但是阅读的最终目的是要让学生学会快速阅读,从浏览过程中汲取文章中的有用信息。因此,不仅要让学生能够从认读词语到理解句子,到掌握段落意思,从而理解整篇文章的中心思想(即所谓自下而上地整合),而且要培养学生一眼读过去,就能抓住一些重要词语而攫取其中信息(即所谓自上而下地整合)的能力。当然,这不是一朝一夕的事情,还需要有一个过渡的教学过程,那就是以上两种整合方式的结合(即所谓交互整合)。这对培养欧美学生的汉语阅读,比较有效。

3. 调研的综合与分析

学生和教师所言,综合起来反映了阅读的三种方式:即把阅读所接触的词语加合为句子意义,再把句子意义整合为句群、段落乃至篇章的意义。约占统计人数 1/3 的欧美学生(32%)采用这种自下而上的阅读方式。更多的学生(有 49%)采用由词到语篇和由语篇到词语(即自下而上与自上而下交互结合)的方式,在加合词语意义的同时,凭借自己的知识对文章的内容进行预测,从文章的整体来确定词义和推断句子的意义。还有少部分学生(占 19%)较多地采用自上而下的阅读方式,先是通读文章,并根据自己的知识,对文章进行推测和假设,然后依据篇章信息检验自己的推测和假设是否正确,同时进行一些订正,而不是注重于理解每个生词和语法结构。这种自上而下的阅读方式常用于泛读和浏览,需要一定的语言积累,所以能达到这个水平的欧美学生还不是很多。

希望"先讲生词后读课文"的欧美学生(约占 65%)认为,扫除了文字障碍,理解课文就容易,学习有主动权;希望"先读课文后讲生词"者(约占 28%)认为,通过朗读,对整篇文章有个总体的印象,有利于对句中词语及其词义的确定,在语境中学习词语,容易掌握并记住。不过有的学生认为,两种方式可以结合进行。生词也不要过分地集中讲解,那样反而记不住,可以分批分期地进行。

问卷调查的统计结果以及访谈告诉我们,教师的课堂教学设计除了吸取已有的成功经验以外,应更多地考虑学生的认知过程、客观的学习规律以及学习需求,只有这样才能获得理想的教学效果。

五、阅读与念读的关系

阅读主要是用眼睛看的视觉活动,念读是边看边念,是出声的阅读。阅读与念读有一定的关系。欧美学生的汉语听说能力比视读能力发展得快,因此充分利用他们的优势,阅读课上适当开展念读、朗诵活动,有助于阅读和理解。

1. 问卷数据统计

表 1-21 阅读方法

方法	光用眼睛看	边看边默读	小声地读	
程度	人数/百分比			合计
初级	16/19%	52/60%	18/21%	86/100%
中级	12/22%	36/64%	8/14%	56/100%
高级	5/71%	2/29%		7/100%
总计	33/22%	90/60%	26/18%	149/100%

表 1-22 朗读与理解

方式与效果	听同学朗读容易懂	听老师朗读容易懂	自己读容易懂
人数/百分比	6/4%	69/46%	74/50%

2. 访谈记录

问:念读对阅读有什么作用?

学生的回答:

我们开始学习汉语的时候,常常是边看边读的,已经习惯了。到中级阶段上阅读课,我们在用眼睛看的同时,有时还会不由自主地念出声来。

我们认读汉字的速度较慢,如果能够听一遍课文的录音,或者有人(教师或同学)读一遍课文,就能较快地理解课文的意思。所以我们比较欢迎老师先读课文。

教师的反映:

听说是欧美学生的强项,他们听说汉语的能力往往比阅读汉语材料的能力强得多,进展也快得多。利用欧美学生在听说方面的优势来弥补视觉(识别汉字)上的缺陷,也是培养和提高欧美学生汉语阅读能力的一个有效的方法。因此,我们上阅读课并非一味排斥出声念读,在一段时期,我们还鼓励学生念读,以此作为阅读的辅助。当然,最后还是要让学生摆脱念读,向着快速阅读迈进。

3. 调研的综合与分析

欧美学生的汉语阅读,有个出声念读的问题。大致可分三个阶段:初始阶段常常出声地读，一边辨别汉字（词），一边读出字（词）音，一边唤醒字词意义，读到一句的末尾，句义自现。问卷调查显示，初级阶段的学生有21%采用这种出声阅读方法。中级阶段的汉语阅读，有些汉字依赖视觉就能调动起它们的意义，而有些汉字尚需语音的参与，即以声音补视觉激发之不足（这在心理学上称为语音转录），多数表现为在心里默默地念读，数据显示有64%的学生运用边看边默读的方式。逐步摆脱对语音的依赖，可以进行快速扫视的，则多数是达到了高级程度的学生。统计数字显示，高级阶段的学生有71%在阅读时是光用眼睛看，即采用视觉接收的。

不少学生（占46%）反映，他们不喜欢听同学的朗读，因为同学的语音不准，对自己的学习有错误的（负面的）影响；他们喜欢听老师朗读，不仅语音正确，而且带有语气与语调，容易领会句子的感情色彩。他们也喜欢自己读（占50%），这样时间和速度可以自由控制，读不懂的地方还可以回过来再读，心情不紧张，有利于领会句子和段落的意义。

阅读方式与阅读时感觉器官的运用，跟信息输入与词语的匹配、提取直接相关，它涉及对输入信息的理解，因而是值得加以重视的。

六、快速阅读能力的培养

阅读有细读、浏览、扫视等不同方式和要求。浏览、扫视属于快速阅读（或叫做泛读），这是阅读教学所要达到的目的和方向。欧美学生必须要在细读的基础上逐步发展和提高快速阅读的能力。

1. 问卷数据统计

表1—23　较多采用的阅读方式

方式	细读（一字一句理解）	浏览（大致了解）	扫读（选择需要的读）
人数/百分比	72/48%	63/42%	14/10%

表1—24　加快汉语阅读速度的方法

方法	多积累词汇	熟悉语法结构	增强汉语语感	勤查词典
人数/百分比	93/62%	20/13%	32/22%	4/3%

表1—25　阅读汉语文章时对理解很有帮助的词语或句子

词句	文章的第一句	每个段落的第一句	每个段落的最后一句	连词
人数/百分比	33/22%	68/46%	27/18%	21/14%

2. 访谈记录

问：学习汉语要不要具备快速阅读的能力？怎样才能做到快速阅读？
学生的回答：

　　学习汉语的目的就是希望能用汉语说话交流，能看懂汉语的书面材料。上汉语阅读课,老师一个词、一个句子地仔细讲,可以帮助我们积累词语、语法和文化的知识,增强我们的汉语语感。老师教我们学会查阅汉语词典,可以帮助我们独立阅读汉语的书面文字,对我们的帮助很大。另外,我们比较喜欢上的是泛读课,我们觉得通过浏览和扫读能知道文章的大概内容,那才是真正的阅读。

在泛读课上,老师教给我们一些快速阅读的方法。通过阅读练习我们也体会到注意文章与段落的第一句话很重要,它们往往能告诉我们一篇文章或一个段落的主要观点或主要意见。这样就容易掌握文章的大意,当然也提高了阅读速度。

教师的反映:

外国学生的汉语阅读要过几个关口:一是知识关,要积累相当数量的汉字、中文词语、中文句式和文化背景知识;二是语感关,要培养起汉语的语感,不仅听说要有汉语语感,阅读也得有汉语语感,有了较强的汉语语感,就可凭借它们不用母语翻译马上就可理解文字中的含义;三是速度关,提高阅读速度,要学会猜测、跳跃、推测与假设、概括与归纳,从所接触的文字中攫取主要的、重要的信息。

3. 调研的综合与分析

欧美学生(约占48%)较多地采用细读的方式,因为他们觉得这样读,可以细细领会汉语词语的用法和汉语句法结构的作用,比较准确地攫取其中的信息和意义,对学习汉语帮助较大。但细读的速度太慢,因此,根据自己的需要或者教师的要求,需要有意识地训练和提高自己泛读的能力。大概有42%的学生采取浏览的阅读方式。至于扫读,要求速度更快,大部分同学还到不了这个水平,因而只有10%的学生有扫读的能力。

欧美学生(约占62%)普遍认为汉语词语积累越多,阅读越顺利,因为他们可以运用实词策略,即把实词的词义进行加合,就可初步知道句子和语料的意义。内容艰深的汉语书面材料读起来困难,就因为有关的专业生词太多的缘故。欧美学生在阅读中也运用句法策略(约占13%),因为看到某种句法可大致知道它的表达功能:肯定、否定、强调、疑问、处置、被动、比较、存现、完成、进行、持续,等等,这也有利于对语句的理解,但相对于词语,语法结构对阅读的作用要小得多。不少学生(约占22%)体会到增强汉语语感对阅读有十分重要的作用,因为语感里面已含有词语的常用词义及其搭配(即词组的构成)、句子结构的表达功用、虚词的连接作用等因素。凭借语感可以不思考或少思考,就能理解语句的意思。而勤查词典对学习汉语肯定有所帮助,但影响阅读速度,不利于快速阅读习惯和能力的培养。因而在泛读中运用查词典方法的只占3%。

许多欧美学生的阅读经验是文章的第一句常常提示这篇文章的中心意思（包括主要论点、主要意见），或主要内容，或主要人物，可以较快地进入这篇文章，对掌握全篇内容有所帮助。所以有22%的学生很注重文章的第一句话。每个段落的第一句也常常是这个段落的中心意思，尤其是论说文和说明文，这对段落大意的理解和掌握关系重大，因此有46%的学生注重段落的第一句话。一般的记叙文，在记述过程中，也有作者的一些议论，它们一般也在段落的开头几句，或者放在段落的最后一句，点出这段文字的精义。故有18%的学生注重段落的最后一句话。可见，阅读如果能抓住文章与段落的第一、二句，以及文章与段落的最后一句，就有助于理解每个段落与全篇的意思。不过小说体裁，描写与叙述的文字较多，往往打破这种文章的编排和格局，抓住第一句话或最后一句话，就不一定有那么好的功效。与文章、段落的第一句话或最后一句话相比，连词对文章的直接理解，其作用没那么大。因而阅读过程中注重连词的只占14%，尽管连词对句子的内在逻辑的表述有很大的作用。

第四节　欧美学生汉语阅读的学习特点

根据上面的问卷调查和访谈记录，我们可以从中了解欧美学生的汉语书面阅读的学习特点和规律，具体表现和反映在以下几个方面：

一、书面阅读的进展相当迟缓，停顿和回视的现象较多

欧美学生阅读汉字书面材料常常是读一字或读两三个字就停顿一下，这在出声读的情况下尤其明显。尽管教师要求默读，他们还是情不自禁地要读出声来，试图用语音来唤起自己的记忆。读简单句，停顿略微少些；读稍许长一点或复杂一些的句子，停顿就更多。而且读到一个句子的末了，往往会再从句子的头上开始回视或重读，有时在读到句子的中间已经开始回视。因此读一个句子要花费较多的时间，这在初中级阶段是如此，即使到了中高级阶段，这样的情况还在所难免。总的来说，欧美学生的汉语书面阅读进展相当迟缓。

二、阅读中纠正切分错误的词语，猜测和确定词义以及反复整合句意的情况严重

欧美学生阅读汉字书面资料首先碰到的就是词语的切分，即一个句子由哪些词组成以及这些词应选取什么样的意义。他们有时切分比较恰当，阅读理解比较顺当；有时切分有误，理解会出些差错。因而，词语的切分是阅读汉语书面资料至为重要的问题。欧美学生切分中文词语的正确与否，涉及这样

一些因素:高频词与低频词;熟悉词与陌生词;常用义与罕用义。也就是说,所切分的词语属于高频词、熟悉词,其出现在句中运用的是常用义,一般能切中;反之,容易切错,于是就要反复地切分词语和整合句意。

三、理解句子、句群和语段的意义常有困难和偏误

阅读领悟一个句子的意思,还只是阅读理解的起步。一篇完整的语料,即使是通知、便条、感谢信之类的应用文,也总有许多句子构成。这些句子无论是说明的、记述的、还是论述的,都是围绕着全篇的中心思想而铺排、展开、相承、转折、聚束,最后形成篇章结构。欧美学生初期的汉语阅读还不具备从整篇文章高屋建瓴地来驾驭这种结构,他们只能自下而上,即从词到句、从句到句群、从句群到段落,逐级摸索上去,最后理解全篇意思。只要中间哪个环节卡了壳,影响当前句子(或句群)或者后续句子(或句群)的理解就可能出现停顿、回视、推敲、思索等行为以济其穷;甚至发生以错就错、以讹传讹的误读与曲解。这种情况要持续到中高级阶段,才能有所改观。因为随着阅读训练的进展和熟练,欧美学生掌握篇章的能力越来越增强,他们可以自上而下地把握全篇的结构和意思,并由此指导自己去抓住段落中的关键语句和句群中的关键词语,确定句群和句子的意义。但即使是在这样的阶段,也时时会产生误解和歧义。

四、领会句群或全篇意思比较肤浅,难以深入

阅读过程是不断揭示蕴涵在词语中的含义的过程,同时还需调动储存于头脑中的世界知识与生活经验参与理解。欧美学生阅读汉语的书面材料,必须调动词典知识与图式知识来预测、补充和诠释资料的内容,才能真正读懂和理解。

作者写作一篇文章,不可能对每个概念进行一番解释,也不可能对事件的每一个细节都作详细的交代,更不可能把在说理时的每一个推理都摆出完整的三段论公式。他往往是择其要者进行述说,中间有许多缺省值,即作者认为读者业已了解和懂得的概念、情景、场合、事件、细节、人物等等,或者几句带过,或者完全省却。从字面来看,似乎有许多跳跃,但读者却能把这些跳跃弥合、接续起来,把深藏在字面下的意义揭示出来而进行理解。这靠的就是背景文化知识,即词典知识与图式知识。欧美学生在阅读中发生的读不懂、难理解或理解肤浅等问题,很大部分出在词典知识的欠缺与图式知识的不足。

分析解决欧美学生汉语书面语阅读的问题,进行有针对性的阅读教学,培养其汉语阅读能力,本书下面的章节将就此展开深入的讨论。

第二章 阅读的心理机制

人之所以区别于其他高等动物,最主要的原因是人类有着系统的语言,也就是巴甫洛夫所说的建立了第二信号系统。人们凭借这个系统,得以开展交流和交际活动,社会因此而获得进步,文化因此而获得发展,世界因此而获得变化。特别是文字的创造和形成,把语言的声音信息转化为视觉信息,突破了时间的限制和空间的拘囿,弥补了口耳相传所带来的信息容易丢失的缺陷,使人类社会积累起来的丰富的社会生活经验以及灿烂的文化遗产得以长久地、系统地保留和流传。自从文字的产生和书籍的刊印,人们的学习生活和社会生活,无论是正在学习的儿童还是已经参与社会工作的成人,都离不开阅读活动。对于外语学习,阅读是听说读写四项基本技能中重要的一项。因此,阅读活动是教育界和心理学界共同关注的课题。教育界着重研究提高学生阅读技能和阅读水平的教学途径和教学方法;心理学界着重探索阅读的心理过程和心理机制,为阅读教学的研究提供理论依据。两者的结合,就能创造出更为科学的、更符合认知规律的教学模式和范式,以提高人们的阅读素质,同时也间接地推动了社会的前进。汉语的阅读理解,既具有其他语言阅读理解的普遍性与共同性,也有着汉语自身特点所带来的阅读理解的特殊性和差异性。因此,本章除了阐述一般的阅读理解的心理过程以外,还着重探讨和分析汉语阅读理解的认知因素,以及元认知和阅读理解的关系。

第一节 汉语阅读的心理流程

汉语阅读是一个对汉字信息接收、加工、理解的心理过程,它有一个具体的加工流程。要讨论欧美学生的汉语阅读途径与教学模式建构,首先要明确欧美学生汉语书面语阅读的心理过程,了解和探索他们在汉语阅读理解加工过程中的薄弱环节以及需要重点注意并加以培养的部分。下面是阅读理解流程示意图:

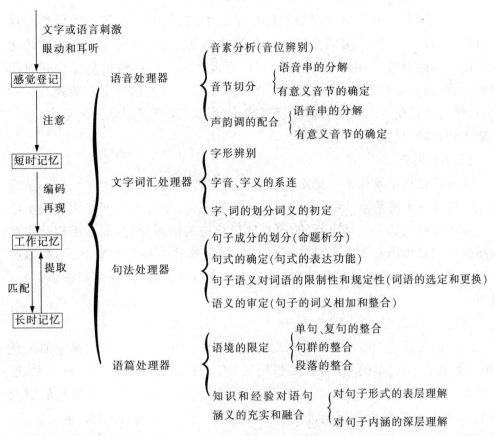

上述阅读理解流程示意图,左边部分是接收、加工、记忆和储存的认知框架,右边部分是大脑中四个处理器的加工步骤。

一、认知框架

阅读理解,由视觉神经接收外界的文字刺激,传递到大脑语言中枢,在那里进行编码和贮存、解码和匹配、提取和整合等一系列的心理加工活动,从而得以理解文字形式所蕴涵的信息和意义,其间需要经过感觉登记、短时记忆、长时记忆和工作记忆等诸多加工器的配合和运作,最后才能完成阅读和理解的认知任务。接触和阅读任何语言的书写形式,这个心理过程是相同的、一致的。

（一）感觉登记

汉语阅读首先要接触汉字或语音,这就是感觉登记。外界的刺激信息杂乱繁多,人们不可能全盘接收下来,只有受到视觉或听觉注意的文字或语音,才登记到感觉记忆中来。由于这一级的记忆保存时间极短,可以说是瞬息而逝,因此机体会迅速把注意的刺激信息输入到短时记忆进行及时的加工。

（二）短时记忆

短时记忆是个由感觉登记到长时记忆的中间站,被接收的刺激信息在这里进行编码加工。所谓编码是把刺激信息依据其形状、读音等多种线索转化为像电码似的符号,经由神经元传导到中枢或大脑。这一级的记忆保存时间也极短,而且容量极小,后续的信息一多就会挤掉前面的信息而产生遗忘。因此,机体会通过反复出现（再现）或反复辨认（再认）来巩固所认知的信息,将它们输入到长时记忆中永久保存。

（三）长时记忆

长时记忆是个永久的记忆库。它是由网络似的知识结构组织而成。从短时记忆中输送来的信息,为原有的知识结构所同化,就会成为网络中的一个结节。如果所输送的信息是全新的,原有知识结构无法同化它,那么结构就会顺应新的知识而作出必要的调整。长时记忆就是这样不断扩充和壮大,积累起丰富的世界百科知识（包括语言文化知识）。这是认识世界（包括阅读理解）的宝库。

（四）工作记忆

工作记忆是处于短时记忆和长时记忆之间的中转站。短时记忆中的信息（如一个句子）经过编码后,暂存工作记忆,该句子的多个词语的编码线索,逐个激发和唤醒长时记忆中与之相匹配的原型或模板,并选择和提取它们到工作记忆,在那里按照语法规则进行意义的整合。于是理解就得以开始。

当然,作者的写作则与之相反。他是把头脑中的意念或命题,从长时记忆中选择一个个词语,提取至工作记忆,在那里按照储存于长时记忆中的语法规则组合为句子,然后通过神经的传导,书之于笔端,形之于文字。

二、加工步骤

阅读加工主要是读者在元认知的监控下,调动长时记忆的知识结构和语言处理器,对所接触的文字信息在工作记忆中一步步地进行加工和处理。这些语言处理器包括语音处理器、文字词汇处理器、句法处理器和语篇处理器。

（一）语音处理器

语音处理器专司接收外界的语音信息而进行辨别和加工。一连串的语音为听觉接收后,要通过音素分析,将它们分解为一个个有意义的音节,比如成为这样一个语音串：ta tian tian lai gong si shang ban。同时,还要加上声调,排除一些同音词,确认句子的相关词语,如 tiāntiān 是"天天"而非"甜甜",gōngsī 是"公司"而非"公私",shàng bān 是"上班"而非"上半",于是这个语音串就确定为"他天天来公司上班"这样的句子。虽然,阅读主要是用视觉接收文字形体,但人们在接收文字形体的同时,会不由自主地带出或联想起它的读音,并利用读音来判别文字串中的词语。因而,在阅读理解过程中,语音处理器可以起一定的辅助作用。

（二）文字词汇处理器

文字词汇处理器专司文字的辨别与词语的划分以及词义的初步确定。视觉所接收的文字信息传输到大脑,处理器首先要对输入的字形进行辨别,如"他天天来公司上班",其中的"他"是左"亻"右"也",不是"地、池",也不是"她、驰";其次,对这个字的音和义要进行系连,也就是根据长时记忆中的有关（以往学习而储存的）模板确定其音义:念 tā,义为男子第三人称。句子中的字形经过辨认后,就要划分词语,因为在句子中词才是表意的最小单位。于是上述的句子被划分为:"他—天天—来—公司—上班",其中的词义也初步得以确定。如果划分错误:他天—天来—公司上—班,则不知所云了。

（三）句法处理器

句法处理器专司句成分的划分与句式的确定以及语义的限定。阅读过程中,文字串的词语划分确定后,就得把词语之间的关系通过句法处理器加以分析,以显示其中所包容的含义。句子"他天天来公司上班",经过句法分析,就可知道句子所叙述的主体是"他"（即主语）;句子的主干是:"他上班";"天天"是时间修饰语;"来公司"是另一个动宾词组,作"上班"的方式。整个句子是包含连动式的主谓句。句子的这种语法关系,决定了这个句子的两个命题（即意思）为:来［他,公司］;上［天天,班］。句子的上下语义（即语境）使"上班"的词义更加明确了,其含义是"工作",不是"学习",也不是"报名上哪个班"。

（四）语篇处理器

语篇处理器专司句群和段落的整合与对语句的深层理解。单个句子受语境的影响很大,一个句子在复句或句群中,可能有不同的含义和侧重点;在整个段落里,也可能有不同的作用。阅读语句,常需随语境的变化而在理解上要作相应的调整。比如阅读单个句子"他天天来公司上班",只能作一般的理解:此人在某公司工作。如果句后还有"从不迟到早退,常常加班加点",有了这样的语境,读者必然会领悟此人的认真、负责和勤奋的态度,那么对"他天天来公司上班"就有了深刻的理解:从不缺席。要是后面又加上这样的语境:"今天不知为什么不见他的踪影,大家都很纳闷"。这一个转折句,在读者头脑里打了个问号:刚才的理解和评价是否正确？于是促使读者继续读下去:"一会儿,总经理告诉大家,说此人已跳槽到另一家公司当业务经理去了。总经理很懊恼,对公司没能留住人自责不已。"至此,读者可以根据自己的知识和社会经验,弥补和充实这段话的深层意义:公司用人不能尽其才,该提拔而没有提拔,致使人才流失。

这四个处理器,不一定挨着次序对接收的信息进行加工,有时可能有交错。比如阅读某个句子的词语时,可能跳过句法处理器,直接参照后面的文字,从语篇角度来理解。在理解语篇的含义时,可能对以前所理解的某些词语的意义要作些修正。

了解了阅读理解的过程和流程,我们就有可能和条件探索和研究欧美学生汉语阅读的特点和途径,找出他们在汉语阅读过程中的薄弱环节和存在问题,建构适合于培养欧美学生汉语阅读能力的教学模式。

第二节 汉语阅读理解的认知因素

阅读理解的心理过程为操各种不同语言的人所共同的,基本一致的。但语言体系不同,特别是文字形式的不同,例如方块汉字具有独特的形、音、义的结构,跟西方拼音文字之间可说很少有什么共同点。于是反映在阅读上,也会有诸多不同的特点和认知因素。

一、眼动与汉字的认读

视觉感知,简而言之,是从眼睛到脑的过程。眼睛由角膜、晶状体和视网膜组成。外界物体(例如太阳、月亮、星星、灯光等)发出的光或反射的光(例如景物、建筑、图画、文字等),通过角膜和晶状体的接收,聚焦在视网膜上,形成外界物体的图像。视网膜内层有许多感光细胞,它们的作用是在吸收光线之后,将信息一层层传递和汇总给神经节细胞,由神经节细胞再向上传送、输入,直到丘脑(有的到达丘脑神经核,有的连接上丘脑),在那里作进一步的加工。当然,"在信息传输过程中,有的信息会被舍弃,有的信息则被加强。大脑接收的是预先处理过的被认为是重要的信息。"①

视觉系统对外界发光体的感受是不同的,有的粗疏,有的细微,这种区分是根据机体对外界物体的观察需要而自动调节的。在视网膜中央(称为中央窝区),光的信息从感受器细胞传输到神经节细胞的汇聚程度很小、很集中,因而分辨细节的能力高而强;而在视网膜的外围(即中央窝区之外)区域,信息传送到神经节细胞的汇合量大,较为分散,因而分辨细节的能力低而差,但它对弱光的分辨相对较好,接收的信息量要大一些。因此,在视觉感知过程中,不管是阅读文字、欣赏图画相片,还是观看电影电视画面和字幕,眼睛总是不断地运动或移动,或者将成像集中于视网膜的中央窝,以便进行细致的分辨和审视;或者将成像移动到中央窝以外的区域,以便进行粗略的观看和浏览。

阅读时,读者的眼睛需要进行移动,但它不是在一个个文字上连续地平滑移动,而是在看过一束文字后跳向后面一束文字那样地作跳跃式的移动。根

---

① M.艾森克主编、阎巩固译,《心理学——一条整合的途径》[M],华东师范大学出版社,2000:167。

据测定,"首先,眼睛以跳跃方式移动,大约持续15毫秒,随之是约200毫秒到500毫秒的注视。其次,约10%的跳跃是回跳,即眼睛向后看。"①眼睛的注视点,一般集中在书面上有文字或图片、表格(即最能提供信息)的地方,决不会在页头、页脚、四边空白处或破折号处停留。由于视网膜的中央凹很小,所以每次注视的文字量是有限的。"有关证据表明,知觉广度在整个视野中一般是从注视点往左扩延3~4个字母,往右扩延15个字母。"②注视汉字的量,尚未有精确的实验,一般来说,由于汉字不是由字母拼合,要靠整体的辨认,一眼看去,不会超过五、六个汉字,当然字的熟悉性可以改变和超出这个量。

视觉神经对拼音文字单词的感知,一般来说,是在组成该词的几个字母经过辨认之后得以实现的(即以字母作为中介的自下而上的加工)。例如,辨认和确定p—l—a—y等字母后,于是感知这个词是play。但如果读者遇到熟悉的词,会一下子感知到这个词的形音义(即人们常说的词优效应),此时读者往往通过单词的信息(即单词字母拼写的整体),反过来激活该单词的字母(即自上而下的加工)。当然这个过程往往一瞬而过,只有在区别近形词时,如是plank还是plant时,需要停留和确认一下。汉语的字词,是笔画和部件的组合,辨认单词,大多是整体的认识,较多地采用自上而下的加工,只有在辨认近形词(如已、己,田、由、甲等)时,才有"自下而上的加工"参与,即在整体认字的基础上再细辨其笔画。但比较有效的方法是在双音词中(如"自己"和"已经","田地"、"由于"和"甲乙"等)去对照和辨识,即依靠另外一个字的信息来推测所需辨认的字,因此,归根结底,仍然是自上而下的加工。习惯于阅读拼音文字的欧美学生,要使自己的视觉和眼动适应用方块汉字写作的语料,肯定有一个艰苦的学习和训练过程。

阅读的基本技能是扫视,在眼动的间歇(即眼停注视之时)能够顺利地接触和吸收若干个书面文字,然后眼睛转移到下面的文字或下一行文字,继续利用眼停而注视后续的文字信息,并随着文字信息的接收和积贮,在头脑中及时整合其意义,从而逐步揭示和理解句子的含义。欧美学生阅读本国语的材料,都能运用扫视的技能顺利地浏览文字,无论是采用词的整体认知,还是利用词中的主要字母来确认单词。但是要扫视用汉字写作的材料,除了整体地认知和识别单字(词)外,别无其他良法。尤其在学习的初始或早期阶段,识记汉字比较困难,笔画的组合比起字母的组合,对欧美学生来说,简直像天书,是那么的飘忽和捉摸不定。因此在初级阅读过程中,审视与回视的比例甚高。

审视是利用视网膜的中央窝区较长时间地凝视在某一两个汉字之上,头脑里却在急速地思索、比较和推敲与其他字的笔形与笔画的区别,从而确认和

---

① M.艾森克主编、阎巩固译,《心理学——一条整合的途径》[M],华东师范大学出版社,2000:327。

② 同上。

肯定该字为某字的假设。虽然拼音文字也有审视的过程，不过一般来说，拼音文字的某个词至多出现两种或三种假设，如 take，从字形上可能假设为 tank 或 teak，但很容易根据上下文来得以排除和确认。而汉字为线条结构，一个字可能产生多种假设，如"手"字，就可能假设为"千、干、丰、于、平"等形状相近的字，要逐个进行对照、甄别、排除，最后才能确定是个"手"字。这就是阅读缓慢的原因。欧美学生即使到了中级阅读阶段，能够较为熟练地辨认汉字了，也常常是手指口诵，逐个逐个地念读过去，速度也快不起来。这说明他们还未真正离开审视状态。

回视是读过去了又回过头来重读。原因有二：其一是发现原来确认的汉字可能有误，跟后面的文字搭配不起来，因而需要再次辨别和确认；其二是读到后面，前面的有些文字已经淡漠或遗忘，需要重温和回忆。当然，回视在阅读过程中是在所难免的事，不过回视多了会影响阅读速度，至少也是阅读不熟练的表现。

欧美学生到了高级阅读的阶段，由于积累的汉字有了一定的数量，阅读技巧也从由汉字到词或词组，转化和熟练为从词或词组来确认汉字，阅读速度也因此而加快。虽然有时候会把"社会主人"误读为"社会主义"、把"栋梁"误认为"桥梁"等等，但总体说来，阅读的质和量都有相当程度的提高。

二、心理词典与中文词语的切分以及词义的选取

阅读过程中最为重要的一环，是要把视觉接触的文字串（由字母组成的拼音文字，或由笔画构成的方块汉字）切分并确认为若干词语，才能开始进行理解。而所接触的文字之所以能被机体确认为是某个（这个或那个）词，是因为在长时记忆中贮存着数量繁多的词语模板，它们有机地排列、组织在一起，以便在外界文字信息的刺激下，能够顺利地匹配和选取其中相应的有关词语，将它们提取到工作记忆进行阅读的加工和理解。长时记忆中这许多词语模板（或称词条）的有机排列和组织，就是心理学家所谓的"心理词典"。心理学家们有一个倾向性的观点：学会了语言和阅读的人，都具有一个心理词典。"所谓认知一个词，就是在心理词典中找出了与这个词相对应的词条，并使它的激活达到了一定的水平。"（张必隐 2004：47）

心理词典中的每个词条都包含了与之相应的语音与书写的表征以及词的意义的表征。但是"在心理词典中占有中心位置的是词的意义的表征。"（张必隐 2004：47）所以，一些心理学家把心理词典定义为：心理词典就是词的意义在人的心理中的表征。至于词的语音与书写形式实际上只作为一种线索，起到搜查和到达该词条的意义的作用。

所谓词的意义表征（简称词义表征），是给一个词条的概念下一个定义特征，或罗列其特点特征，正像语言词典对每个词条所下的定义或意义的描述。

人们学习和掌握的词语，基本上都具有较为确切的特征或意义。因而，"所谓对一个词的理解，就是达到了心理词典中一个词的特征或意义成分。"（张必隐 2004:48）

　　心理词典中的词语不是任意乱放的，它具有一定的序列和结构，这样才方便检索、匹配和提取。心理学界比较一致的倾向性意见认为，心理词典乃是一种网状结构。心理词典中的词条犹如网络中的一个个结节，词条与词条之间（也就是结节之间）用线条相连从而成为一个网状结构。词条的连接大致按照种属律（相同类别和种属的词条，如动物—鸟—鹰、麻雀等，或者如植物—花—玫瑰、蔷薇等聚合在一起）、近似律（意义相近的词条，如热切、殷切、恳切等，或者如洽谈、商议、商洽等相互靠拢）、联想律（由词条的本义衍发出来的引申义、比喻义，如鱼网—网络—法网等互相系连）、相关律（意义上有所相关的词条——同义或反义，如热情—热烈—冷淡—冷漠，或者红灯—警告—红火—旺盛，或者早—晚—晨—暮，或者天气—晴—阴—多云—雨等互相靠近）等法则来勾连。同时，每个词条的概念及其属性与意义特征（如"鸟"是动物，有长羽毛、能下蛋等属性与意义特征，"打开"是手的动作，受其支配的有门、窗、电灯、箱盒、仪器等），也分别用结节和连线系扣在一起。整个心理词典就是这样由无数的结节（词条）与线条（联系）编制成一张硕大的网络。人们阅读时，语料中的文字通过感觉登记进入短时记忆，并对文字的语音或书写形式进行编码。而作为搜检的线索则输入长时记忆，激活或调动心理词典中与之相关和匹配的词义。由于心理词典是网络结构，相关的词义紧连，一个词义的激活，可能扩散到与之相近、相似或相关的词义，因此激活和调动的相关词义可能不止一个，得进行甄别和选取，一次匹配不上，再次匹配，直到提取出正确的词义为止。

　　对于外语学习者来说，他们必须在母语的心理词典之外，另外建立一个目的语的心理词典，因为它们分属于两个不同的语言系统。尽管母语的心理词典跟目的语的心理词典之间有着对应或相应的联系，有时需要依赖母语词语去转换成目的语词语。但是作为外语的阅读要求，必须尽快建立、充实和完善目的语心理词典，以便直接运用目的语词语去阅读和理解，母语词语只能作为阅读的辅助。

　　中文心理词典牵涉到汉字的问题。中文词语有单字词、双字词、多字词。汉字与中文词不完全是同一概念。因此有的心理学家认为学习中文者，不仅有一个中文词的心理词典，还可能有一个汉字的心理字典。中文阅读首先接触的是汉字，然后再甄别为中文词。因而，阅读中文资料，必然会碰到中文字词的切分问题。因为组合成中文词的汉字，其书写形式是等距离的，词与词之间没有明确的界限，不像拼音文字词与词之间有所间隔而容易辨认。阅读者接触中文资料，首要任务是将等距离的汉字列，切分为一个个中文词单位，然后才有可能进行词义的整合和理解。这个过程看似简单，其实很不容易。由于中文词是由词素(即汉字)组合而成,有些词的组合功能很强,可以同前面的词素组成一个词,也可以与后面的词素组成一个词,究竟是将该词素切分到前面还是切分到后面,就成为了一个难题,必须依靠上下文语境来帮助判断。

阅读一个中文句子,完成了对其中词语的切分,并不等于已经完全理解,还得进一步选取其词义。汉语与其他语言一样,一个词语可能有多个意义,究竟是哪个意义比较适合于句子的意思,尚需斟酌和推敲。一般来说,接触一个中文词,头脑里首先反映出来的是该词的常用义。因为常用义的使用频率较高,他们始终处于活跃状态。但如果某一中文词在句中用的不是其常用义,那就要把有关的词义一一钩沉、排列出来进行挑选,提取正确而合适的词义,方能正确理解句意。不过在实际的阅读过程中,人们都不是把句子中的每一个中文词义全部排列出来进行甄别和遴选。因为在句子中,大多数中文词用的是常用义,即使有的中文词用的不是常用义,那也可能是次常用义,不必要把每一个中文词的词义全部搜集和罗列出来进行挑选,多数情况是凭借上下文语境来猜测和推理而获取其词义的。

三、句法分析与汉语语序以及歧义的排除

阅读实际上是从书面文字建构意义以获取对句子和句群的理解。"所谓建构意义,就是要从书面词的序列中建造起具有层次安排的命题。"(张必隐2004:108)这里涉及两个概念,一个是书面词的序列,一个是命题。书面词的序列,是指句子的若干构成成分,即主要短语或次级短语(短语也可叫词组)。它们是句子的表层结构。命题是对于一个或多个实体的断言,包括一个谓语(由动词、形容词、副词等组成)以及与之相联系的名词,它是句子构成成分的意义表征。简单的句子可能只含一个命题(如句子"他给她礼品"的命题是:给[他,她,礼品]),复杂的句子有多个构成成分,含多个命题(如句子"他买蛋糕热烈地祝贺她生日快乐"的命题有:买[他,蛋糕];热烈[他,祝贺];祝贺[他,她];快乐[她,生日])。可见句子与命题有所差别:句子可以念读出来,命题只能意会而不可念读。一旦读者建成了构成成分的命题之后,构成成分的词和句也随之被清除而消失,从而使工作记忆腾挪出空间来接收下面的句子和词组,头脑的记忆里就只留下有关的命题(即意义内容)。这些命题与下面阅读所获取的句子命题结合成为比较完整的意思,进而正确理解若干句子表层结构下的深层意义。

建构句子的意义是阅读的主要目的,读者借此对作者所想要传递的东西(意念、观点、思想、情感等)作出一种解释。为此,人们常采用语义策略和句法策略来完成这种诠释。有阅读经验的人都有这种体会,在阅读过程中起决定作用的是词义,它是理解的基础。一个句子的词(特别是动词、形容词、名词、副词等实词)的意义确定了,光凭简单的意义加合,也能八九不离十地了解一

个句子中若干命题的含义,似乎没有哪个读者会有意识地去对每个句子作句法分析来获得句子意义的。但这并不是说,句法分析是可有可无的。事实上,句法分析较多时候是无形的、潜在的,这种策略的运用常常依靠语感来完成。读者也许自己并不觉得在有意地作句法分析,但实际上句法分析贯穿于阅读过程的始终,只是有时作用大些,有时作用小些而已。心理学家贾斯特和卡彭特认为,"之所以必须使用句法,是因为人们在思考的时候是按照非线性的、观念的群集来进行的。但是在交流的时候却运用的是线性的通道——在谈话和文字交流中所运用的都是词的序列。所以,正是句法给人们提供了一种编码,使他们能够利用词的序列去传递思想。而当读者读到一个句子的时候,他们的句法分析就有可能去恢复作者所试图告诉读者的各种观念以及这些观念之间的联系。"(张必隐 2004)这段话告诉我们,读者正是通过句法分析来揭示作者在词的序列中所蕴涵的真实思想。

对于不同文字的句子的阅读加工有其共同之处,比如都要运用语义策略和句法分析策略来划分句子的构成成分,从而建立句子的命题;但由于不同文字的特殊性,导致句子阅读的加工又有不同之点。例如英文读者偏重于词的后缀变化,而中文读者则注意词在句中的位置(即词序),因为中文词在孤立的情况下很难确定其词类,只有根据词在句中的先后顺序,了解词的句法作用,以及词义的搭配来分析句子的构成成分。因此在中文阅读过程中,语义分析大大超过了句法分析的作用。

不过,当读者去理解一个复杂的句子或者一个外语句子的时候,句法分析就变得重要起来。此时的句法分析能起到解释句子和消除歧义的作用。句法分析能诠释句子,它能把复杂的句子分析、抽绎为简单的、而关键的主干(如将"我的美国妈妈特地亲自动手制作了几件精美的动物工艺品寄给我的女友",抽绎为"妈妈寄……给我的女友"),暂时性地控制句子构成成分的数量,把握句子的基本命题。因为对读者来说,构成成分越简单,就越能抓住句子的核心。句法分析还有消除句子歧义的作用。造成句子歧义的原因有二:一个是句法上有联系的成分被隔离开来,这种句子常常是不规范的,或有语病的,很难作出正确的分析和理解。(张必隐 2004:132)例如"我们几个班的文娱骨干聚集在一起商量开联欢会的事情。"这儿的"几个"究竟是修饰"班"的,还是修饰"文娱骨干"的,似乎有点模棱两可。由于把"几个"和"骨干"分离开了,于是造成理解上的歧义。经过句法分析,就可找到问题的症结。另一个是在句子中心嵌入一个句子而带来的理解上的困难。(张必隐 2004:133)由于子句嵌入句子的结构,使原本简单的句子结构复杂化,如果不作句法分析,理不清句子的脉络和头绪,就很难理解。例如"由于广告的作用,那些积压在仓库的、被打折的滞销品,很快就销售一空。"因为"滞销品"在两个子句中起着不同的语法作用。在主要的子句中,它充当主语的角色,而在嵌入的子句中做宾语来对待。经过句法分析,句子的意义就比较明确了,不会再产生疑惑或歧义。

阅读理解中所发生的困难或歧义,认知心理学认为是工作记忆容量有限的缘故。工作记忆的记忆广度不超过7个项目,而复杂的句子所包含的词和构成成分本身就超过了这个限度,加工理解已属不易,更何况还要对被分离的联系成分作句法分析,对嵌入的子句的词语进行提取、匹配,并确认其句法作用,这许多认知活动,增加了工作记忆的负担,因而产生了阅读理解的困难或句子的歧义。

四、篇章结构与图式的作用以及整合理解

外国学生阅读几个中文句子或者一个短小的片段,属于学习汉语过程中的阅读训练。严格意义上的阅读,应该指对整个篇章结构的理解。所谓的篇章结构是作者把自己的思想、概念按照篇章风格(如议论文、说明文、记叙文等文体风格)组织起来,从而把一定的信息传达给读者的一种结构。因而篇章结构实际上是描绘了篇章所表达的思想之间的关系。读者把握了篇章所表达的思想之间的关系,就能理解和领会作者写作的宗旨、意图和所表达的内容。

作者所要表达的思想和概念,是按照一定的关系组织起来的,作者正是通过篇章中的种种关系传递着一系列的观点和想法给读者。篇章结构的最基本的关系比较常见的有:

　　时间关系——事件发生的先后次序;
　　空间关系——事物的形状(由小到大或由大到小等)、距离(由近接远或由远及近等)、方位(从左到右或从右到左,从上到下或自下往上,从外及里或从里到外等);
　　原因关系——由因及果或由果溯因;
　　目的关系——从手段达到目的或从目的引出手段;
　　证据关系——叙事论证,举例论证,引经论证;
　　反应关系——质疑反应,事件反应,决策反应;
　　并列关系——总括和分列,分列和总结,联合和排列。

上述篇章结构中的种种关系,是作者对所要表达的思想和情感的一种组织和安排,而具体的表述还得依靠词语和句子,除了单句以外,用得更多的是复句和多重复句。复句也可表达句子之间的连贯、因果、假设、条件、转折、联合、递进等种种关系。这里出现了两类关系:篇章结构的关系和语句的关系。作者要考虑的是如何把语句的关系融入到篇章结构的关系中去。具体说来,是如何运用句子和句群来表达篇章和段落中的几个或几层关系。而读者则要在自下而上地把握词、词组、句子、句群的同时,从篇章结构的高度自上而下地领会和理解语句和全篇的意思。

因此,阅读心理学家把篇章结构分为三种水平:句子结构(即微命题水平

的结构),段落结构(即宏命题水平的结构),篇章结构(即上层水平的结构。)(张必隐 2004:157)

句子结构通常体现的是个别命题间的相互关系。句子所包含的几个命题,他们不是孤立的,而是相互之间有着这样与那样的联系,有的是新的命题,有的是旧有命题,新的命题必须在与旧的命题的相互联系之中呈现和展示出来。而更新的命题又在已知命题的基础上演绎和发展开去。由于阅读者有旧命题和已经接受的命题作基础,就容易接收新的和更新的命题。因此,作者自始至终要考虑如何在已知、旧知的基础上给予读者以新的知识、新的信息、新的命题。

段落结构体现逻辑或修辞关系。篇章中段落所包容的思想之间可能有着因果的、转折的、比较的、解释的、推理的、描述的等等关系,这些关系正是依靠逻辑手段或修辞手段而被联系起来。读者若能把握段落之中的这种关系或联系,对于篇章所表述的某个意思的理解自然深了一层。

篇章结构与段落结构不同的是,前者是凌驾于所有段落之上的全篇性的理解,后者只考虑段落之中的思想联系。阅读者若能把握篇章结构,诸如明确开头、结尾、中间段落过渡在篇章中的作用;或者析出论点、论据以及论证手段在段落中的安排;或者了解故事情节的发生、发展、起伏、高潮、结尾等因素在篇章中的整体布局等等,就能深刻理解篇章所包含的思想和感情。

上述三种水平,可以说是积词成句、积句成段、积段成篇的理论化说法。对作者来说,写作之前必须有一个篇、段的结构提纲,然后遣词造句以表达自己的思想和观念,并将其纳入篇章结构中去。对读者说来,必须通过对词语与句子意义的整合(即微命题水平的结构),领悟并概括出每个段落所蕴涵的大意和联系(即宏命题水平的结构),最后掌握全篇的中心思想(即篇章的上层水平的结构)。

阅读过程是不断揭示蕴涵在词语中的命题的过程,而一个命题只是表示一个小的意义单位。如果接触到由多个命题构成的较复杂的概念、故事,除了应用单词的一般性意义的知识外,还需调动储存于头脑中的世界知识与生活经验参与理解。头脑里的知识有词典知识和百科全书知识两类。词典知识是字、词和词组的形式及意义的表征,百科全书知识则大多数"经过整理、类化,形成了一定的组织"(彭聃龄 1991:206)。这些心理表征和心理组织就是心理学所谓的图式。图式有广义和狭义之分,广义的图式包括字、词、词组、句子的组成成分,以及思想意识、政治观念、文化背景等,狭义的图式是事物、事件(包括情节)的抽象和综合。"可以这样认为,我们所具有的图式就是我们所具有的知识,我们所具有的、所有的知识都包括在图式之中。"(张必隐 2004:174)

阅读活动必然要涉及广义的图式,而狭义的图式对了解文字的深层意义更有密切的关系。狭义的图式的种类大致有事件图式、场景图式、角色图式、故事图式等。

事件图式包括人们的日常活动或经常性事件,如上班(下班)、上学(放学)、去商店购物、去饭馆就餐、去图书馆借书、乘坐公共交通、听音乐会等。它们(即某类事件)的具体过程是由几个主要事件及其下属的一个个更细小的事件(子事件)构成。某类事件的主要事件及其子事件发生的步骤,大致有定,这就形成了一定的图式,人们可以凭着这样的图式去填补阅读中的缺省。

场景图式包括情景发生的地点或场合,如候车(机)室、图书馆、百货商店、会场、教室、餐厅、咖啡馆、体育场等,每一个场景下的物体、设施、布置、空间以及各部分之间的关系都有自己的特色,将这些特征聚集、汇合起来便形成了这一具体场景的图式。由于场景图式是一种内部联系比较紧密而应用比较广泛的结构,人们一般都曾经经历过,容易激活和想象这类记忆。

角色图式包括出身、身份、职业、阶层、年龄、文化程度、工作经历、职务、地位等不同的各类人,如经理、厂长、营业员、教师、学生、医生、护士、工程师、技术员、画家、歌唱家等。他们各自具有某些稳定的、符合某种角色的一般特点。将这些特点聚合、汇拢在一起,就形成关于这类人物的角色图式。人们在生活中大都接触过这类人物或这样的角色,可以凭着角色图式的特点和这类角色的行动准则,推测人物行动的动机、态度和目的、方式。

故事图式包括故事和记述。事件的叙述方式(如第一人称自述或第三人称他述等)或叙述的顺序结构(如顺叙、倒叙、插叙等),总是遵循着一定的情节规则,如故事有开端、情节起伏和结尾等。而一个故事的情节可能有多个,每个情节下面分别有开始、发展和结束。而情节发展的下面又有若干个行为目标和行为反应等。这样就形成了一个环环相扣的图式。人们在生活中亲历过或者在电影、电视剧和小说中看到过各种各样的故事图示,凭着头脑中所积累的这类图式,可以估计或推知情节的发展和人物的活动。

由此可见,"图式作为一种心理组织,集合了关于事物的具体构成的知识,如事件的空间构成、时间构成、故事情节构成等等。""它在语言材料的理解和记忆中具有多方面的重要作用。在阅读前,图式起到预期作用;在理解过程中,图式成为意义表征的重要组成部分;在阅读后,图式对信息的储存提取起到组织作用。"(彭聃龄 1991:206—211)总之,图式在人们的阅读过程中可以提供和补充许多超出观察之外的东西或词语、句子所包容的丰富内涵,给予书面文字以一定的合理的解释。例如书面文字中笼统提到"汽车",读者马上就会设想它有引擎、方向盘、刹车和车灯;书面文字中约略提到"商店",读者自然会设想它有柜台、货架与商品;书面文字中提到"请客",尽管没有叙述什么细目,读者也立即会设想它有邀请、上馆子、就位、点菜、上菜、品味、劝酒、聊天、埋单、宴请结束等过程和细节。这些图谱式的东西虽然只是非正式的经验性结构,但它的典型性和恒常性足可以用来预期、补充和推论篇章所描绘的内部构成(即空间构成、时间构成和情节构成等)。

人们阅读文字材料(无论是母语的,还是外语的),必须进行三种层次的意义整合,即词义的整合、段落意义的整合和篇章意义的整合。在整合过程中,除了调动心理词典、句法知识与篇章知识外,还须运用图式的框架去预期事物的发生和发展,补充作者在行文时为求简洁或者高估读者水平而缺少的成分,选择与图式有关的成分或信息进行深入的加工。阅读只有在多种知识(包括图式)的综合作用下,才能建立三个层次的意义表征,真正理解文句和篇章的含义。

第三节 元认知与阅读理解

所谓元认知,简单说来,就是"认知的认知",即对于认知的知识和对认知的监控。这种元认知的知识与监控,贯穿于听、说、读、写诸种认知活动之中。本项目主要进行阅读的研究,因而集中笔力着重介绍和评述元认知与阅读理解的关系,包括元认知对阅读理解的监控作用,阅读过程中的元认知活动,以及元认知技能的培养与训练等问题。

一、元认知与阅读理解的关系

元认知与阅读理解的关系,主要体现在对阅读理解的监控作用上。要明了这个问题,必须了解元认知的性质和作用,元认知对阅读理解的具体监控,以及读者的水平在阅读监控方面的差异。

(一) 元认知的性质和作用

"元认知指的是一个人对他自己的思维或学习活动的知识和控制。"(张必隐 2004:217)也就是说,元认知包含两大部分:一是对于认知的认知;一是对认知的调节和监控。前者是对认知的知识而言的,后者是对认知的作用来说的。

人们的学习和记忆等都是对客观世界的认知活动,这种认知活动不是被动的摄取和接受,而是主动的、积极地去学习和吸收。在这种认知活动过程中,人们逐步积累起:怎样条件(包括内容、文字、词语、句子等的组织和控制)的认知是最为有效的,自己的认知能力(包括所具备的世界知识与认知技能和方法)与学习情境(如内容的深浅、对象的熟悉程度等)之间是否一致等经验,这些就是对于认知的知识。它有助于人们选择认知的内容和对象,以及选择认知的策略和方法。

至于元认知对认知活动的调节,包括:检查认知结果,计划下一步行动,监控认知的有效性,检验、修改和评价学习活动的策略等等。人们的认知活动都带有一定的、具体的目的任务,在认知过程中也必然会发生这样或那样的困惑和问题,为了有效地开展认知活动也必然要采用不同的策略,而策略的运用效果究竟如何,也得去检验、评价,进而修改或更换。这些都需要元认知的调节和监控。

当然,由于元认知能力不是先天赋予的,而是后天晚些时候培养和发展起来的,其能力的高下视经验和专门知识及技能的积累而转移和变化。学习中文的外国学生,在不同阶段,其阅读收效的由小到大与阅读技巧的由低到高,除了反映出学生认知和积累汉语知识的深广度外,也反映出了他们在监控阅读活动中逐渐增强的元认知能力。

(二)元认知对阅读理解的监控作用

大脑的认知活动涉及几个系统。一个是传递系统,它由感觉登记、短时记忆、长时记忆等组成,负责对刺激信息的处理:或输入,或反应,或清除。一个是知识系统,它由母语或外语的心理词典、句法知识、篇章知识和世界百科知识等组成,负责对知识的处理:或接纳新知识,或匹配和提取有关知识给工作记忆进行整合。一个是策略系统,它由操作和运算活动中的诸种策略组合而成,负责对学习活动的处理:或修改学习策略,或更换学习策略。在这几个系统之上,还有一个监控系统,这就是元认知,负责和处理三个系统之间的平衡和调节。

元认知对传递系统的监控,主要表现在:注意资源的分配;短时记忆的重新编码;长时记忆的贮存和提取。外界的诸多文字信息,哪些要加倍注意,让其进入感觉登记,哪些可忽略不计,拒绝登记或从感觉记忆中消除,这都决定于元认知的监测与控制。因为这与阅读目的有关,是精读还是浏览,元认知对注意力的分配是有尺度的。同时,有关信息经感觉登记进入短时记忆,有的可任其遗忘,有的要长期保持,这又得元认知作出抉择:对重要的信息进行再编码而多次重现,最后输入长时记忆。

元认知对知识系统的监控和调节作用,主要表现在对新成员的接纳(同化或顺应)和知识的匹配、遴选与提取。人们通过阅读活动,总会认知和吸收一批新词语和新句式。这一批新成员落户长时记忆库,必须安排一个好的位置才不至于被堆放到遗忘的角落。这就需要元认知的指导和支配。一般旧知接纳新知的方式有两种:一是同化,即新知与旧知的某个部分有些关系而被归化到旧知中去;一是顺应,即旧知中没有新知的成分或因素,于是旧知就改变自己的结构,空出某个部位,以迎接新知的到来。再有,人们的阅读活动最后获取语篇的意义,少不了要从知识系统中调拨有关知识去进行整合和理解。这自然也需要在元认知的指引下去匹配、遴选和提取有关知识。具体说来,元认知的职责是对工作记忆中的语音处理器、文字词汇处理器、句法处理器、语篇处理器的运作实行监控。阅读理解的过程实际上是上述四个处理器运作的结果,这里自始至终都贯穿着元认知的监控作用。语音处理器对音节的切分(书面阅读,语音处理器的运作相对较少);文字词汇处理器对字形的辨别,对字、词的划分,对词义的确定;句法处理器对句子成分的划分(即命题的分析),对词语的确定和更换,对句子词义的相加或整合;语篇处理器对语境的限定,对句子形式的表层理解和对句子内涵的深层理解等等,无一不是元认知从中起着重要作用。

元认知对策略系统的监控和调节,主要表现在阅读成功时继续采取平稳的有效策略和在阅读失败时及时采取补救的策略。人们在阅读过程中,对文本的理解比较顺利,说明自己所采取的阅读策略有效,就会平稳地保持这种阅读状态。此时,读者只有很少的、有意识的元认知体验,也就是说,元认知监控不一定被意识到。如若阅读碰到了障碍(无论是文字上的、词语上的还是句子上的、篇章上的),元认知的监控作用就会被突显出来,元认知体验也变得更为有意识了。此时,元认知就会指令策略系统修改、完善或更换阅读策略,及时地进行补救:或者重读,再度思考;或者继续往后读,依靠下文的语境来排除前面的障碍;或者查字典,疏通路障;或者向人求教,了解有关的知识等等。

(三) 阅读者的水平在元认知监控方面的差异

心理学家桑代克早就认为,阅读是一种推理,是一种大量的、现在称之为元认知的活动。(Thorndike,E. L. 1917:8,323—8332)理解一段文章由一系列的活动组成:选择上下文情境当中的恰当元素,如文字、词语、句子等,按照这些元素的分量、影响和作用,如关键词和一般词、关键句和一般句等,把它们置于恰当的关系之中,如把关键文字置于词语之中,把关键词语置于句子之中,把关键句子置于句群之中,把重要句群置于段落之中,把重要段落置于篇章之中。同时,"大脑在接受每个单词的信息时,都要在恰当的程序、意图以及要求之下进行选择、抑制、削弱、强调、结合、组织等活动。"(张必隐 2004:218)阅读者正是在这一系列的活动过程之中,获取文章的意义,进行正确理解。

由于阅读者的个体差异和学习外语的时间、程度不同,以及阅读训练的成效等因素,造成阅读水平的高低,即熟练或生疏。他们在运用元认知监控方面,也表现出一定的差距。

1. 监控的意识性不同

熟练的、好的读者,在阅读时能保持平稳的、迅速的状态;如果遇到错失,就会变慢进度,自觉地采取某种策略补救。生疏的差的读者,在阅读时不能集中于主要的概念,对所阅读的材料只流于片断的支离破碎的理解,不能驾驭全篇的旨意;如若遇到疑难,往往束手无策,很少能重新阅读篇章中的关键的部分。

2. 阅读遇阻的处理不同

熟练的、好的读者能意识到阅读中存在的问题而采取补救的行动:或者在后面的材料中寻求线索和信息,以澄清问题;或者回到疑难的地方重新审视,仔细阅读这部分材料；或者进行句法分析，挖掘句子的深层意义；或者运用其他有关知识来演绎和校正阅读的错失。生疏的、差的读者往往意识不到自己阅读中的差错，认为自己的理解都是正确的；即便有时意识到阅读中产生了问题，但也无措施去补救：或者停留在疑难处徘徊；或者弃置不顾，不再回过头来澄清疑惑。

3. 自我校正的程度和自觉性不同

熟练的、好的读者，在阅读过程中时时评价和检验自己的理解是否跟预期的假设相一致，是否正确理解了作者的意图。如果发现有曲解的地方就进行自我校正，他们往往回归到有关的段落（或某些部分）重新审视、斟酌和推敲，找出问题的症结和内在的联系，从全篇的高度去深入领会。当然，有时发现自己的理解跟作者不一致，而语义上解释得通，也可能不去改正它，让阅读不间断地、平稳地继续下去。生疏的、差的读者，在阅读过程中很少顾及自己的预期与作者的意图是否一致，有时根本没有什么预期。他们的注意力只盯住所阅读的一个一个字或词，即使发现差错，也只回归到某个词而已，谈不上自我校正。

当然，在熟练的、好的读者与生疏的、差的读者中间，存在着大量的一般的读者，他们既没有好的读者那么完善、优秀，也没有差的读者那么生疏。汉语中级水平的外国学生，其中文阅读基本上是如此。阅读教学的任务，就是要引导这部分处于中间状态的读者，摆脱阅读的幼稚状态，朝着熟练读者的方向努力。

二、阅读过程中的元认知活动

元认知活动贯穿于阅读过程的始终。从对文字材料的注视，词义的选择，句子的分析，篇章意义的概括等等，都有元认知在监控和运作。而其中最为主要的元认知活动是主要概念的选择，逻辑结构与世界知识的利用，以及自我提问。如果说读者在阅读过程中不一定都意识到元认知的潜在作用，那么上述的三个方面的元认知作用，应该能强烈地意识到和体验到。

（一）主要概念的选择

阅读的基本目的是为了了解文字材料的意义。在一篇文章中往往包含许许多多的命题（即意义单位），读者阅读时必须将它们系联起来，从中抽绎出文章的主要概念。主要概念一经抽绎和确定，犹如一张网络，纲举目张，无论是段落之间的次概念（相对于主要概念而言），还是段落中间的小概念，以及散落在句子中间的细小概念，它们环环相扣，成为了有机的组织结构。也就是说，阅读抓住了文章的主要概念，等于抓住了文章的中心和灵魂，隐含在文章中的层次、脉络，乃至细枝末节，就有可能被揭示和暴露出来。而这主要概念的选择和确定，要归功于元认知活动。

无论阅读哪类文章,主要概念的选择和确定乃是首要任务。阅读说理文,要抓住议论的主要题旨,然后才能析出其论点、论据及其论证方法,明确其结论和措施;阅读记叙文,要抓住主要事件(情节)和主题,然后才能析出事件的起因、发展和结尾,领会作者渗透在事件中的思想感情。尽管由于阅读目的不同,而采取的阅读策略和方式也可能有所不同,或精读,或浏览,或扫视,或跳读,但是掌握文章的主要概念这一点是共同的、一致的。如果阅读结果连主要概念都模糊不清,那就等于是白读了。

在元认知的监控活动的作用下,读者视阅读材料的深浅难易和内容的熟悉程度来决定自己的阅读模式。或者采用自下而上模式,或采用自上而下模式,或采用上下交互模式。

采用自下而上模式,那就是读一个词,头脑里就显示其词义,由多个词义的加合成为一个句子的意义,由多个句子意义的加合成为一个句群或段落的意义,由多个段落的意义加合成为全篇的意义,从而揭示和掌握文章的主要概念。

采用自上而下的模式,那就是迅速扫视一遍文章,选择和抓住其中的关键语句,归纳出全篇的主要概念,然后在主要概念的指引和统率下,充实有关的细节(包括论据、事件、情节等)。

欧美学生的中文阅读,在初级阶段采用自下而上模式的居多,只有到了高级阶段,才能熟练地运用自上而下的模式。而在相当长的中级阶段,往往采用上下交互模式,即采用自下而上模式来读懂语句,同时采用自上而下模式较为迅速地攫取文章的主要概念来指导细节的阅读和疑难语句的疏通。

欧美学生运用上下交互模式阅读中文材料的过程中,已经能明显地感受到和意识到元认知监控活动的存在。例如,抓住了文章的主要概念是"节俭",那么对于句子中出现的"经济实惠"中的"经济"一词,很快就能领悟其词义为"节省",不会想到是"贸易和商业"。又如,抓住了文章中的主要概念是"精神文明",那么对于句子中出现的"污染"一词,就决不会去联系空气、河流、环境的被破坏,而马上会想到是黄色、迷信等不健康的损害精神的东西。不仅词义的选定和抉择是如此,就是句子的歧义,段落和层次的意义,主要概念的小论点,主要事件的小情节等等,也容易在主要概念的统率和支配下得以分析和解决。阅读过程中,抓主要概念的技能不是一下子就能具备的,而是逐渐发展起来的。中小学生的母语阅读能力是随着年级的升高和阅读训练时间的增多而得以慢慢提高,欧美学生的中文阅读能力也必然会有这样一个发展过程。

(二) 逻辑结构和世界知识的利用

阅读是读者透过文字去理解作者所要表述的思想、观念和意图的过程。作者的思想是一系列观念(观念是人类思维的最小表征单位)的联合体,这联合体中的观念和观念之间的组合,构成各种关系而形成复杂的观念。复杂的观念与复杂的观念又组成各种关系而形成更为复杂的观念。其间的关系就是内在的逻辑。在论说文中表现为概念、判断、推理等形式,在记叙文中表现为有顺序性的事件、故事等心理图式。作为读者能够充分利用文章中的逻辑结构,不仅能预期文章的展开和后续的思想、情节及信息,而且能透过文字的表层意义,把握并领会文章的深层含义。

概念是思维的基本单位,概念与概念之间是互相联系的。读者抓住文章中的词语所包含的概念,以及与其他词的联系,就能把握由此组成的命题(最小的意义单位)。一个命题相当于一个判断,如直言性判断、假言性判断、比喻性判断等等。抓住了命题与命题之间的联系,就形成了诸种推理,如因果推理、归纳推理、演绎推理等等。这些推理有的体现在句群中间,有的体现在段落中间,有的体现在段落之间。因此,读者能够充分利用这些逻辑结构,就能把握文章的脉络和作者的思想线索。在这个过程中,起主要作用的正是元认知的监控活动。

阅读论说文章可以利用逻辑结构,阅读记叙文章也可以利用内部的逻辑线索。因为一个事件或几个事件的叙述,有的按照先后顺序来安排,有的按照方位、距离从不同的视角来展现,有的按照事件之间的因果、目的、条件、反应等关系来展开,所以事件本身或几个事件之间总是有着内在的逻辑联系。所谓情理相因,指的就是事件所隐含的逻辑关系。阅读过程中,循着这样的逻辑线索,顺藤摸瓜,就能掌握事件内容,体会作者写作意图。这中间自然脱离不了元认知的监控活动。

读者阅读凭直觉感知文字材料当然是主要的,但对于理解来说是不够的,还必须有非直觉感知的知识去填补和扩充。因为作者往往用最简洁的文字来表达和描述自己的观念和想法,许多地方作者主观设想读者是应该明白的,无须多言的,所以读者要真正理解作者的意图和所表述的内容,还必须依靠心理图式和世界百科知识去想象、充实和弥补作者表述中的缺少成分。心理图式与世界百科知识的积累越丰富,就越能填补和复原作者蕴涵在文字中的含义,阅读的水平因此而相应提高,阅读效果也因此比较理想。可以这么说,阅读的成功与失败,或者说阅读理解的深入与肤浅,与元认知能否有效地调动和监控有关的心理图式与世界百科知识直接有关。

(三) 自我提问

提问是阅读教学颇为有效的一种教学方法。由于教师所提的问题都是围绕篇章而设计的,学生在这些问题的指引下,进行重新阅读或重点阅读并寻找答案,随着这些问题的一一解决,阅读的目的也因之而达到。不过,这种教学方法,学生的阅读活动尚处于被动地位,是在教师的指导和辅助下进行的阅读。课堂阅读教学的最终目的是,培养和训练学生学会自我提问而进行独立阅读,学生的这种自我提问的能力的养成和提高,对于阅读理解很关键。

自我提问比被动的重新阅读的策略更为有效,因为有更多的元认知的成分参与。它表现在以下几个方面。

1. 明确阅读目的

阅读随读者的不同目的而有不同的阅读方式,一般有精读、浏览、扫视、跳读等。精读是精细地读,不放过一词一语,以及每个细节;浏览是泛泛而读,了解文章的大致内容;扫视是一目十行地翻阅,寻找有兴趣的材料;跳读是选择自己需要的材料来读,对不需要的材料弃置而不顾。阅读的目的和方式不同,在阅读过程中的自我提问自然也有区别:或者就文章的主要概念提出问题,或者就文章的缺少成分提出补充的设想,或者就文章叙述的事件的发展提出假设,或者就材料的实用性、真实性、可靠性提出问题和评价。

2. 辨认并突出材料中的重要部分

阅读过程中的自我提问,不是琐碎地提出阅读中碰到的所有疑难问题,如哪个词如何切分,哪个词的意义怎样确定,哪个句子该如何理解等,而应该着眼于篇章的大问题。因此,首先要辨认并突出材料中的重要部分,比如作者的主要意图和思想是什么,故事情节和人物活动的核心及其社会意义是什么,文章的主题和论题的现实意义和社会影响将会怎样,等等。只有重视材料的主要部分,才能提出关于篇章宏旨的实质性问题。

3. 提出问题

无论哪种方式的阅读,目的都要达到对于篇章或材料的重要部分的理解。自我提问能够促进这种整体性的理解。因此,自我提问一般是在阅读完一篇文章之后进行,也就是"掩卷而思",想一想这篇文章的结构和宏旨;当然,在阅读过程中,也可能已经留意材料的重要部分,寻求它在文章中的地位和价值。可见,自我提出的问题,是需要在理解篇章或某些段落的基础上,才能给予回答的。

4. 考虑对问题的可能的回答

读者自我提问是为了使自己的理解和思考围绕着篇章的宏旨和重要问题而进行。为了解答自己提出的问题,读者可能会有重点地重新阅读有关段落,不仅要理解语句的表层意义,而且要进一步开掘蕴涵于语句的深层意义,更要揣摩作者的表述和写作的动机和意图。

自我提问的策略能够推动和促进学生积极地监控自己的学习和阅读活动。因此训练学生有效地提出问题,对于发展他们的认知监控技能,至关重要。

三、元认知技能的培养和训练

人们的元认知技能不是生来就有的,而是在后天的实践活动中培养和发展起来的,因此,反映在个人活动之中的元认知技能就有着强弱、高低之分。而且这种元认知技能是可以迁移的。在听、写、说等实践活动中训练而得的元认知技能可以迁移到阅读的过程之中。从其他的实践活动,例如科学实验等获得的元认知技能也可迁移到语言实践中来。学习汉语的欧美学生,其语言方面的元认知技能在学习和掌握母语时已经有长足的发展,但是学习中文,原有的元认知技能不能一下子迁移到中文的听、说、读、写活动中来,因为受汉字、中文词、汉语句式和知识积累的限制,在相当一段时间内,元认知难以控制、监测、支配和调节这些汉语语言要素,直接迁移有一定困难,尚需有个培养和训练的过程。

认知心理学家在关于培养和训练阅读的元认知技能方面,认为应该集中于四种主要的认知活动:总结、提问、澄清和预测。这四种活动可以起到双重的作用:"它们能够增强学生的理解,而且它们还对学生提供了一个机会去检查他们的理解是不是发生",也就是说,"这四种活动既能起到促进理解,又能起到监控理解这样两种作用。"(张必隐 2004:243)

（一）总结活动

总结活动包括总结阅读的进程,检验已读的部分是否理解和保存,测定阅读是否在平稳地进行,检查所采取的学习和阅读策略是否有效和合适,等等。如果发现上述的哪一项有明显的不足和缺陷,就得及时进行和实施补救策略。

（二）提问活动

提问活动包括教师提问和自我提问。教师的提问一般总是篇章中关键的部分,它促进学生去思考和回答,从而掌握和理解所阅读的材料。学生的自我提问,则有更多的元认知成分参与,上面已经作过详细的说解。其实,能够通过阅读而提出重要的问题,本身就是一种元认知技能的表现。

（三）澄清活动

发生在阅读过程中的错误和过失是很多的,大到对语篇的片面理解和对脉络结构的模糊不清,小到对字词的切分失当,对句子歧义的不解,对句子之间的关系梳理不清,等等,这些都必须发挥元认知的作用,以求得到及时的澄清,才能真正把握和理解材料的意义和价值。

（四）预测活动

预测是读者根据头脑中的世界百科知识和心理图式,对阅读材料所要展示的内容和作者的意图进行假设,并在继续阅读后文的过程中得到检验和证实。如果发现有所偏差,则能根据后面的信息重新假设或修正假设。它们是阅读过程中不可或缺的元认知活动。

课堂中培养和训练阅读的元认知技能,常常是在师生互动和师生相互作用的环境中进行的。随着时间的推移,教师的指导活动为学生模仿和采纳,并在自己的阅读过程中有意识地运用,从而逐渐内化为他们自己的元认知技能的一部分。一般而言,欧美学生的中文阅读的元认知技能就是这样通过阅读训练逐步发展起来的。

第三章 阅读要素：汉字的字感与识记

学习外语，能听会说自然是学习者所努力追求的目标；而能够进行熟练的外语阅读也是学习者所竭力期盼的。语言教学法流派中，以阅读和书面翻译为主的语法翻译法，曾经风行一时。随着教学理论的发展，外语教学法虽几经变迁，但书面阅读仍然在外语教学中占据着重要地位，这是外语教学的普遍规律。当然也有特殊情况，比如欧美学生学习汉语，一般都注重听说，说汉语的能力发展较快，而在汉语书面阅读方面的进展相对比较缓慢。其原因何在，是我们首先需要揭示和分析的。

如前文所示，在我们进行的阅读问卷调查中，不太喜欢或很不喜欢汉语阅读的占到被调查人数的 32%。而这不喜欢汉语阅读的 48 人中，有 25 人回答不喜欢的原因是由于生词太多，约占总人数的 52%。如图示：

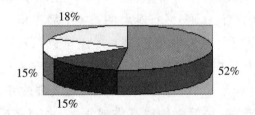

■ 生词太多　■ 语法结构太难　□ 不熟悉汉语的文化背景　□ 阅读速度太慢

图 3－1 不喜欢汉语阅读的原因

生词太多的原因，一大半缘于识记与辨认的汉字数量太少。因此，汉字是欧美学生阅读汉语书面材料的最大障碍。有相当数量的欧美学生在汉语学习中，只求能听会说，放弃汉语阅读，其原因盖出于汉字的难读与难认上面。所以，研究欧美学生的汉语阅读，首先要探索汉字的认读与识记，具体来说，就是要研究如何让欧美学生建立汉字的字感。

第一节 汉字的字感

中国儿童识读和辨认汉字比较容易,那是因为他们从小就有机会接触方块汉字。虽未上学,中国儿童头脑里已经建立和具有方块汉字的字感,所以上学识字,进展甚快,不会视汉字为畏途。有学者(佘贤君等 1998)研究表明,小学汉字教学初级阶段的重点是汉字字形。还有一些学者(李铮 1964;管益杰、方富熹 2001,2002)的研究认为,对汉字初学者而言,汉字积累越多,对汉字的概念越正确,认知程度也越高。而且,中国初学汉字儿童虽然并不能准确地区分汉字概念和图形概念,但对汉字已经有了一定的视觉积累和感性认知。而这种视觉积累和感性认知——也就是汉字的字感,正是外国学生所欠缺的。习惯于拼音文字的欧美学生要接受方块汉字,如果首先建立起汉字的字感,就能比较有效地认读和识记汉字。

一、字感的性质

汉字是汉语阅读的基础。但由于汉字的字形和形音义结合机制的复杂性,汉字成为外国学生,特别是欧美学生学习汉语的瓶颈,许多学习者的汉语口语能力和书面语能力失衡,即汉语书面阅读的能力大大滞后于汉语口语能力的发展,给进一步的汉语学习带来很大困难。在汉字学习中,字形对于拼音文字背景的外国学生而言,是一个很大的难点;尤其是在汉字学习的初级阶段,字形认知的瓶颈现象更为突出。这一现象可以从汉字和拼音文字的知觉差异上得到解释:拼音文字表音率高,且字形为由二十几个有限的字母单向线性排列的视读单位,构造简单,只要识得字母,就能拼读和识记;而汉字是由多种构字元素多向行进的,由笔画构成部件或正字,由部件或正字排列组合成整字,投入视网膜的映像就像一幅幅图画或几何图形,其复杂程度比拼音文字的线性排列要高得多,何况汉字的字形基本上读不出音,虽说有表音的声旁,但表音又不那么直接,必须从外部赋予声旁以某个读音。因此,如果说学习拼音文字较多地注意和依赖听觉感知的话,那么学习汉字则更多地需要和依赖视觉感知。由此可见,汉字教学应从汉字视觉特征入手,研究外国学生,特别是拼音文字背景的欧美学生对汉字的视知觉,从认知的角度提出对外汉字教学方法。

传统的作为外语的汉字教学类似于中国小学汉字教学,始终无法解决欧美学生字形认知的难题。这是因为:和中国儿童从小接触汉字相比,欧美学生缺少对汉字的视觉积累,缺少对汉字的感性认知。据调查,不少学习者把汉字看作图画,不理解汉字层层构建的立体模式,缺乏对汉字构建元素的认知敏感度,因此他们认读和书写汉字特别困难。由此可见,拼音文字背景的汉字初学者缺乏中国儿童已初步具有的"汉字字感"。因此,作为外语的汉字教学并不能照搬中国小学的汉字教学,首先要培养学生的"字感"。

二、字感的内在特性和外在表现

汉字的字感是汉语语感的一个组成部分。所谓语感,简单说来是学习者对所学语言的感性反映。这种反映有三个方面:一是所学语言的词语与其所标志的概念或词义;二是该种语言的特点,包括语音感、语义感、文字感、语法感、语用感等;三是学习者母语与其所学语言之间的联系和关系。(朱纯 1994:88)可见,汉字字感就是语感的一种,它对于欧美学生来说更显重要。汉字字感有其内在的特性和外在的表现。

（一）字感的内在特性

白剑波、刘艳妮(2006)提出了字感的定义:"字感属于直觉思维,是无意识中获得的一种对汉字规则的认识。""字感是在和汉字的不断接触中逐渐形成的,字感主要表现在对汉字形体的认识上,形音义的结合,尤其是对汉字的方块特点的认识上。"

字感的内在特性可以从汉字字形的心理认知机制角度考虑。汉字字形对学习者产生了视觉刺激,这种刺激给学习者带来一种无意识的内隐记忆[①],记忆的积累使学习者形成了汉字图式。这种图式以直觉形式在汉字认读和书写过程中发挥了重要作用。因此,可以这样说,字感的内在性质是对汉字的记忆积累形成的认知图式。

根据内隐记忆和图式理论,材料知觉特点的不同会对记忆产生重要影响。也就是说,不同的汉字会对学习者产生不同的刺激,带来不同的记忆效果。比如独体字的象形因素、合体字的意合因素、形声字的表意和标音因素等,对学习者的识记会有不同的作用和助益。因此,有一部分汉字更容易帮助学习者建立字感,如果能建立字感框架,找出这一部分汉字建立汉字学习基本字库,会给初学者的字感形成带来很大帮助。

（二）字感的外在表现

字感虽然是内隐的心理活动,但引起这种心理活动的外因是汉字的形体,即视觉神经所接受的汉字形体在大脑中的反应。因此,字感可以说是包含着汉字构形深层规律的图式,人们凭借这样的图式,得以记忆、匹配和提取。外国学生能够认读和书写汉字,就是得益于汉字字感的作用,具体表现为对汉字字形的辨识判断能力以及对汉字生字的学习能力。例如,能够区别正字(符合

[①] 内隐记忆是指在不需要意识或有意回忆的情况下,个体经验自动对当前任务产生影响而表现出来的记忆;这种记忆的特点是:人们并没有觉察到自己拥有这种记忆,也没有下意识地提取这种记忆,但它却在特定任务的操作中表现出来。(杨治良 1999:201—203)

汉字笔画或结构规律的字)、非字(生造的不符合汉字笔画或结构规律的"字")与假字(生造的符合汉字笔画或结构规律但实际上并不存在的"字")。阅读中,能够辨认比较潦草的手写体;能够在文本中迅速找到需要找的字等等。(叶军 2007)这些就是汉字字感的外在表现。

综上所述,字感的外在表现为学习者对汉字字形的认知能力和学习能力的培养创造了有利条件。字感的培养可以让初学者形成汉字意识,使得其对汉字的识认记忆和进一步学习变得比较容易。作为一种立体的方块文字,汉字具有笔画、部件、整字三个层面,学习者对每一个层面的认知程度构成了汉字字形的认知能力。而汉字的字感也正是从这三个层面构建的。

第二节 汉字字感的组成元素

汉字的笔画—部件—整字三个层面,是汉字字感的基础,或者说是汉字字感的组成元素。汉字字感正是由这样三个元素构建起来的。

一、笔画层面

笔画层面包含笔形、笔画空间关系、笔画度量和笔顺。

(一)笔画种类——笔形

汉字的笔画大致可分八类,即横(包含长横、短横)、竖(包含长竖、短竖)、撇(包含平撇、竖撇、斜撇)、点(包含长点、左点、右点、撇点)、捺(包含平捺、斜捺)、挑(包含平挑、竖挑)、钩(包含左钩、右钩、弯钩、斜钩)、折(包含横折、竖折、撇折)。(括号中罗列的是八类基本笔型的变形笔形。)汉字由笔画架构而成,笔画是汉字的基础,所以阅读中的汉字教学,首先得引导欧美学生去熟悉与掌握汉字的笔画。

汉字是由笔画架构而成,笔画之间有一定的组合关系。从汉字中大致可以抽绎出六种笔画的组合:平行、交叉、穿插、接连、间隙、对称等。

平行笔画,即两个或多个笔画之间是平行的。有斜笔平行(丿、彡),横笔平行(二、三)、竖笔平行(刂、川)等,如"徐、仁、丌、州"字中的某些笔画。

交叉笔画,即两个笔画之间是交叉的。有直笔交叉(十),斜笔交叉(乂)等,如"卉、木、义、刹"字中的某些笔画。

穿插笔画,即一笔穿过两笔或多笔的组合。有竖笔穿插(扌、丰),横笔穿插(艹、卅),斜笔穿插(戈、戋)等。如"打、邦、佳、删、笺"字中的某些笔画。

接连笔画,即一个笔画与另一个笔画是接触相连的。有横笔与竖笔的接连(丁、ㄋ、丌),竖笔与横笔的接连(凵、凵),斜笔与横笔或竖笔的接连(厂、亻),斜笔与斜笔的接连(人、豕),点笔与其他笔画的接连(宀、卜)等等。如"正、下、上、天、凶、厅、介、仁、家、卡、冗"字中的某些笔画。

间隙笔画,即一个笔画与另一个笔画之间有所空隙。如"心、公、司"字中的笔画之间的一些空隙。

对称笔画,即处于中线左右相对称的笔画。如"小、火、夹、坐、业、六"字中的相对称的一些笔画。

汉字笔画的种种组合,跟拉丁字母的直线、横线、斜线与弧线之间的组合差别较大。欧美学生必须适应汉字的笔画感及其组合感,才能接收与辨认汉字的形体。

(二)笔画空间关系、笔画度量和笔顺

王建勤(2005)认为,笔画的长短、粗细、距离是可以变化的,而笔画的种类、数量及相对位置,即相接、相连和相离关系是不变的。外国学生虽然能够正确区分上述关系,但在学习汉字的过程中仍会出现笔画的连、接、离、合关系的偏误,这说明外国学生容易混淆汉字字形的可变特征和不变特征的界限,对汉字字形拓扑结构缺乏完整的认识。

在欧美学生学习汉字的过程中,由于缺乏字感,常常在书写时无法度量笔画长度和空间关系,造成认字的困难。其具体表现在笔画长短欠匀(如"也"字的竖弯勾写得过长、过大),组合松紧失调(如"感"字的"咸"与"心"上下分离太远),空间疏密不当(如"母"字的外框过大,中间的一横两点太偏上方)等等。汉语为母语者从小就娴熟汉字字形,通过直觉就可以判断一个汉字笔画空间关系和度量信息是否合理,并在具体的书写和认读过程中,灵活地掌握这种度量,因而对形似字(诸如土、士;幕、慕;已、己;心、必;血、皿;匀、勺;直、真、具等等)的辨识能力也超乎寻常。这种对度的把握是建立在汉字积累的基础上的,汉字的记忆和积累培养了这种隐性认知能力。

另外,初学汉语的欧美学生对笔顺的把握非常混乱,他们写出来的汉字大致有一个正确的轮廓,但由于不按笔画规则和笔顺写字,写出来的字看起来有些异样,如"官"的下部写成像 B;"长"字写得有点像 K 等。汉字笔顺是在人们约定俗成的规则上加以规范的,比如从上到下、自左向右、先横后竖、先撇后捺等等,它的存在有其自身的规律,符合人类的认知规律和省力原则。如果训练留学生严格按照笔顺写字并形成习惯,则更能加强他们的字感并培养其笔画意识。

二、部件层面

部件层面包含部件数量、部件组合结构等元素。

（一）部件数量

若干汉字笔画可以组成一个汉字部件。部件可能是正字，也可能是非字。一个汉字可能由一个部件构建，可能由几个部件构建，也可能由一个（或几个）部件加上一个（或一些）笔画构建。应该说每个部件都有固定的外形和特点，掌握和熟悉部件对于辨认和识记汉字有决定性的助益。一般来说，部件数少、部件特征比较明显的汉字，欧美学生容易识记；但也不尽然，有些部件数多、内部结构复杂的汉字，欧美学生也记得很牢。比如"谢、再、哪"等字，尽管是在学习汉语的初级阶段，但已经很熟悉了。这里有一个使用频率的高低问题。高频汉字在课本中出现次数多，对视神经和大脑皮层的刺激频繁，因而记忆深刻。可见部件数对汉字识记的影响不大，而汉字出现的频率倒是对识记汉字有一定的影响。

尤浩杰（2003）考察了非汉字文化圈学习者在书写汉字的过程中是否存在部件数效应。结果表明：频率主效应非常显著，但部件数主效应不显著。他进一步考察了部件数对非汉字文化圈学习者识认汉字的影响，通过错误率分析发现：部件数主效应不显著；频率主效应显著；部件数和频率的交互作用显著。这说明：部件数效应主要在低频字中起作用，错误率随着部件数的增加而上升；在高频字中部件数的作用不明显。这证实了部件数与频率在识记汉字过程中的不同效应，也告诉我们在重视部件与部件数的同时，更要注意汉字的复现和再现。

（二）部件组合结构

汉字的部件组合大致可分为纵向（即上下）结构、横向（即左右）结构、错杂（即上下、左右、内外交错或包容）结构，还有独体结构等。这里除了横向结构跟欧美学生拼音文字的线性结构相近以外，其他几种类型都跟他们认读文字的习惯相距甚远。因此，让欧美学生熟悉与习惯部件组合结构的不同类型，是培养他们建立汉字字感的重要因素。这里最为有趣的是部件的横向结构尽管与线性结构相仿，而欧美学生的书写正确率却并不因此提高。

尤浩杰（2003）在实验中着重分析不同的部件组合结构类型对学习者书写汉字的错误率的影响。实验结论是：第一，在四种类型中，独体字或许是非汉字文化圈学习者最容易掌握的。第二，横向结构对于非汉字文化圈学习者来说，可能是最难掌握的。这与他的预想相反。这种横向结构错误率高的现象之所以会发生，可以用母语负迁移来解释——外国学生认为母语与横向汉字有相近之处，就更容易用母语的字感来影响对汉字的认知。我们认为，这是一种普遍的心理现象，凡迥异的两种事物，因为差别大、引起重视而容易辨别与掌握；而微殊的两种事物因其相近而容易忽略、混淆。实质上汉字的横向结构和拼音文字的线性结构只是排列上的近似，其笔画和笔形根本不是一码事。应该说这是欧美学生不自觉地走进了误区所致。

汉字部件的不同组合,必然要求学习者用不同的表征方式去识记和贮存。一般来说,学习者认知和记忆汉字有两个步骤:

(1) 首先是定汉字的部件结构,即划分汉字的结构类型,比如独体字结构、上下或上中下结构、左右或左中右结构、包容或半包容结构等。

(2) 其次是部件或正字的定位。如果是独体字(如心、火、田等),则大脑加工器会整体地加以辨识;如果是上下(如思、客等)或上中下(如意、曼等)结构,则大脑加工时,会自上而下地确定有关部件及其位置并将它们整合起来加以存贮;如果是左右(如即、结等)或左中右(如倾、卿等)结构,则大脑加工时,会从左向右地确定有关部件及其位置并将它们进行整合而加以储存;如果是包容(如围、圆等)或半包容(如包、闭等)结构,则大脑加工时,会由外向内地确定有关部件及其位置并将它们整合在一起而加以贮存。以后在阅读中遇到学过的汉字,基本上也是循着这样的认知和储存方式匹配和提取。

因此,对于欧美学生的汉字教学,区别结构类型和部件定位有着相当重要的认知意义。

三、整字层面

整字层面包含汉字的几何特征、汉字知觉的复杂性、汉字的空间信息、汉字的字体与字号的视觉信息等元素。

(一) 汉字的几何特征

汉字无论笔画多少,都呈现方块形;无论部件的多寡,都拘囿在一个方框里。这种特点决定了部件在整字中的大小和地位。比如"整"字,包含"束、攵、正"三个部件,"束、攵"占据上部左右的位置,字形就要缩小;"正"处在下部,字形相应压扁。汉字的这种几何特征,规定着汉字的某些特殊性质。

邵敬敏等(2004)认为,汉字是方块形的平面性文字,构成成分可从纵向横向双向展开,使笔画部件的组合方式获得多种可能,形成成千上万个相异的字。虽然汉字数量那么庞大,但由于单位面积笔画密集程度不一致而使汉字分辨率较高。这个特点正是培养、建立汉字字感与学习、识别汉字的基本条件。

汉字研究中有所谓"向量"与"拓扑"的概念。施正宇(1998:59)认为,汉字的几何性质指的就是汉字的向量特征与拓扑性质。比如"颖"字,其构成要素(部件、正字或笔画)的部位和大小是相对固定的(如"匕、水"分别在字的右上、右下,且写得比"页"小),这就是向量特征;再比如"整"字,无论是用楷体还是宋体书写(如"整"和"整"),无论是字体的或大或小(如"整"和"整")其构成要素之间的相对位置是不变的,这就是拓扑性质。这些也是建立与培养汉字字感的内容。有了这样的汉字字感,阅读时遇到不同字体,不同大小的字号,都可根据"向量"与"拓扑"的特点进行识别。

（二）汉字知觉复杂性的影响因素

欧美学生认读和识记汉字，从感觉到知觉，有许多复杂的因素。徐火辉(1995)认为大凡对称性强（如小、坐、共、笑、哭等），有相同部件（如林、森、炎等），符号出现频度高（如公、私、么等），表音表义效度高（如认、识、议、论等）的汉字，感觉比较单纯，知觉复杂性会降低。这些汉字在阅读时一眼就能认读，用不到花费多少精力去激发和唤醒；而凡是整字与其他整字相似度高（如乒、乓、兵；奉、举；勺、匀、勾等），图形知觉与笔顺不协调（如，凹、凸等），字体笔画过于繁复（如缴、嚼等），这样的汉字会造成知觉复杂性增加，辨认时要付出较多的注意力。但只要建立起汉字的字感，那么，认读时知觉复杂性的高低不是大碍，无非是多花些时间，何况这样的汉字还可以在语境中得以辨识、巩固和消化。

（三）汉字空间信息

方块汉字的形体图像比较突出，尽管它在表音方面先天不足，但空间信息异常丰富，在一定程度上弥补了读音的缺陷。

郭小朝(2001)运用人类工效学研究了汉字图像模式识别的早期知觉过程，他进行了对刺激字——目标字的异同的辨认实验，由此得出：在认知汉字时，会先对其图像空间信息进行大体的处理和归类，然后在较小的范围内通过具体轮廓、细节的比较最终识别汉字，而在这个过程中，笔画数，字频等因素起了重要作用。欧美学生在阅读课上的反应也证实了这一点。比如"治"和"冶"，欧美学生受字频的影响，一般会依据字的整体框架（即字的空间信息）把"冶"视作"治"，如果发现跟后面（或前面）的字联系不上，才会仔细辨认字的细节：原来"冶"的偏旁与"治"不同，少了一点。

（四）汉字字体、字号等视觉信息

学习英语的中国人都有相同的体验，平日习惯于阅读小写的拼音文字，一旦碰到大写文字，会很不适应，甚至错把熟悉的词语视作生词。同理，外国人习惯了汉字的楷体，对汉字印刷体也会觉得陌生和不习惯。

周爱保等(2005)通过实验，研究字号、字体对汉字认知加工速度的影响。结果表明，在七种字体之中，宋体、正楷和黑体的加工速度较快，而行楷、隶书、魏碑和华文彩云的加工速度较慢，字体的主效应显著；字号的主效应虽然不显著，但24号字体和48号字体的加工速度显著快于36号字体；字体与字号的交互作用达到显著水平。研究者用心理模型解释了一部分实验现象，他们认为在对汉字的心理加工完成之后，都会寻找一个心理模型，如果字体或字号与心理模型不符合，就会导致认知时间的延长和错误率的升高，甚至导致无法识别。研究者在这里所说的心理模型，应该是指识记和贮存的汉字模板，学习一个汉字，就会在大脑的长时记忆中增加一块相应的模板。阅读接触汉字，大脑就会对该字进行加工,匹配和提取与该字相同或相近的心理模块进行识别。如果外界汉字的字体或字号与心理模型不一致,认知就无法顺利进行。

一般情况下,在汉字教学的初级阶段,自始至终教的都是正楷字,但如果学生一直不接触行楷和行草等手写体,就会带来很多麻烦。我们认为,要培养学生对汉字的感知能力,应当在学生学习了基本笔画、笔顺和间架结构以后,让欧美学生认读一些最常用字的行书字体,也可以在教材中编排一些行楷对照的汉字。认读不同字体的汉字会让欧美学生更好地把握笔画空间关系和笔画度量,从而把握汉字二维空间中的可变因素,进一步完善对汉字的认识。

第三节　汉字字感的实验与分析

上述研究表明,在汉字的三个层面,有不同的因素影响着汉字的认知。这些因素可能就是汉字字感的组成元素。

表 3—1　字感框架构建设想

汉字层面	字感组成元素
笔画层面	笔形,笔画数,笔画空间关系,笔画度量
部件层面	部件数,部件组字结构
整字层面	汉字方块性知觉特征,字频,字体,字号

如果能通过心理实验一一验证以上因素对字感产生影响,就能构建字感的框架并找出决定字感产生和发展的认知因素,建立字感基本字库。

基于构建字感框架的设想,我们通过笔画层面的实验对字感影响因素进行了验证。

一、实验方法

(一) 速示法

采用实验心理学速示法,通过测试被试对各种笔形以及汉字的直觉来反应被试对汉字的认知,证明字感的存在并确定其影响因素,同时也总结出笔画和整字认知的一些具体问题。

采用速示法的依据是:首先,直觉测试的呈现时间和反应时间必须要短,这正是速示法可以保证的。其次,心理学上常以汉字为材料用速示法测试注意瞬脱效应,这说明汉字材料是适合速示法的。但是,本实验不同于单纯的心理学速示法:速示法测试的实验目标一般不是指向实验材料的,材料只是分析心理过程的一种媒介;而这里的笔画认知敏感度实验的目标指向实验材料——笔画和汉字,除此之外还要考察汉字识别的心理过程。

(二) 基于多因素的比较与分析

根据现有的字感研究和笔画习得研究,设置了字感的几个假定因素作为实验选材和实验结果分析的维度。实验结果验证或否定了这些假设,这样就确立了字感的影响因素。

实验设置了两个被试组:母语为汉语的中国学生被试组和外国学生被试(拼音文字背景)组。中国组由成熟的汉字书写者组成,外国组是汉字初学者。以中国组为基准,对外国组的认知成绩做出评价和分析。设置两个被试组可以在验证字感存在的同时,更清晰地找出影响字感发展的因素。

二、实验设计

(一) 被试

母语为非汉字背景的被试14名(学习汉语的时间为三个月),母语为汉语的中国人20名(在校大学生)。所有被试的视力(或矫正视力)正常。

(二) 刺激呈现形式

本实验在12台型号相同的联想PC机上进行,刺激呈现于17英寸的彩色显示屏中央,屏幕刷新频率为120Hz,分辨率为1024*768,被试眼睛和屏幕间的距离保持50cm。

实验条件下,刺激的呈现形式为:①屏幕中央呈现注视点(+),呈现时间为500ms;②屏幕中央呈现刺激P,呈现时间为500ms,P为笔画,笔画图片大小为35×35cm;③屏幕中央呈现目标刺激T,呈现时间为160ms,T为含有或不含有P的汉字,汉字大小为35×35cm;④呈现200ms的后掩蔽刺激,掩蔽刺激为由乱线构成的刺激块;⑤P和T刺激均呈现完毕后,要求被试迅速判断P是否存在于T中并做出按键反应,系统记录下反应时及被试判断结果。

实验共四部分,每部分实验之前有10项练习。实验时各项目(P-T)按随机顺序出现。

(三) 实验的四个部分

根据字感框架构建设想,我们把笔画实验分成了四部分。从单纯的笔画方向性的角度把笔画分为了简单笔画和复杂笔画;从笔画和汉字结构结合的角度又找到笔画变形和不同字体中的笔画两个研究方向。各个方向根据不同的特点设置不同的干扰项:

表 3-2　笔画实验四部分设置的干扰项

笔画实验四部分	干扰方式	干扰项举例(P—T)	干扰原因
简单笔画	形似笔画	丨——嫁	竖与弯勾形似
复杂笔画	形似笔画	ㄱ——们	横折与横折钩形似
	用笔方式①	フ——才	一+丿～フ
笔画变形	笔画不同变形干扰	一——排	长横与短横形似
	不同变形笔画干扰	㇏——匆	捺与长点形似
字体中的笔画	不同字体造成的形似笔画干扰	ㄴ——凳	黑体中横折弯勾形似横折提

实验预计笔画这四方面的认知的影响因素会有所不同,并希望通过比较分析四个方面不同的结果,讨论字感发展的趋势。

(四)实验汉字的选择

在选择实验用字的时候,除了考虑以上的干扰因素外,我们还选择了另外几个维度。根据字感框架构建设想,字感在笔画和整字层面的一些认知因素都有可能影响字感。于是我们将笔画类型、笔画数量、笔画空间关系、汉字的字频和汉字结构设定为字感影响因素,以这些因素为维度选择实验汉字并对实验汉字进行了多因素标记。

实验汉字中,每个笔画对应的测试汉字中都有高频字和低频字,以及各个笔画数区间的字(5 画以下为一个区间,5 到 7 画为一个区间,7 画以上为一个区间)。

另外,笔画空间关系所带来的笔画明显程度也是实验设置的一个重要维度。与其他笔画相离的笔画在汉字中最突出,如"扎"中的"乚",相接的次之,如"水"中的"亅",与其他笔画相交的笔画会给辨认带来一定难度,与测试笔画相交的笔画越多,测试笔画的明显程度就越低,如"察"中的"フ"。同一个笔画在不同汉字中的明显程度不同,被试做出判断的难易程度也不同,笔画在汉字中的明显程度可能会和培养字感有关,所以每个测试笔画在不同测试汉字中基本都体现出 2—3 种笔画空间关系。

三、结果分析

通过实验,所取得的一系列结果显示了字感的存在及其影响因素。

---

① 由于复杂笔画用笔方向有变化,辨认复杂笔画还有一个特殊的困难:用笔方式的干扰。对复杂笔画的书写方向缺乏认识会造成学习者把复杂笔画分解成几个笔画或把一些笔画组合误认为复杂笔画。

(一)字感存在且受汉字水平的影响

四个实验都显示中国被试的成绩明显高于外国被试的成绩,对两组被试的测试正确率和反应时进行独立样本 t 检验,结果显示两组被试成绩有显著差异。同时中国被试更不容易受各类干扰的影响。特别是复杂笔画的用笔方式干扰项结果差异特别明显:

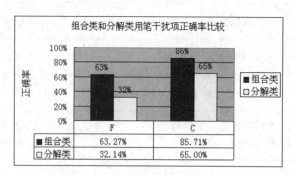

图 3—2　组合类和分解类用笔方式①干扰项正确率比较②

如图所示,外国被试组组合类用笔方式的正确率只有 63%,分解类用笔方式正确率低至 32%,但中国被试成绩明显高于外国被试成绩。这说明中国被试有更完整的笔画概念,更清晰的汉字构形意识,而很多外国被试对汉字缺乏认知,认为笔画是图画,而不是矢量,完全不了解笔画的方向性,容易把笔画碎片拼接成新的笔画。这一结果证明了中国被试的字感强于外国被试,反映了字感概念的科学性;并且说明汉字水平越高,笔画认知越全面,笔画认知敏感度和字感就越强。因此,字感这种汉字能力可以通过汉字教学和汉字积累来培养。

(二)字感影响因素

笔画数效应、字频效应和明显程度效应在四个实验中结果不一致。具体不同如下表:

表 3—3　四个实验中各假定影响因素的影响程度

假定影响因素	简单笔画	复杂笔画	笔画变形	不同字体中的笔画
高频效应	明显	明显	轻微	无
少笔画数效应	明显	轻微③	轻微	明显
明显程度效应(笔画空间关系)	明显	轻微	明显	轻微

---

① 分解类用笔干扰即汉字学习者把一个复杂笔画误认为几个笔画的组合。如:ㄋ~一+ㄥ;组合类用笔干扰更为常见;可以为完整的笔画组成类似复杂笔画的图形,可以为完整的笔画和笔画碎片组成类似复杂笔画的图形,也可以全由笔画碎片组成。如:丿+丶~く く——兆。

② 图中 F 指外国被试组,C 指中国被试组。

③ 复杂笔画实验中,6—7 画及 11 画以上区间被试成绩最低。除了 6—7 画区间的测试汉字,其他汉字少笔画效应明显。

虽然这三种效应对笔画的四个方面影响程度不同,但整体上都对字感有一定的影响,被试对高频、少笔画且笔画明显程度高的汉字有更强的笔画意识和字感。如果让初学者首先接触这些字,就能让他们比较容易产生笔画意识和字感,产生了字感以后,再学习较为复杂的汉字就会容易一些。

(三) 字感成绩较低的笔画(含变形)和字体

在简单笔画中,笔画"提"是欧美学生辨识的难点。但简单笔画整体的成绩要好于复杂笔画,这说明简单笔画是对外汉字教学较容易的方面,同时也是汉字教学的基础。在复杂笔画中,字感成绩较低的笔画为横撇、横折、横折钩、横折提、横折折撇、横折折折钩。以横起笔的复杂笔画成绩最低。另外,横折斜钩和横折弯钩,横钩和横撇,横折折折钩和横折折撇,横折提和横折弯,横撇弯钩和横折折折钩,竖提和竖弯钩容易让外国被试产生混淆。在笔画变形中,短笔画比长笔画更不容易被辨认出来。另外,倾斜程度小的笔画,则容易与基本笔画相混淆,不容易被辨认出来。在不同字体中,黑体字对外国被试所造成的干扰大于宋体字。

对外汉字教学中要加强上述字感成绩较低的笔画的直觉培养,对几类易混淆笔画、易受干扰的笔画多进行辨识训练。由于形成直觉时容易忽略细微差异,而笔画之间的差异又是极细微的,所以在进行初级对外汉字教学时,要引导学习者有意识地注意笔画间的微殊以及不同汉字中的笔画度量,防止他们形成错误的字感,影响之后的汉字教学。并且,在初级教学中,教材的字体应选择字体笔画粗细均匀,大小匀称且更接近手写体的楷体,一方面降低学习者的认知难度,让他们更清晰地辨识笔画,建立字感;另一方面,让他们对接近手写体的字体有一个初步的印象,这样对他们的汉字认读和书写都是有益的。

(四) 个人字感影响因素构成分析

在录入测试结果时,我们发现有些被试某类字结果特别突出。于此可以认为,各种影响因素对个体的影响程度不同。由此我们以复杂笔画实验为例,统计了各个被试每类字(高频字,少笔画字,用笔方式干扰字,形似笔画干扰字)的正确率,并进行排序分析。如:

表3-4 字感各影响因素对个人的影响程度(部分被试)[①]

被试	用笔方式干扰效应	形似笔画干扰效应	高频效应	少笔画数效应
C1	B	D	D	C
C2	E	A	B	C

---

① 笔者把34个受试的正确率按降序排序,从高到低用字母A、B、C、D、E、F、G标注等级,其中A为正确率最高的等级,也就是说被试受干扰项干扰最小,G为正确率最低的等级,也就是说被试受干扰项干扰最大。图中C指中国被试,F指外国被试。

(续表)

C3	F	G	E	B
C4	A	C	C	F
C5	A	A	A	D
F1	G	G	G	G
F2	G	D	E	A
F3	F	G	G	A

由上表可知,有些被试受各种因素影响比较平均(如C1),有些被试比较突出地受一两种因素的影响(如C4),有些被试受各种因素的影响都不大(如C5——AAAD),有些被试容易受各种因素影响(如F1)。

被试的个体差异,说明字感的个人构成是有差异的。我们推测造成这种个人差异的原因主要有两个:其一,个体先天的直觉认知能力构成不同。其二,也是更为重要的原因——汉字认知水平不同。例如对汉字识读能力较强的被试,高频效应可能不显;对笔画完全不了解的被试容易受用笔方式的干扰;对笔画细节处了解不到位的被试容易受形似笔画的干扰。

因此,在学习汉字的过程中,字感可以通过汉字学习来加以提高。对笔画的全面认识可以使学习者在笔画认知时更容易排除干扰,对高频字的笔画认知也更容易迁移到低频字中去。我们认为字感越强,受各种因素的影响程度就越低,对汉字识认的迁移性也就越强。这一点可以用中国被试组和外国被试组被试的整体倾向来证明:较之外国组,中国组被试的各类效应都较为不明显。

第四节　汉字的识记与阅读

培养与提高欧美学生的汉语书面阅读,先决条件是要识记和积累一定数量的汉字。方块汉字作为一种文字,同其他语言的文字一样,也是形、音、义的统一体。但方块汉字在形音义的结合方面有其一定的特殊性,它偏重于形义的结合,诸如象形字、指事字、会意字等都可以从字形中体会或领悟其意义,不过由于历史的变迁和字体的沿革,许多所谓的"形",已经很难看出或想象其意义,而且形声字中的意符大都也只能标识意义的范围,不能代表精确的概念。因此要识记汉字的形与义还是需要生硬地记忆。方块汉字也有标音的成分,在形声字中表现为声符,但由于声符本身不是拼音字母,它只表示一个声韵的结合体,其读音是外加上去的。这种先天不足的缺陷,使汉字的音义结合显得比较松散。因此,汉字的辨识与记忆,主要反映在大脑对字形与字义、字音与字义,以及字形与字音的联系和勾连的过程之中,剖析这三者的关系,有助于习惯拼音文字的欧美人学习与识记汉字。

一、汉字形、音、义的认知过程

阅读的最基本的心理活动是从文字提取信息的过程,也就是认知文字的过程。而认知文字的前提是头脑里业已存贮着一定或足够数量的文字,即所谓的心理字库。字库的建立也正是在早期的学习过程或阅读过程中逐步积累起来的。人们对文字的认知实际上是两种信息在人脑中相互作用和加工的结果。一种是外观信息,它是直接从文字的外观形象中得到的,即视觉信息;另一类是知识信息,即读者已有的文字认知结构所提供的高级信息(它包括与该字有关的语音、语义等方面的知识),即非视觉信息。人脑在阅读时以视觉信息作为外界刺激,引发、激起头脑中的心理字库,从中搜寻、检索、匹配并提取有关知识,选择相应的读音与字义,以适应阅读之需。

汉字的字、词关系不同于拼音文字的字、词关系,拼音文字只有二三十个字母,词完全由字母组合而成;汉字不完全等同于词,可又与词有密切关系。因此,汉字的视觉识别是一个复杂的加工过程。汉字是一种表意文字,汉字完整的信息是由形、音、义复合传递的,三者不可或缺。心理学对汉字认知的神经机制研究表明,认知过程要经过"字形的精确确认"与"字义和语音的加工"才能完成(李辉 1999),这也说明汉字认知的完成必须建立在汉字形、音、义三者统一的基础之上。上面说过,在阅读过程中,字形作为汉字的外在表现形式,首先作为视觉信息被人脑感知。字形(包括字体的上下、左右或内外结构以及形旁与声旁的组合等等)的多种信息线索成为代码被神经细胞传递至大脑神经中枢,在那里得以解码,或者直接通向和唤醒该字的字义,无需语音信息的介入,这乃为汉字表意性质的认知特点所决定的;或者有可能借助语音信息的参与(即语音转录),才能完成对字义的提取。因为欧美学生的汉语听说能力较强,利用语音信息,更能把字形与字义联系起来。当然字频的因素,由于重现与再认的刺激作用,对于从字形激发字义这一个过程也有很大的影响。

二、汉字识记与阅读的关系

外国学生的汉语阅读是建立在汉字的认读与识记基础之上的。非中文背景的欧美学生面对一行行中文字串,如果不认识或不谙熟其中一个个汉字的形、音、义,那么进入眼帘的只是一堆排列比较整齐的方块形图画,没有什么具体的意义或价值,也就谈不上进行汉语的阅读与理解。因此,尽管有些欧美学生畏惧或排斥学习中文方块字,而对外汉语教学仍然强调学习汉字的重要性,千方百计解除他们认读中文字的心理障碍,提高他们识记汉字的效率。否则,欧美学生的汉语学习会局限与停顿在听说方面,不能向纵深发展。

拼音文字的优点是睹其形可读出其音,而跟意义(或概念)的联系是从外部硬加上去的;方块汉字的优点是可依赖象形(包括形旁)成分而悟其义,但无法读出其音,即使字的内部结构中有声旁标音,这声旁只是一个独体字而已,也还是要从外部硬加一个读音上去。因此,对欧美学生的汉字教学要充分利用汉字表意的特点来刺激和强化他们的视觉感官,提高他们对汉字的认读和识别率。

(一) 汉字的性质

汉字从本质上来说属于表意文字。汉字发展到现在,许多字的形体变化较大,但形旁的有效表义率仍有40%—50%。某些科技、化学方面的新字还在根据形声结构创制出来。因此,对形旁意义的认知有助于汉字的识别,在对某形旁非常了解的情况下,例如学习与积累了"剥、削、割、删、刨、刺、剃"与"切、劈"等汉字后,熟知"刀"和"刂"的意义范畴,这时形旁带来的视觉刺激几乎等同于、或不亚于它所象征的对象带来的视觉形象(如看到"手"或"扌"就会想象有五个手指的手)。在某种程度上,识认带有此形旁的字时会无意识激活一批对象,如认读"攀"字的时候,原先识记、储存的"打、拉、提、推、拿、举"等字都会一起跃出,从而迅速地缩小了辨认汉字的语义范围,在更短的时间内辨识出汉字。由此可见,通过培养字感(字形感)激活字义可以帮助识别形义一致性较高(即形旁与字义基本相同或相近,如议、论、谈、话的意义与言旁的意义范畴基本一致)的汉字,并可以帮助学习者建立一个粗略的汉字意象归类结构网络,以备阅读时从网络中选择、匹配和提取有关的字词。

阅读过程中接触汉字的形体,只是一种刺激的线索,其目的是要通过这种线索,激活与之有关或相关的字义。通过形旁而激发的汉字字义往往和汉字的本义有很大相关性,和引申义的关联并不是那么直接。而汉字是多义的,除了一个本义外,往往还有几种引申义,并且大部分汉字的引申义比本义的使用频率更高。例如汉字"浓"的本义为露水多,而现在的常用字义为稠密、厚、程度深,它的形旁和本义有很大关联,而与其常用的引申义关联不大。因此,仅依靠字感识别字义是不够的,若要在阅读中正确把握汉字的意义,第一步就要对汉字常用意义有所了解,如有可能则应对其引申义和比喻义有个初步的印象和接触,而不是仅仅知道汉字的一种意义。例如,读"睡意正浓",把"浓"理解为"稠密"和"厚"尚不够确切,必须知道其引申义"深、重",才解释得通。

在识记汉字的时候,不仅应考虑先识记哪些汉字,而且应考虑在识记一个汉字时应首先掌握汉字的哪些意义。汉字教学中对字义的选择有两条原则:一是选择最常用的字义,二是选择与字形关系最紧密的字义。两项都能满足的字义当然最合适(如"张"的"紧张"义与"弛"的"放松"义,与形旁"弓"的张弦、松弦直接有关),但两者有冲突时,笔者认为应选择最常用的字义(如"该"字与字形最紧密的字义是军中之约,或者通"赅"表示完备。但它现在的常用义是"应当",那就应该选择后者。)。因为虽然字形的帮助对识记汉字有一定的作用,但用这种方式记住的字义如果不是常用的意义,在阅读中出现这个汉字时,表达这种意义的几率就比较小(如"活"的本义是流水声,在语料中很少出现),这样反而会阻碍学习者的阅读进程。而如果学习者掌握的是汉字的常用意义的话(如"活"的常用义是"生存"、"活动"),在阅读中如果遇到"生活、死活、灵活"等词语时,对"活"这个汉字字义理解的正确率就会提高,这样有利于增加学习者的阅读信心,也对同一语境下其他汉字的识别起意义提示作用(如"活命"的"活"有"生存"义,可提示"命"是"生命"的意思)。因此在对外汉字教学时,应先让学习者认识到汉字是多义的,并将字义常用程度的排列顺序作为学习汉字字义的顺序,以提高汉语学习者的书面语阅读效率。

(二) 汉字的概念

每个汉语学习者都有自己的心理词典。无论学习者以何种语言理解了一个汉字的含义,在其识记汉字并在心理词典中注释字义时,学习者都倾向于用母语中类似的词解释汉字字义。这种方式可以帮助学习者更快地记忆字义,在阅读时也更自然地识别并理解汉字。当然,先决条件是该字的概念与学习者母语中的某个词语的概念相同或相近,例如春(spring)、夏(summer)、秋(autumn)、冬(winter)汉字与英语词语一一对应,欧美学生阅读时视觉接触这四个汉字时,头脑里会迅速反应出母语的对应词语,因为两者的概念基本一致。但是,如果汉字与学习者用来注释汉字的母语单词的语义范畴不一样的话,学习者对汉字的理解会出现偏差,并且由于汉字组词的能产性,一个汉字的理解偏差可能会造成阅读中多个词句的理解偏差。

例如,在汉语中,"车"的概念是在陆地上移动的有轮子的交通工具,包括汽车、火车、自行车、三轮车、马车等等。但英文中找不到与此对应的词,"车"的字义范畴介于"car"与"vehicle"之间:"car"指汽车,"vehicle"指所有交通工具,不仅包括车类,还包括轮船、飞机甚至航天器。如果"车"被简单地注释为"vehicle",学习者就会把"车"的概念泛化,会产生把"飞车"理解为"飞机"这样的错误。

在对外汉字教学中,解释汉字的每一个字义的时候,都要把字义的范畴说明清楚,让学习者正确理解每个汉字的概念,这是学习者在阅读中正确揣测词义乃至句义的基础。

(三) 字的组合[①]与阅读

1. 情境[②]对汉字字义的限定

汉语书面语的阅读材料是由一个个汉字组成的文字串,作为单个的汉字,它们只代表某个意义或概念,作为文字串就有了一定的情境或语境。反过来

[①] 这里的字的组合不仅指固定的字的组合如词语、词组等,还指在语篇中字的临时组合,另外还包括在语篇中构成同一情境的连续或不连续的字的组合。

[②] 这里的情境指书面语阅读中汉字存在的意义环境,包括字的组合、词语、词组、句子的意义和整个语篇的意义。

说,阅读材料中的每个汉字都在特定的情境中出现。这个情境小到词语、词组,大到段落、语篇,都对汉字字义的选择与确定起到一定的提示与限定作用。因此,虽然单个汉字的字义是固定的,即使是多义字也以常用义为其首选,但一到了字的组合中,它的意义就受到了限定。因此,利用情境线索(包括字词组合、情节内容等)来识别汉字并选择正确的字义是书面语阅读中的一个重要的心理过程。

虽然词语的意义并不一定是两个或多个字义的简单加合,特别是比喻义(如漏网、大手笔、发烧友等)和转义(如饭碗、领袖等),不是几个字的意义所能涵盖的。但大多数词语中每个字所取的意义都是相互联系的(联绵词、重叠词除外),一个字对另一个字的意义选择有所限制(如"准"在"水准"中的字义是"标准";在"准确"中的字义是"正确、完善";在"准许"中的词义是"同意"等等)。在阅读时,有了词语情境的提示,不仅能较快地识别一个汉字,而且由于字义选择的范围缩小了,字义的提取时间会更短。例如汉字"分"和"解"都有较多常用字义(如下图所示),但两个字有一个相同的字义"分开",因此它们组合成"分解"一词时,都取了"分开"之意。当学习者遇到这个词时,无论是先确定"分"还是先确定"解"的字义,都能较容易地提取出另外一个字的字义。

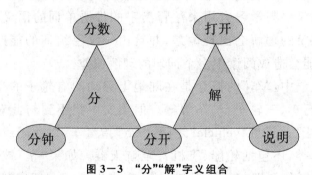

图3—3 "分""解"字义组合

句子和语篇也能制造情境,限定字义,帮助学习者识别和理解。例如下面一段话:

> 他是老板面前的<u>红</u>人。老板一听见他说话,就很高兴;每次开会的时候,老板总是表扬他。

这段话的语义焦点在于"红人"一词,接下来的一句话就是为了说明它的。而在"红人"中,"红"字又是关键,对"红"字义的理解决定着对这段话的理解。如果学习者没学过这个词,乍一看"红人"时,第一反应可能会将它理解为"红色的人"或者发挥一下想象理解为"穿着红色衣服的人",于是学习者带着这个推测去看下一句,读完之后,学习者就能排除"红色"这一字义,而提取出"受欢迎的"这一方面的引申义,再将"受欢迎的"放在"红人"一词中检验,发现这种字义在词的情境下也是说得通的。在情境的帮助下,学习者正确地提取了字义,理解了句子。所以说,语篇中的字义受到了情境的限制,但这种限制提供了阅读的线索,帮助学习者提取字义,修改错误的选择,从而促进语篇的理解。

欧美学生上汉语阅读课喜欢边看着书面文字、边听录音或听教师朗读,这样的阅读效果比单凭视觉接收汉字要好得多。其原因就在于视觉通道与听觉通道同时起着作用。欧美学生学习汉语普遍注重听说,他们的听说能力一般比日、韩学生发展更快。听录音和听朗读就是利用"语音转录"的手段来刺激和唤醒头脑由音到义或者由音到形、再由音形到义的联系。由于朗读赋予每个汉字以正确的语音,并有着一定的语调和感情色彩,随着语篇情境的开展,一个个汉字的意义或夹杂着阅读者母语的译义,有选择地从长时记忆中提取,就容易达到理解的目的。

2. 汉字字义对所在情境的影响

汉字是汉语书面语的最小单位。在一篇汉语文字材料(或者说汉语文字串)中,单个汉字的字义不一定有多大作用,但是积微成著,它们组合进词语、词组和句子中,就会显现出一定的语境和情境。可见汉字字义以及字与字之间意义的联系是书面语文本意义产生的基本条件。

阅读的目的在于理解,阅读者不仅要通过视觉攫取蕴含在文字中的信息,而且要把贮存在头脑里的生活图式(即类化了的知识和经验)调动起来,参与理解活动。因而在阅读中,学习者肯定会受到自己头脑中某种图式的影响,去预设、猜测、补充整个语篇的情境和内容。可以说,每个图式都是一个情境,当阅读材料中有文字征兆显示语篇的情境符合头脑中某个图式时,对整个语篇的理解就激活了。而所谓的文字征兆,就是字在词语或词组或句子中的组合。在阅读中,理解了跟情境有直接关系的关键字时,语篇的意思基本上就能理解,至于其他的字都起辅助说明或者描述细节的作用。将关键字与其他字联系起来,理解就可深入下去。这一点可以从学习者的阅读过程中得到证明:学习者理解了一篇文章,但很有可能这篇文章中有些字他不认识,但由于识别了关键字激活了图式,整篇文章大体都理解了。我们曾做过一个简单的测试:给汉语程度相同的两个美国学生同时讲了"猴子捞月亮"的故事,三天以后让两个学生分别把这个故事复述了一遍,两个人都复述得不错。一个星期后,笔者让两个学生分别阅读一篇文章,理解了以后复述,文章讲的就是猴子捞月亮的故事,文本和之前的口头讲述有一些差别,故事情节是一样的,但其中有一个学生的文本不是"猴子捞月亮",而是"狗捞月亮",除了动物名称不同,其他文本都相同。读"猴子捞月亮"的同学3分钟左右就看完了文章,并准确地复述出来。但读"狗捞月亮"的同学10分钟过了还没理解文章的大意,问他哪里不明白,他指着"捞"字说自己不认识。而读"猴子捞月亮"的同学说,自己看到"猴"、"月"、"水"三个字以后就猜测这是"猴子捞月亮"的故事,往下一看确实是,所以很快就读完了。并且他也不认识"捞"字,是猜出来的。

在上面的测试中,"猴子捞月亮"这个故事已成为学生头脑中的一个图式。

阅读过程中,当语篇中的某个或某些个关键字唤起图式中的某一情境时,图式就被激活,从而对阅读材料的理解也变得容易起来。由此可见,识别与掌控关键字是唤起图式的重要条件,而图式的激活是阅读的捷径。可以说,图式中代表某一情境的关键字的组合,对书面语阅读起着重要作用。教学的时候可以以基本图式为单位,分类教授汉字,比如运动类的"跑、跳、投、跨、传、接、举、掷"等,娱乐类的"唱、舞、演、奏、观、赏"等,这样不仅便于识记汉字,还能够通过构建以分类汉字为基础的汉语图式,从而提高汉语阅读的效率和准确度。

3. 阅读中情境与字形的双重作用

欧美学生的汉语阅读到了中高级阶段,有了质的飞跃,这表现在:1)可以阅读篇幅较长的语料;2)可以阅读容量较大、内容较为复杂的课文;3)阅读速度明显加快;4)泛读(包括浏览与扫读)能力逐渐提高。这都说明他们已经积累和贮存了相当数量的汉字与中文词,在阅读过程中可以比较熟练地选定和提取有关汉字的字义和中文词的词义,从而能够整合句子、句群、乃至段落的意义。期间如若遇到生字与生词,他们能够跳跃那些非重要的字词,而对那些重要的、关键的字词,阅读机制会自觉地发挥情境与字形的双重作用,粗略、大致地猜测它们的意思,以获取其中的信息。

上下文情境可以提供语言上和内容上的诸多信息,这些信息群大多是由较多的字词和若干个句子组织起来加以表述的。它们既能对已经识别了的汉字与中文词的意义加以限定和突显,又能对生疏的汉字与中文词的意义加以衬托和提示。而汉字的表意手段在这里也能发挥其积极作用,汉字的形旁能显示某种意义范围,有情境信息的参照,阅读者就可猜测生字词的意思。也就是说,上文的情境,已预示着下文即将展现的情境内容,读者据此并按照字形结构(主要是形旁)判断和假设有关字词的概念和意义;而下文的情境又可以回过来证实和确认所猜测的汉字与中文词意义的真实性。于是阅读就能顺利地、平稳地进行下去。例如:"公司一直推行着信誉第一、质量第一、服务第一的宗旨和原则,因而获得了广大客户群的信赖和欢迎。几年来这家公司以其辉煌的业绩,名列同类公司的前茅。"尽管对欧美学生来说,中间有些字词如"宗旨、赖、辉煌、茅"等并不熟悉,但他们阅读时能跳跃的就跳过去,如遇到"信赖",取"信"的意思,忽略"赖"的意义;对"名列前茅",取"前"的意思,不计"茅"的意义。而对有些词语则根据情境进行猜测,如"宗旨",依据该字词与"原则"平列的情况,推断和假设它的意思是"目的和要求";对"辉煌"则根据前后情境信息,以及这两个字的形旁"光"、"火"的提示,推断和假设它们是"耀眼、夺目"的意思。欧美学生就是利用情境和字形的双重作用,连想带猜地理解和读懂课文和语料。

当然这在阅读的初级阶段是不可能实现的,因为一个或多个句子中的生字过多,显示不出一定的语境或情境,也就失去了猜测和判断的依据和条件。

只有到了中高级阶段,语料中的字词大部分都能识别,才有条件依据情境和字形来猜测和假设陌生字词的意义。随着阅读训练、阅读机会的增多,这种预期、猜测、求证能力愈见熟练,阅读能力也相应得以提高。

第五节 字感的培养

初级阶段汉字教学的首要目的是在其逐渐获得汉语能力的过程中,通过有针对性的汉字教学培养学生的汉字字感,即帮助学生形成一定的汉字学习能力。一旦学生建立起初步的字感,其掌握汉字的数量会很快地增长。随着掌握字量的增加,学生的字感还会逐渐完善,字量会呈加速度增长。

1. 汉字学习能力

国际汉语教育界从外国学生学习汉字的困难,提出了字感问题。一些学者认为,拼音文字背景的外国学生由于从未接触过汉字,缺乏汉字的"字感"(孙海丽 2000);由于缺乏字感,这些学生在汉字学习中困难重重(白剑波、刘艳妮 2006)。因此,教学上应该帮助外国学生逐步形成字感(徐子亮 2003)。

一般认为,字感是对汉字隐含的规律性的一种深刻的直觉,是在和汉字的不断的接触中逐渐形成,字感主要表现在对汉字形体的认识上(白剑波、刘艳妮 2006;孙海丽 2000;张洁、白琼烨 2006;徐子亮 2003),因此有关汉字认知的研究也多集中在汉字字形上(朱志平 2002;施正宇 1998;刘鸣 1993)。本文认为,字感确实是汉字使用者对汉字的直觉,是关于汉字的"图式(scheme)",而根据语感的概念,这种直觉直接表现为对汉字的敏感性;但是这种敏感性并不局限于字形,还应包括字音、字义,以及跟汉字使用有关的诸多方面。例如,汉字使用者如果具备下列能力,我们就认为其具备字感:

> 能够区别正字(符合汉字笔画或结构规律的字)、非字(生造的不符合汉字笔画或结构规律的"字")与假字(生造的符合汉字笔画或结构规律但实际上并不存在的"字")。碰到非字,判断为错字或不是字;碰到假字则判断为不认识;
>
> 能够辨认比较潦草的手写体;
>
> 能够改正错字,能辨认某些形体有缺损的字;
>
> 能够根据字形揣测大致的读音;
>
> 能够根据字形揣测大致的字义;
>
> 能够在文本中迅速找到需要找的字;
>
> 能够根据特征比较快地记忆新接触的汉字等等。

我们特别强调字感与汉字学习能力之间的关系。根据上文的分析,汉字能力不仅包括一个人掌握的汉字数量及其运用汉字的能力,而且还包括汉字的学习能力。既然字感是关于汉字规律的内在认识,那么获得字感就意味着对汉字规律的把握,而且是深刻的把握,就意味着学习者具有相当的汉字学习能力。培养汉字字感的过程就是建构汉字学习能力的过程。汉字字感的培养,必须建立在一定数量的汉字积累的基础上,但是,基本的汉字字感并不需要学生把所有常用汉字都掌握了才能得到。尽管普遍认为汉字难学,但是只要学生获得了基本的字感,即具有了基本的汉字学习能力,学生学习新字就会变得比较容易;因此,汉字教学的根本目的是帮助学生建立字感,尤其在初级阶段,使他们迅速获得汉字学习能力,而不是简单地追求识字和写字的数量。

2. 建立字感的教学方法

我们认为,初级阶段汉字教学的重要任务就是帮助学生尽快熟悉汉字结构,形成字感;然而某些流行的汉字教学方法却与建构字感的目的背道而驰,最典型的就是描红与在"米字格"或"田字格"上抄写。描红或用"米字格"、"田字格"抄字的根本目的是为了让学生把字写得更漂亮;但是,汉字教学的首要任务不是追求美感。在学生还不具备基本字感的情况下,让学生描红,或在"米字格"、"田字格"上练字,会让学生专注于局部,而忽视整体。我们并不否认描红或"米字格"、"田字格"是一种练字的有效方法,但那必须是在学生掌握了基本的汉字之后。在学生还没有建立起基本字感的情况下,就为追求美感而让学生练字,不仅无谓增加初学者的学习汉字的难度和负担,而且由于学生"依样画葫芦"而有碍于其获得真正的汉字字感。

并不是所有的分析型的教学活动都不适合于初级阶段的汉字学习者,例如,基于笔画或部件的拆字游戏、拼字游戏、寻找差别、寻找共性的游戏等等,都有助于字感的形成。

字感的形成可以通过汉字学习的过程逐步积累,教师也可以有意识地通过特别的教学环节和活动促进学生字感的形成。我们在教学中曾使用汉字联想教学法帮助学生建立字感,获得良好的效果。所谓汉字联想教学法是注重整体,注重关系的综合性教学方法。教师引导学生就汉字的形、音、义、用等展开联想与比较,使学生在多维网络中建构汉字图式,完成记忆,形成字感的方法。实践证明,联想的方法对字感形成非常有效。教学开始阶段,学生跟着老师的指引进行联想,经过一段时间,学生就能自己开展联想。面对一个新字,学生展开联想,表明学生已经可以根据已有的字感,调动现存的汉字图式,去辨认、分析、理解、记忆新字,从而进入自发的主动学习状态。一旦学生能够自发地主动地学习,汉字就不再是一个障碍。

3. 阅读的作用

建立字感,还是汉字本体教学,属于学字的范畴;但是,学字不是最后的目的,学字是为了用字;因此,汉字教学一定要强调汉字的语言功能。汉字能力的培养,汉字语言功能的实现,不仅要解决学字问题,还要解决好用字问题。从某种意义上讲,字学得再多,如果不用,也是白搭,记不住,暂时记住了也很快会忘记。

现在一提汉字教学,人们往往就想到解决学字的问题,对用字问题关注不够,而事实上,用字问题是汉语及汉字教学目前最大的瓶颈,甚至可以说,用字问题比学字问题更严重,解决的需求更急迫。

欧美各国都非常重视本民族语言的书面语教育。以英语为例,英语国家出版了大量的专门以初级阅读者为主要对象的书籍和读物。这些阅读材料有严格的分级系统,分级的指标包括文本的长短、用词的难度、语言表达的复杂程度、涉及话题或内容的广泛程度和深入程度、文体的多样性等等。比如,一级的读本以图画为主,一页书上只出现一两个常用的词语;二级出现短句;三级是简单的对话;四级是比较复杂的对话;五级图画的比例大大减少,内容扩展到叙述和描写;再往高级,文本逐步过渡到无图(或只有很少插图)的章节故事或文章,书面语专门用语的出现机会逐渐增加。由于各种等级的阅读材料非常丰富,具有不同语言能力和文字能力的学习者,很容易找到适合自己的读物,在课外进行大量的阅读;语言教育工作者有可能选择适合学习者语言能力(language proficiency)的书面材料,让学习者学习、使用、熟悉、掌握文字及其他书面语知识和技能。

学习汉字的过程就是一个使用汉字的过程,只有在不断的使用中才能真正学会汉字,汉字教学与阅读教学不能分开。汉语学习中只有通过大量阅读,才能使汉字学习获得真正的效率与体现真正的效用。目前国内的中小学语文教学已开始重视阅读的重要性,但是由于汉语至今没有一个综合考虑语言、文字、文化等因素的阅读难度分级系统,适合学生尤其是低年级学生阅读的材料严重不足。相对于中小学语文教学,国际汉语教育的情况就更不容乐观。不要说在海外学习缺乏语言环境,即使在国内学习,汉语的母语环境为学生提供的便利也只能体现在口语能力的提高上;因为学生所能接触到的所有书面语材料,都要远远高于其汉语语言能力和汉字能力。除了教材之外,学生很难找到适合自己水平的书面阅读材料。很难想象,学生守着一两本教科书就能迅速提高汉字水平。

汉字能力不仅是识字、写字的问题,汉字能力的发展直接影响书面语能力的发展,而书面语能力又直接影响某些高级的口语能力的发展。看起来,阅读问题好像跟汉字隔了一层;但是,如果从用字的角度理解阅读,那么阅读所形成的瓶颈,不仅迟滞汉字学习的速度,而且对整个汉语能力,特别是书面语等高级语言能力的发展产生较大的负面影响。要突破汉语教学瓶颈和汉字教学瓶颈,就非突破阅读瓶颈不可。

第四章 词语的切分与阅读

汉语阅读首先面临的是对书面文字的切分,切分不当,阅读理解就会有偏颇,甚至曲解。这个问题在人们的母语阅读过程中也时有发生,但母语读者一般都能及时发现和纠正。因此,母语阅读在词语切分上的矛盾并不突出。而欧美学生的汉语阅读,问题就不那么简单了,这跟汉语的字词界限模糊、文字印刷的等距离排列等客观因素以及欧美学生掌握汉语字、词、句的熟练程度和积累的多少等主观因素有着极为密切的关系。

我们的调查问卷中有这样一个问题:你阅读时,习惯上依靠什么来理解意义?统计数据显示,欧美学生的汉语阅读得益于语法分析的比例是很小的,依靠语感也有一个逐步积累和发展的过程,而理解字词的意思乃是阅读中最为重要的部分和因素。如图:

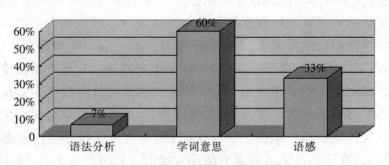

图 4—1 阅读中帮助意义理解的诸因素

欧美学生在汉语阅读过程中依靠字词的意思来理解书面材料,首先遇到的是词的切分问题。一段或一篇语料,呈现在读者面前的是一行行前后排列的文字串。拼音文字表示意义的基本单位是词,一个词与另一个词之间的排列有一定的空隙,所谓的文字串已有天然的切分,读者无须在这方面多费力气。汉语表示意义的基本单位也是词,但由于中文字词有所区别,一个字可能是一个词,也可能是一个必须与其他字相组合才能表义的词素,而中文字串中的每个字都是等距离间隔的,依据字与字的间隙不能断定词的界限,于是就产生了切分问题。可见切分,指的是阅读中对语言的意义单位的分割与界定。可以这么说,读者的整个阅读就是处在边切分、边理解的过程之中。从最小的意义单位——词的切分，到略大的意义单位——词组的分割，到较大的意义单位——句子的划分，到更大的意义单位——句群、段落的确定，随着读者对文字串作不同层次的切分，篇段的意义也逐一被揭示和显露出来。洪堡特（1999）认为，讲话人的出发点始终是句子。因此读者的阅读自然也以句子作为基本分析单位。句子是由词语按照语法规则组织起来的，单个的词语只能表示某个概念，诸多词语只有在组织（即句子）中才能表示或显示一个相对完整的意思。而句子的意义不是孤立的，句子与句子之间又有着这样或那样的、内在或外显的关系，由此构成复句或句群等更大的意义群。阅读抓住了句子，下可以确定词语及词义，上可以放在更大的意义单位中去考察和领悟。正像洪堡特（1999：181）所言："如果句子未能得到有机的、恰当的划分，句子要素之间的联系就会受到损害。"

　　在阅读过程中，切分意义单位是理解和提取句子意义的关键。句子的下位成分是词或词组，对它们进行切分有助于理解句子里各组成要素之间的意义关联，从而整合和提取出正确的句义。切分的问题，并不为汉语阅读所独有。外语阅读实际上也存在着一定程度的切分问题。作者生成书面语言时是有句级、词组级、词级意义单位等大小层次，并将它们有机组织起来的。读者理解时自然也就需要切分出合理的层次，才能符合作者的原意。可以说，世界上的各种语言普遍存在着意义单位的切分问题。但就汉语而言，情况比较特殊而且复杂。从古代起，切分就是汉语阅读的一个重要环节，是意义理解的基础。因为古代书面语，文字之间没有标点，很容易读成破句而理解不当。所以对古时候的读书人来说句读（即切分）是一门必修课。清代学者戴震在《沈学子文集序》中说，"凡学始于离词，中乎辨句，终乎闻道。"可见，对古人来说，读书开始于"离词"，即切分词语和解释词义。就是在白话文时代的今天，虽然有了清楚的标点符号，但读破句的经历还是人人皆有。2007年3月29日上海电视台的一位女主播，在播报"北京地铁10号线施工塌方埋6人"这条新闻时，把"施工公司中铁公司"读成了"施工公司中/铁公司"；她马上就意识到了错误，重新读了一遍"施工公司/中铁公司"。一般人在阅读时，由于切分不当而读破句甚至造成理解上的失误的现象也不少见，甚至有些人乐于利用切分上的模糊性大玩文字游戏。因此切分问题实在不可小觑。当然，对以汉语为母语的中国读者来说，意义单位的切分并提取意义的过程是极为迅速的，几乎是在无意识之中完成的，产生词或短语等切分上的问题毕竟还是个别的，即使发生错误也能很快意识到并加以更正。而对于母语非汉语的学生尤其是欧美学生来说，切分问题却是他们阅读汉语时登堂入室的第一道门槛，根本无法回避，很多学生就是因为切分不当而走进了意义理解的死胡同。

　　下面我们主要探讨词和短语的切分。这是因为我们研究的对象是欧美学生，他们的汉语阅读水平多为初中等级，阅读内容中多重复句并不常见，所以涉及到的切分问题多集中于词与短语两个层面；而关于句群与篇章的理解，我们将在下一章作详细的阐述。

第一节 词的切分与意义理解

说到意义单位的切分，首先就是词的切分。因为无论是"自上而下"或"自下而上"的阅读模式或者"相互作用"模式，都不能跳过词这一环节。词的切分，实际上就是在线性排列的文字串中对最小的具有独立意义的单位进行划分。世界上大多数语言中，词的边界都非常清晰。而如上文所述，汉语的情况则比较特殊——其书写制度比较独特，词与词之间没有空格作标记，从表面上看好像只有字和句子，字层与词层之间的界限具有很大的模糊性，所以有些情形下无法准确界定词的边界。汉语的这种独特的书写方式有其久远的历史原因。上古造字之初，为了记录生活中的一个概念就造出一个字来与之对应。当时人们的社会生活还比较简单，造出的汉字基本上能适应表达的需求，这在甲骨文的卜辞中可以略见一二。但随着时代的发展，社会现象的复杂，人们头脑中的概念也愈见增多，虽然可以造出更多的单音文字来表示新出现的概念以适应这种趋势，但是汉语的音节数是有限的，不能无限制地创造新字，于是用假借手段让一些单字兼具其他意义。单音文字增多的结果势必出现越来越多的一音多词的情况，假借字的推行造成了一词多义的现象，最后导致一个单字上负载的信息量过多的弊病，影响到交际的顺利进行。为了解决这个矛盾，于是人们利用组合手段将单字词合成为双字词或多字词，那样就能扩展和衍生更多的词语来分担或承载繁多的概念或信息。汉语中的双音节词因此应运而生。如果说先秦汉语还是以单字词为主的话，那么到中古汉语，双音节词已经是比较普遍的语言现象。而在现代汉语，双音节词更成了主流形式。近现代以来，科技的发展以及国际交流的日益增多，使得三音节、四音节词的数量也得以猛增。由于汉语这种单音节、双音节以及多音节词混杂的局面，使得读者往往无法准确界定汉语的"词"的边界。正如潘文国教授（1997：171）所说："要说出一句话里有多少个'词'，那就不那么容易了，需要受过专门教育，经过专门训练。但即使如此，也不见得人人计算的结果都是一样的。"潘教授这里的"人人"应该指的是中国的读者。分辨出一句话里有多少个"词"，对受过专门教育的中国读者尚且如此之难，那么对于外国学生其难度自然是可想而知了。当然，分辨不清该句子里哪几个"字"是同属一个"词"以及哪些字本身就是一个"词"（也即是分辨不清某词的准确界限）与分辨不清一个句子里有多少"词"是两种情形。但对于大部分无汉字背景的欧美学生而言，分辨不出词的界限当然就分辨不清有几个词。是所谓前者是因,后者为果。因为汉字同音字、近形字等的大量存在,使得汉字的识读本来就如一道屏障一样横在欧美学生学习汉语的道路上,而阅读时更要求他们准确地切分出词的界限,那自然是难上加难了。

我们在教学实践中也可以看到,汉语阅读时从词一级即告开始的意义单位的切分确实让很多学生尤其是欧美学生感到大为棘手。从阅读课以及学生阅读考试、翻译练习等实际情况来看,有一个明显的规律,那就是汉语水平的高低与切分难易程度是成反比的。也就是说,汉语水平越低的学生,切分困难的问题就越显著,个别学生甚至逐字进行切分,以至于无法形成完整的意义单位。而对汉语水平越高的学生来说,切分就越容易,很多汉语水平比较高的学生甚至跳过了词的切分这一环节,单凭汉语语感来阅读和理解。但在大部分初中级学生(词汇量在 1000 到 2500 个左右的)中,切分上存在问题屡见不鲜,它们集中反映在以下几个方面:

一、不知是专名而误切

专名指的是专门人物或实体的名称,包括人名、地名、机构名称等。汉语中专名的数量浩大,且都带上汉语言的特点,跟欧美人语言中的专名差别极大,如果学生接触和积累的专名较少,阅读中初一遇到,常常会当作有意义的实词去钻研,很少会往专名上考虑,因此极易把完整的专名切分开来。在阅读课上,学生因专名切分失误而引起意义提取和理解上的困难比较普遍。有一个意大利学生告诉笔者,当她还是初学汉语的一年级学生时,忘了刚学过的"大卫"这个词,查了半天词典,都查不到,一遍遍地问自己"究竟是'大什么'?",后来问了同学,才知道原来是人的名字!这样的情况并不罕见,尤其是日本人的姓名以及西方人的译名,对不了解不熟悉其特点的人来说边界往往难以确定。以下是学生作业里的例子:

* 水生坐在台阶上说,"吃过饭了,你不要去拿。"(欧美学生不知道"水生"是一个人名。)

*《最后的晚餐》是他这一时期创作的最著名的作品,创作在米兰的圣玛丽亚感恩教堂。(欧美学生不知道"圣玛丽亚"是"圣母玛丽亚"的专用简称)

* 1503 年达·芬奇创作了《蒙娜丽莎》和《圣母子与安娜》。(欧美学生不知道"圣母子"是"圣母"和"圣子"的合称。)

* 他出生于佛罗伦萨郊区的芬奇镇。(欧美学生不知道"佛罗伦萨"是达芬奇故乡的汉译名。)(意大利人不可能不知道 FIRENZE,但对其汉语译名"佛罗伦萨"却很少知晓,主要的原因是汉语的外文译名往往源自英语,而英语地名与原地名的发音往往相距甚远,这也是很多学生不清楚自己的国家、首都的汉语名的重要原因。)

　　*希拉克首先热烈祝贺中国运动员在 雅典奥 运会上取得优异成绩。(欧美学生不知道"雅典"是希腊的首都的汉译名;也不知道"奥运会"是"奥林匹克运动会"的简称。)

　　*这是齐格蒙特·鲍曼对维特根斯坦 的语言观的看法。(欧美学生不知道"齐格蒙特·鲍曼"与"维特根斯坦"是两个人名,而将"鲍曼对维特根斯坦"全部切分在一起了。)

二、不了解新词语而误切

　　新词语也是容易引起切分错误的一个"雷区"。现在这个时代是信息爆炸时代,新事物新现象层出不穷,新词语也不断涌现。有些新词语面目亲切,读者可依靠旧词语去同化而接纳与理解,而有些新词语面目模糊难辨,即便是中国人都大叹不懂,遑论"老外"。如白银书(即用白银等贵重材料制作的图书)、半糖夫妻(比喻同城分居的两口子)等。

　　还有一些多音节词语,本来不是新词语,但是因为汉语喜好双音节的习惯,被压缩成了双音节,这对欧美学生来说就成了"新词语"。例如"空气调节器"被简缩为"空调","外交部长"则简缩为"外长","方便人民"简化为"便民"等。很多缩略词对外国读者来说就像陷阱一样可怕。

　　*无论/海维/两人的思路相去多么远,我以为他们的哲学仍然具有共同的时代关怀,这一点我们最后将稍加概括。(这里的"海"指"海德格尔","维"指"维特根斯坦",作者将两个人名的首字提取出来合成"海维",阅读者以为指的是一个人。)

三、不熟悉构词法而误切

　　对汉语构词法不熟悉的欧美学生来说,离合词也容易造成切分的错误。离合词的情况比较特殊。离合词合的时候表现为词,凡是学生学习过的,一般不会有切分问题;问题是离合词分的时候连同其插入成分则表现为短语,学生掌握不了,切分就不容易把握。

　　*一家人或三五个朋友, 聊着 天吃得很高兴。("聊天"本为一个离合词,这里被"着"分开,欧美学生将"聊着"切在一起,丢了"天",使得句意难以理解。)

　　*那个时候,打过很多 种工 ,开始是在古玩市场帮一个老板裱画。("打工"为离合词,这里被"过、很多种"隔开,欧美学生将"种"与"工"切在

一起,扰乱了意义的组合和联系,导致"打工"在意义上被割裂。)

＊放开手让孩子 |去走| 自己的人生 |之路|。("走路"为离合词,中间被隔开,"去"与"走"被切在一起,"之路"被切在一起,主要是因为对"之"的用法不清楚,导致"走路"的意义联系被割裂。)

四、不明了文言词、方言词等意义而误切

有的文章里有比较多的文言词、方言词或过于个性化的表达。它们有的是由于时代环境的因素,如鲁迅、梁实秋等的文章;有的是作者的偏好;有的是文学流派语言的独特表达方式的需要。这里,文言词与现代汉语脱节比较大;方言词则与普通话脱节较大;过于个性化的表达与大众语言脱节。这些情况与学生所学的现代汉语语言比较悬殊,极容易导致学生的误切。如:

＊等他们感到可以安心成家时,已近不惑 |之年|。("不惑之年"的文言色彩较重。)

＊他属于"|吃吗吗| 不剩,|干吗吗| 不成"的人,至今没有淘汰出局。(该句的方言短语导致误切。)

＊白天破好的苇 |眉子| 潮润润的,正好编席。("苇眉子"的方言色彩较重,导致了误切。)

＊上海人羡慕做太太,不愿做老婆,老婆苦 |力的| 干活。(该句的"苦力的干活"套用日本人说汉语的句式,不是正常的汉语,导致误切。)

五、受常用词语的影响而误切

有些词的词素与邻近的词或字可组成常用词,如果学生不太确定该词的独立性,而偏偏认识与其邻近字或词所组成的常用词形式,就很容易造成误切,把这个词语一刀切分开来。如:

＊有的生产企业 |便利|/用广告来帮助提高他们产品的知名度。(便/利用)

＊1482年他接受某一教堂的邀/|请来| 到米兰。(邀请/来)

＊他画画四十多年,早就盼望能举办一次个 |人画展|。(个人/画展)

＊历史上中国是大家庭多,常常是几代 |人生| 活在一起。(几代人/生活)

＊我用 |手指| 着那条裤子问他价格。(用手/指)

六、不清楚惯用语而误切

汉语的书面语里有大量的成语、俗语、谚语等惯用语的渗入,对这些惯用语不熟悉,很容易破解或割裂其整体性。如下面这些例子:

＊母亲先是一言不发地坐在那里,然后含着眼泪撕开包装纸。(读者不知道"一言不发"是成语。)

＊女人们到底有些藕断丝连。(读者不知道"藕断丝连"是成语。)

＊妻子冷冷的脸一下子笑开了,接着就像小姑娘一样跳起来,连呼带叫地向丈夫扑过去。(读者不清楚"连呼带叫"是一个惯用语。)

＊这是个人/见人爱的孩子。(读者不知道"人见人爱"是成语。)

七、受字的同音、多义、形近等因素干扰而误切

汉语中有大量的同音字、多义字、形近字以及同形异音异义词,阅读时很容易混淆。有研究表明"汉字的形音义之间的关系非常复杂,造成了大量的同形字、同音字、多义字,而在实际使用中一个特定的环境里,只可能是有一个字位……"(亢世勇 2004:15)。确实,具体语境中的字位的确定取决于在特定环境中的语言及文化信息的综合,而欧美学生在汉语汉文化信息掌握方面往往不够全面,因而很容易造成读破而误解的困难。

先说多义字。由于汉语漫长的历史的沉淀,越常用的汉字所负荷的意义越多。比如,"就"在字典上的释义有 11 条,而学完 100 课时左右的欧美学生一般最多只掌握其中的两三条,当遇上一个带"就"的句子,学生就会用他最熟悉的"就"义去理解,造成的结果不外乎三种:一是凑巧理解对了;二是理解偏差;三是干脆理解不了。比如,"就近入学",不少学生认为这个"就"与平时他知道的"我就是玛丽"里的"就"相当。这样理解就走进了死胡同。

再说多音词。汉语里存在着大量的多音字,这些多音字给词的边界的确定也带来了一定的困扰。下面的一个例子可以说明该种情况:

＊他以为这是一个梦!可这的确确是真的。

这是对外汉语教材《桥梁》(陈灼 1996)第六课《眼光》中的一个句子,很多学生(大部分已经学过 400 课时以上汉语)把"的"读成了他们最熟悉的"de",这样朗读,自然就不能理解句子的意思。经过教师的解释,大多数学生掌握了"的确"一词。然而到第七课《吸烟者的烦恼》,课文第一段出现了这样一个句子:"实际上,现在大多数吸烟者已经明确意识到,吸烟的确危害身体健康。"有的学生一下子又把"的"读成了"de",这样就把"的"划到了前一个词中去了,句子就读成了"吸烟的/确危害身体健康"。

再如：

　　*这一切使米兰成 为了 世界的时装中心。（误把"成为/了"切成"成/为了"）

　　*更有好 "晒" 者干脆在公园里支起了沙滩床。（不知道这里"好"是喜欢的意思，应该读第四声）

　　*他是一个很 好 学的人。（不清楚"好"的用法，误把"很/好学"切成了"很好/学"）

再者，形近字有时容易使学生在确定词的边界时产生混淆。如：

　　*很多人会带着照相机 到外 面去拍照。（把"外"当成了"处"，以为是"到处"去拍照。）

　　*一般的个人 为纳 入社会或群体，也会借助于这种方式手段。（欧美学生因为把"入"与"人"搞混了，因而把"纳"与"为"硬性切在了一起。）

八、由于词汇量不足而乱切

阅读中，纯粹是由于词汇量不足而造成对意义的不了解的情况，更为多见。如以下这些例子：

　　*《最后的晚餐》是他这一时 期创 作的最著名的作品。

　　*达芬奇一直把它带在身边，晚年也不 例 外。

　　*开幕的热烈场面过去了，来 宾们 走了一大半。

　　*要是冬天多下几场大雪，第二年就会有 好收 成。

　　*他一生完成的绘 画作 品并不多，但件件都很精美。

　　*人们认为这两幅画是世界上最著名、最 伟 大的肖 像画 。

　　*两国领导人对中法关系良 好发展 表示满意。

　　*那些直接躺在草 地上 的青年男女"晒" 兴 更高。

　　*它不是面向死亡的承诺，本身不是 僵 死的、既定的。（欧美学生不知道"僵死"是一个词，因而将"僵"单独切分了出来。）

学生的阅读，实际上是把视觉接触到的字词跟头脑里心理词典所积累的词语相匹配、提取、整合、加工，然后得以理解的心理过程。如果心理词典中没有跟外界文字刺激相应的字词，切分缺乏一定的根据，就有可能把一个词语胡乱地切开和分离，从而造成误解。

第二节 词组切分与意义理解

阅读不仅仅是把组合成句子的词语一一切分出来,孤立的单个词语只有自身所表示的某个意义,还不能显露出整个句子所蕴涵的意义;因而必须把句子中词与词之间的语法联系,诸如主述的、修饰的、限制的、支配的、补充的、联合的等等关系揭示出来,按照语法结构层次聚合成为比词大一级的意义单位(词组),让词语在词组里成为有机的意义组合,那么句子的意义就会自动跃出,阅读就能顺利进行。这就是我们阅读时除了把句子切分为一个个词语外,还需要将它们归并成几个短语(即词组切分)的原因。正如刘焕辉所指出的"从根本上说,语言是一种分层装置,任何一种语言的符号都不是互不相干、漫无规则的一盘散沙,而是按照一定的结构规则将它们分层组装起来的。因此才具备有条理、可理解的性质。相同的语词之所以因排列组合的次序、方式不同,意义也不一样,就因为它们在符号序列中所处的位置和层次不同。"(刘焕辉 2001:73)

因而,"层次性是语言的本质属性之一。"(朱德熙 1985:58)而如何正确切分词组以及把握短语的层次性,正是切分词组——第二级意义单位的关键所在。

有很多学生,认识一个句子里面的每一个词,但句子总和起来表达的是什么意思,却无法弄明白。这一方面可能存在词的误切的原因,例如,"他什么事都爱自己拿主意做主张,这样的人最容易坏事。"有的学生比较熟悉"坏"是"不好"的意思,于是就很自然地掉入了意义的先入为主的陷阱,把"坏"与"事"硬性分切开来,而将"坏"归到前面的"最容易"里去,这样当然就不能正确理解句子的意思了。但是,排除了上述因素之外,我们看到学生在阅读时仍然存在着"只见树木,不见树林"的状况,即只顾及熟悉的词语的意义而不将其置于更大的意义单位——词组里来考察,其根源就在于汉语词语层与词组层边界的模糊性。"由于词的范围不好确定,相应地词组的范围也就难于确定了"(吕叔湘等著、马庆株编 1999:460)。欧美学生往往不清楚汉语词构成词组的方式,于是也就无法对词组的层次作正确的切分,层次切分错了,意义自然也就很容易被扭曲。词组切分的错误归纳起来有以下几种:

一、联合成分的误切

欧美学生有时分不清"和、与、同"等连词所连接的成分层次的归属,把联合成分割裂开来。如以下这些个例子:

﹡苏州和 上海一带 的方言有很多相似之处。（修饰"一带"的不单单是"上海"，而是"苏州和上海"，因此与"上海一带"不能构成一个意义单位，"上海"只能先与"苏州"构成并列短语后，然后才能与"一带"构成同位短语）

﹡……拓展在文化、教育、体育、司法等等领域的交流，加深相互了解 与友谊。（"加深"的宾语除了"相互了解"以外，还有"友谊"，分拆开来就难以理解了）

﹡殊不知，这样做往往会引起 孩子的抵触 和逆反心理。（"抵触和逆反心理"一起构成"孩子"的中心语。一旦分拆，层次关系就模糊不清了。）

﹡后来我读研究生，拖家带口了，不仅要养活自己，还要补贴爱人、孩子的支用 。（"支用"的定语除了"孩子"以外，还应包括"爱人"。分拆以后，理解就不确切了）

二、偏正成分或同位成分的误切

欧美学生在切分偏正词组或者同位词组时，没有作完整处理，前面或后面丢了一部分。例如：

﹡温家宝指出，中国 政府重视 发展对阿关系，愿继续本着相互尊重、平等互利、互不干涉内政等原则，……（应为"中国政府/重视/发展对阿关系"）

﹡他们对自身也缺乏足够的认知，容易产生对他 人和社会 的失望感。（应为对/他人和社会的/失望感）

﹡从来只种 春小麦的灌区 农民，今年尝试播种冬小麦。（应为"从来只种春小麦的/灌区农民）

﹡这些糖果一定很好吃，但是不适合/有 糖尿病的妈妈 。（应为"有糖尿病的/妈妈"）

﹡没有人再愿意在城市里忍受旱季的闷热，晒黑运动的主战场顺理成章地转移到了海滨。（应为"晒黑运动的/主战场"）

﹡我好像听见他们 兄弟俩在吵架 。（"他们兄弟俩在吵架"是"听见"的宾语，而"他们"与"兄弟俩"是同位词组，欧美生在切分时只顾后一部分，断开了"他们兄弟俩"。）

三、复杂词语的误切

欧美学生对较为复杂的词语,如比较特殊的动宾词组、连动词语加偏正词组,或者双宾语等情况,也会很容易地丢开一部分。如下例:

* 我哪比得上你呀,天天吃香的喝辣的,我 天天吃 食堂都十几年了,"堂龄"十八!(因为对吃食堂这样的动宾搭配不熟悉,不敢将"吃"与"食堂"切分在一起。)

* 这里周末到处是坐在毯子上 野餐的人 。("坐在毯子上野餐"是一个连动词组,欧美学生把"野餐"单独切出来,与"的人"归成偏正词组了。)

* 这个周末,几个朋友邀请 我去湖边 钓鱼。("邀请我去湖边钓鱼"是一个双宾语词组,欧美学生独独将"我去湖边"切出,丢开了前面一部分和后面一部分。)

四、复杂补语的误切

欧美学生对于带复杂补语的句子,也非常容易引发误切。如下例:

* 别人看得起看不起并不重要,重要的是自己看得起自己。

有学生先把各个词切分开来,应该说这步切分是没有问题的。
别人/看得起/看不起/并/不/重要,重要/的/是/自己/看得起/自己。
但他的意大利语译文是:

Gli altri lo disprezzano, non importa anche se gli altri lo disprezzano; il piu' importante e' lo stessok, si lo prezzano lo stesso.

(意思是:别人看得起,如果别人看不起,那不重要;重要的是自己,自己看得起他。)

可见,他的理解与原文是大相径庭的。究其原因,就在于他对短语的层次的错误切分上,根据他的译文,可以知道他对句子的第二步切分是:

* 别人/看得起//看不起/并/不/重要,重要/的/是/自己//看得起/自己。

这样,"别人/看得起"成为前一个分句的论述主题,"重要的是自己"成了后一分句的论述主题。而正确的解读,该句子前一个分句应该是动补短语"别人看得起看不起"作论述主题,后一分句"的"字结构"重要的"作论述主题。

五、惯用语的误切

欧美学生阅读时,遇到句子中有一部分是惯用语,因为不了解惯用语的整体用法而把俗语切得支离破碎。如下面这些例子:

* 他也知道,舍不得 孩子套不住狼 。(欧美学生不清楚"舍不得孩子套不住狼"本身就是一个完整的惯用语。)

* 你别整天给孩子/泼 这些冷水 ,你难道想叫孩子整天束手束脚坐在家里不成?("泼冷水"是一个惯用语,这里将"这些冷水"单独切出,就不容易理解句意了。)

* 他这才知道他的同桌常常在班主任面前打 小报告 ,难怪班主任见了他,一脸寒霜。(这里"打"被强行从"小报告"切出来,原因主要是学生不知道在汉语里"打小报告"是"告密"的一种通俗说法。)

从以上分析我们可以看出,欧美学生的阅读由于词库里缺少词与词结合的组块,很多词组都是临时再行组合的,难免会有割裂和肢解的状况。因此,必须加强欧美学生对词语的语义搭配的认识;加强词组的整体性输入教学,多给学生预备些"预制语块",以便他们在阅读中迅速找到比较大的意义单位,从而避免逐字逐词切分、分析的低效阅读方式。比如,近二三十年来,由于社会的急速变化和发展,出现了一大批反映社会发展变化的新名词性词组,成批成"族"地进入社会语言生活,如菜篮子工程、监督网络等。这些就可以作为语义现成的"预制语块",进入学生的心理词典贮以备用。

第三节 影响切分的因素以及相关的教学要求

影响切分的因素可能由两方面产生,一是阅读材料自身的因素;二是阅读者的因素。

从阅读材料本身来看,主要有文体因素和写作者的自身等方面的因素。一般来说,正式的政论文、说明文用词比较书面化;或者内容的专业性较强,专业名词较多等等,这些都会导致生词密度增大,致使欧美学生不易掌握阅读材料的意义而引起切分上的问题。这在我们的访谈中也得到了验证。

从写作者的自身因素上看,写作者所处的时代、个人写作风格以及语言风格等都会对材料的内容和风格有较大的影响。一般来说,文章写作时间离现实生活越远,表现的内容越可能为阅读者不熟悉,用词用语也带有明显的时代特征;有些作者(如鲁迅)的文章用词往往带有文言和方言色彩;有的作者喜欢用双关反语或独特的比喻等修辞手法;有的作者思想活泼,喜欢用出人意料的词语组合;有的作者喜欢自己生造一些词语。凡此种种,对欧美学生都容易造成一种对于阅读材料的陌生感而导致切分上的混乱和困扰。如以下这些例子:

＊本人恰好也是学/医的/出身,就随便聊两句。(特殊句式)

＊这是一种最先进的第三代溶栓药,属于重/组织型/纤溶/酶/原/激活/剂。(欧美学生对"重组织型纤溶酶原激活剂"这一个超长的专业用语根本无从下手切分)

＊在进行这种语言实践时,首先需要进行概念上的厘/清。("厘清"这个词在一般词典里也找不到,一般是比较典雅的用法,也较多用在某些吴语等方言里。对于欧美学生来说,这类词比较难以界定边界。)

也有的作者(常常在一般报纸、杂志上)文章里会出现语义表达不清、语法错误、逻辑关系不明等状况,对母语阅读者来说多加留心,尚可理解,但对欧美学生来说理解难度就无端加大了。

＊其实中国力量的发展壮大,真是/有够/快的,这不,嫦娥都奔月了……(这是一个报纸上的读者来信,作者在"真是够快的"中间加了一个"有",欧美学生误以为这是一个新用法,就把"有够"切在一起了。)

但总的来说,一般正式出版的文章的语言还是比较规范的,大部分切分问题的根源还在于读者自身。从语言方面看,可以归结为这样几个方面:字与词的问题、语法规则的问题、背景知识的问题以及语感的问题。以下我们将针对这些问题展开讨论。

一、字汇量与词汇量的问题

阅读的过程是视觉神经接触与接收文字与词汇,经过编码和传递,在大脑中进行加工和解码,从而理解语篇内容,获取文本信息的复杂的心理活动。汉语阅读材料是由一个个具体的汉字组成词,并由一个个词组成句子,而后由句子组成段落和篇章。作者的思想观点就是借助于字词、句子、段落和篇章结构传达出来的。其中字词是语言中最基本的元素,需要有量上的支持,即要积累与储存足够数量的字与词。作者是如此,读者也是如此。如果读者对阅读材料中大部分的字、词都比较熟悉,那么就很容易运用自己头脑中已有的背景知识和世界百科知识对这些语言材料进行分析,从而迅速地理解阅读内容;而一旦遇到生字和生词太多等情况,阅读者的速度必然受到影响和干扰。因此如果没有足够的字汇量和词汇量的支持,就无法支持解码过程的顺利进行,阅读过程就不可避免地会经常被所遇到的生词打断。可以说,词汇量是阅读理解的关键因素。我们所作的调查也证实了这一点,有53%的被调查者在回答"在阅读汉语文本时,你最大的障碍是什么?"时选择了"生词"。另有62%的被调查者认为,"为了加快阅读速度,主要应该多积累词语"。

由于汉语的字与词之间的关系的特殊性,产生了两个方面的特点。第一,要达到一定的词汇量,首先必须达到一定的字汇量。不认识足够的汉字,势必会影响到词和词组的准确切分和理解。从欧美学生切分错误中我们可以清楚地发现，只要不熟悉句中某一个汉字，就可能影响到相关词或词组的边界的确定。原因很简单，汉语的词，音节不定，那么这个陌生的汉字应该归属于左还是右呢，学生心里往往是没底的。

第二，即使认识了句子的每一个汉字，也不见得保证能准确地切分出每一个意义单位，也就是说，字汇量并不能百分之一百地支持词及词组的切分及意义的提取。词是由字组成的，但在不同的语境中，一个词到底是由几个汉字组成一个意义单位的，情况可以很不相同；而一串汉字组成的是词还是词组，有些情形下也无法确定。"由于汉语缺少发达的形态，许多语法现象就是渐变而不是顿变，在语法分析时就容易遇到各种'中间状态'。词和非词（比词小的、比词大的）的界限，词类的界限，各种句子成分的界限，划分起来都难以处处'一刀切'"（吕叔湘 1984:487）。

词汇量之于阅读的重要性不言而喻。正因为如此，语言教学者和研究者历来都把词汇教学当作语言教学的重要环节。无论是哪种目的语，词汇在所有语言教学中都是重要因素。学生也确实把大部分时间都花在词语的记忆上。因为词语中蕴涵的信息量大大超过了语言中其他任何部分的信息量。有了足够的词汇量，即使学习者对语法的了解甚微，还是可以理解部分内容。有些中国人和日本人口头不能交流，但通过写汉字，竟能互相理解与沟通的例子也说明了词汇量在语言理解过程中的重要地位。D. A. Wilkins（1972:111）曾精辟地指出"没有语法不能很好地表达，而没有词汇则什么也不能表达"。可以说，词汇量的大小从一定程度上决定了阅读的速度和意义提取的准确性。

相比于有汉字背景的日本、韩国学生，欧美学生对汉语字词的陌生感则比较强烈，在汉语阅读过程中遇到的问题也相对比较多而复杂。无论是从最基本的切分需要出发，还是从进一步的意义提取考虑，都要求欧美学生系统地增加汉语字汇量和词汇量，这是学习汉语的核心。虽然很多欧美学生都将汉字一关视为畏途，但这是汉语学习者几乎人人需走的必经之路。其实，虽然汉字繁多，但常用汉字的量还是有限的。国家语言资源检测与研究中心曾对2005年国内15种报纸、13家电视台以及网络媒体进行调查统计，发现各家媒体使用的汉字一共是8225个，其中平面媒体、有声媒体和网络媒体共用的汉字是5607个，调查还发现，媒体上共出现1万多条常用词；这些常用词当中，包含汉字2463个。当读者掌握了581个常用汉字时，就可以阅读80%出版物；一旦掌握了934个常用汉字，这个数据就可以提高到90%；而要阅读率提高到99%，则需要掌握2315个字。教育部语言文字信息管理司司长李宇明说，这表明只需要掌握900多个汉字、1万多个词条，就可以读懂90%左右的汉语出版物①。如果教师从常用汉字、常用词语着手，提高欧美学生的汉字识读量和常用词词汇量，就可以在较短的时间内消除汉字陌生感，快速扩大词汇量。此外，教师在教材选择和词语讲解等方面都得提高"常用先见"的意识，尽量把最常用的而对于欧美学生来说还是生词的词语尽快地教给他们。

重视词组的学习同样十分重要，这是因为词汇包括词和词组两个方面。根据以往的情形，无论是教师的教还是学生的学，词组往往不被重视。实际上，词组学习是一个重要环节。词组可以帮助人们讲起话来像说母语一样自如（斯蒂夫·考夫曼 2004:200）。在阅读过程中，词组也同样可以帮助阅读者像读母语一样流畅。这些词组介于词与句子之间，由两个以上的词组成，约定俗成，复现率往往较高。姚宝梁（2003）从儿童语言习得研究中得出结论，词组常常是作为一个整体被提取和使用的。这一经验可以为第二语言学习所借鉴。倘若我们的欧美学生掌握了大量的汉语常用词组，势必能大大提高汉语阅读中切分的速度和准确率。

掌握了一定量的汉语词汇，阅读过程中的生词将相应减少。这样，一方面查词典的时间缩短，并且由于正确的切分，查词典的效率也可以提高，欧美学生能省出时间用于意义的提取。同时，由于眼动与回视率的减少，可以提高阅读的速度；另一方面，欧美学生的阅读兴趣也能随着阅读效率的加快而提高。而阅读兴趣又能极大地促进汉语阅读量的增加，阅读量的增加也促进了词汇量的扩大。由此，欧美学生的汉语阅读就形成了良性循环。

二、语法规则的问题

人们在运用语言进行交际时必须遵循语法规则。作者撰文写作，遣词造句必须符合语法规则；读者阅读理解，释词解句也须依据语法规则。说同一种语言的人们，因为所遵循的是同一套语法规则，所以能够用该种语言互相沟通和交流。学习外语的人，也得遵循该外语的语法规则，才能同使用该种语言的人们说话交流，才能读懂使用该种语言的人所写的东西。

一般来说，欧美国家各种语言的语法往往是形合的，句子中的各种成分，如词组、从句之间的关系都要有形式上的要求。而汉语缺乏严格意义上的形态变化，词类、词性与句子成分之间往往没有对应关系。与欧美语言尤其是意大利语、法语等拉丁语系语言的严谨的语法体系相比，汉语的语法规则大多表现为潜规则，很多时候需要结合语义来分析语法层次，像施事与动作、动作与受事的关系等都需要从语义角度加以审视。所以欧美学生往往很难利用语法规则来帮助自己进行切分；另一方面，尚有不少汉语的语法规则还未得以归纳和总结。"在汉语里，完全要靠听话人自己努力去寻找几乎没有语音标志的语

---

① 据《解放日报》2006年5月22日报道。

法关系……"(洪堡特著、姚小平译 1999:177)潘文国教授(1997:115)则把汉语的语法特征归纳为"隐性"与"柔性"两个特点。

然而,虽然汉语的语法具有"隐性"与"柔性"的特点,但掌握一定的汉语语法知识和语法分析技能,对汉语阅读中的切分或进一步的意义分析都不无裨益。教学实践告诉我们,有时候语法知识在阅读中还是有相当的作用的。阅读中往往会碰到令人费解的长句、难句,如果欧美学生的语法基础扎实,就可以借助于语法和语义,对句子进行适当的切分,这样就比较容易搞清各个意义单位之间的关系,以进一步提取出句子的准确含义。相反,如果欧美学生对语法的基本概念模糊不清,那么在阅读过程中碰到长句或难句时就很难厘清句子中各个意义单位之间的关系,以至造成切分和意义提取上的偏差。

以下是我们通过教学实践归纳总结的欧美学生在汉语阅读中切分词与词组等意义单位时需要注意的一些问题:

(一)重叠的情况

汉语常常用单音节动词或双音节动词重叠来达到不同的表达功能。这是汉语里比较有特色的语法现象。

如果动词的重叠式里还有其他语法或语言成分,那么意义理解上的难度可能会增大,对切分也会造成影响。如:

＊躺了半天睡不着,他又翻来覆去想了 想怎么 去跟小芹说这些话。
("想了想"这一重叠式被割裂。)

动宾结构的动词有动词和宾语两个部分,重叠时只有其中的动词性成分会作重叠处理。学生很容易将重叠式的后面部分与宾语切分出来,而把前面部分丢开。如:

＊他朝我轻轻点了 点头 ,就径自走了。("点"是动词"点头"重叠式的一部分,在这里与前面的"点"被隔开,使得前面的"点"的意义无处着落。)

(二)抽象名词与非抽象名词的区别

具体名词意义比较实在,容易掌握;而抽象名词的概念往往带有意会的性质,较难说清。在阅读时,正确区别抽象名词与非抽象名词有时对词组的性质判断有所帮助。比如说,有一类动词,当它的后面出现的是一个具体名词时,那就可确定它们为动宾关系;而当它的后面出现的是一个抽象名词时,那可断定它们是定中关系。比如"制作网页","网页"比较实在,可以确定它们为动宾词组;而"制作过程","过程"比较抽象,则可判定它们为定中词组。类似的有"奖励学生、奖励标准"及"驾驶飞机、驾驶技术"等。欧美学生掌握诸如此类的辨别方法,正确判断词组的性质,往往有助于进一步的切分。

（三）关联词的前后呼应

有些关联词语是成对使用的，如"只有……才（能）……、只要……就……、即使……也……、既然……那么……、虽然……但是……"等。这些前后呼应的关联词如果有一个已经在句子中出现，那么往往在上下文中会有"另一半"与之呼应。关注并找到这些对应的词，也可以避免许多误切的情形。如：

　　★只有收入超过25万美元的人才大部分选择住在纽约。（如果学生知道"只有……才"的用法，就不会把"人才"切分在一起了。）

（四）固定句式或固定搭配

一般而言，有些汉语的句式对于欧美学生是比较难于掌握的。比如"是……的"句、把字句、被动句等等。例如把字句，其规则是"把"字后面的动词不能是"光杆"动词，必须有动词重叠或补语等相应的成分。这一规则，对把字句的动词切分有一定帮助。另外，汉语里存在着大量的固定搭配，如"据……统计、在……下"等，在掌握了一定数量的固定搭配以后，遇到有该类搭配的句子，学生的切分难度可以相对降低。如：

　　★我有许多朋友都是那个时候 交的 。（因为不清楚"是……的"句的用法，欧美学生把"交的"当作"的"字词组切在了一起。）

　　★他是两年前从四川成都迁到这里 来的 。（同上）

　　★从来只种春小麦的灌区农民，今年在政府 引导下 尝试播种冬小麦，且获得良好收成。（欧美学生不清楚"在……下"的搭配用法，把"引导"与"下"切在了一起。）

（五）正反构词和偏义构词

正反构词和偏义构词是汉语里两种比较特殊的构词现象，在印欧语系各语言中比较少见。但是，正反构词在其他语言里也并不是完全没有，比如在意大利语里有时会用一对意义相反的词表示一个新的意义，如"sopra－sotto"（上－下），但这样的词往往含有消极的意义。而在汉语里，正反构词为数不少，如：

　　大小（意指尺寸）：这件衣服的大小不太合适你。

　　动静（意指说话或动作的声音或者指情况）：一有动静，你马上来告诉我。

　　是非（意指纠纷）：不要去惹那些是非。

　　收支（意指收入和支出）：这个月收支平衡。

　　胜负（意指胜利和失败）：胜负乃兵家常事。

　　得失（意指所得和所失）：他从不计较个人的得失。

这类词语比较常见的还有"买卖、东西、开关、老小、出纳、横竖、表里、进退、褒贬、迟早"等等,这种正反义词素并列构词容易对欧美学生造成意义单位切分和意义理解上的困惑。有的词,词义并不是原来两个词的意义简单相加,如"动静",不是指"动"和"静";有的词,词义没有压缩,原来每个词的词素意义基本无变化,如"胜负、得失"等。很多欧美学生将这些词切分成两个独立的词来理解,这样的切分对后一种词义变化不大的情况影响不大,但对前一种情况,理解上的误差就大了。

偏义构词往往是由两个意义相近或相反的词素组合而成的一种合成词,其意义只偏重在其中的一个词素上,"即经常以其中的一个语素为基础,另一个语素的意义或者完全消失,或者只起附加、衬托作用。"(胡裕树主编 1989:250)这类词如"窗户、人物、忘记、死活、好歹、悲欢"等。同正反构词一样,偏义词也往往是欧美学生(尤其是中低年级的)切分意义单位的"雷区",他们很容易把两个词素互相剥离后再进行单独分析。

三、背景知识的问题

很多情况下,阅读过程中的理解,是建立在阅读者以往的经验和知识上的。正如佟乐泉、张一清(1993)所言:人们读到一个字或词以后,就对下面将要出现的字词有所预期,这种预期来源于他的生活经验、阅读经验和知识背景。加拿大阅读领域的专家达斯(2007:43)指出"读书、看杂志、看电视、与他人交往、通过思考产生新思想,所有这些共同构成了我们的社会知识。除了分析句法或语法能力以外,还存在一些对理解很重要的其他成分,例如社会知识,包括对自己的认识、个人经历、学到的知识和文化以及推理和反思。"

达斯所说的"社会知识"在阅读过程中往往与阅读材料相互作用,构建成有效理解阅读材料的背景知识。背景知识一般包括政治、经济、历史、人文以及观念体系、思维方式、言语行为等。背景知识的作用在近二十年里已经引起了语言学家和心理学家的广泛注意,对背景知识如何参与阅读过程的研究也越来越深入。以鲁梅尔哈特(Rumelhart)为代表的相互作用模式论研究者(1997)普遍认为,阅读不是一个简单的译码过程,而是一项涉及面广泛并且很复杂的技能。写作者用文字符号表达思想,阅读者从辨认文字符号开始对字、词、词组、句子进行语义、语法、修辞等方面的加工处理,同时更重要的是阅读者往往需要根据自己原有的文化背景知识并通过联想才能重新构建文本意义。因此,阅读材料的意义并非被动地存在于文本中等待阅读者的提取和整合,恰恰相反,文本的意义是在阅读者与文本交互作用中产生的。在阅读中,阅读者是积极主动的。

我们知道,阅读首先遇到的就是切分环节。从切分上看,读者个人的背景知识对词组、句子、句群、段落等大小意义单位的切分以及对其意义的提取和整合,有相当重要的作用。当读者熟悉文本含义的相关背景知识时,意义单位的切分和提取,相对来说比较容易;相反,倘若读者对所阅读的材料内容比较陌生或一无所知,那么文本中的一些词语,尤其是专有名词的边界切分往往会成为极大的障碍。加拿大学者 F. 史密斯(1978:52)指出:"阅读的技巧实际上在于尽量少用眼睛。当我们成为熟练的读者时,我们就学会了较多地依靠我们已经具有的知识、依靠我们的头脑而较少地依赖我们眼前纸上的印刷符号。"确实,当读者对阅读材料所涉及的某些方面的知识缺乏必要的了解时,即使认识每个词语,往往还是会不得其义;相反,如果是读者所熟悉的领域,即使有些不认识的词语,却常常能联系上下文而顺利加以切分整合。

不具备足够的背景知识,往往是导致阅读时切分错误的关键因素。以下例子可以作一说明:

*秋天还有中秋节、重/阳节两个重要的节日。(该句涉及中国的传统节日,欧美学生因为不了解中国的节日,而将"重"与"阳节"割裂开来。)

*独生子(女)是家里的/掌上明/珠,从小娇生惯养。(该句用了成语"掌上明珠",欧美学生不知道该成语的用法,只知道"珠"而将其生硬切断。)

*今年,宁夏引/黄灌区/夏粮获得大丰收。(该句涉及中国的地理概念、引水制度,没有这方面特别的知识,确实不容易准确切分。)

*爱情升华为激情,就像自/来火,一擦就燃,一燃就灭。(该句的"自来火"为方言用法,欧美学生大多不了解,因而就无法准确切分。)

*温家宝还对阿尔巴尼亚政府一贯实行一个/中国的政策表示赞赏。(本应为"一个中国的/政策",因为欧美学生对中国的政治不太了解而切分失误。)

阅读是读者透过作者的书面文字,凭自己的世界知识和背景知识进行联想与再创造,以求符合或超越作者原意的心理过程。这里,世界知识与背景知识至为关键。在阅读教学实践中,我们发现,包括地名、人名、机构名等在内的专有名词,一些具有东西方文化内涵的词语、典故,以及涉及历史、地理、宗教、卫生等专门知识的词语往往是造成欧美学生难以顺利跨越切分环节的障碍。如果说字汇量与词汇量是衡量欧美学生汉语阅读水平的硬指标的话,那么背景知识往往体现了欧美学生阅读水平的软实力。只有切实提高他们的知识广度,加强其背景知识的厚度,才能真正提高欧美学生的汉语阅读水平。

四、语感问题

对同一个语言材料进行切分,有的人很快可以看出意义单位的界限并对意义单位进行迅速的整合和提取出意义,有些人却很费劲。这很大程度上取决于阅读者的语感的强弱和好坏。什么是语感？顾名思义，语感指的是语言的感觉。杨炳辉(1993)认为："语感是感性与理性相统一的悟性，是一种理性的直觉性，或者说是一种直接的理解。"李珊林(1990)认为："语感是长期规范的语言运用和语言训练中形成的一种带有浓厚经验色彩的比较直觉迅速的感情，领会语言文字的能力。"无论哪种定义，实际上都指出了语感最重要的特征，即对语言材料的内容和性质等不需要经过理性的分析和推理，就能做出直接把握的感知能力和迅速领悟的能力。语感是构成个人语言素质的内核，它对语言运用的各个方面，包括听、说、读、写各种技能，都有重要的实践指导作用。就汉语书面阅读而言，语感对意义理解和提取速度也具有相当重要的意义。

切分是书面阅读中的一种微技能，是阅读的第一个步骤，语感对切分的重要性以及所起的作用也是不言而喻的。

（一）语感之于切分的重要性

首先，语感对于整篇语料切分、全面把握语篇意义至关重要。这种重要性是由语感的整体性特点所决定的。汉语语感是融词语、句法、篇章于一体的语言经验，凭借这种经验可以跳跃或舍弃对字、词的形体、意义、语法结构等的具体分析，抓住语料中的关键词、关键句、关键段落，比较宏观地对语言材料进行全方位的综合把握。有了整体的感知，读者就能居高临下地或者说自上而下地领会词与词之间、词与词组之间、词组与词组之间乃至更大意义单位之间的起承转合。

其次，语感对于精确切分和准确提取语义至关重要。汉语里存在着大量的多义词、多音词、同音词等现象；汉语的表达方式丰富多样、千变万幻；不同的语言材料风格往往迥异，诸如此类，都会给切分增加不确定因素。如果遇到某个具体意义单位的边界与含义模棱两可的情况时，语感的参与往往能使阅读者通过具体的语境中的上下文语言材料来精确切分出完整独立的词语并把握其语义。

再次，语感对于迅速切分和确定语义也至关重要。语感最显著的特征就是直觉性。一般人对母语的把握，主要凭借的就是直觉。人们平常说话，往往可以不假思索，脱口而出；听别人的话也是一听就懂，并不需要细细琢磨。这种直觉性使人们对语言材料的分析整合过程趋于自动化，对语言材料能做出快速的反应和判断(刘电芝 1988)。在阅读中，欧美学生若能将较强的语感运用于切分，势必能帮助切分任务得以快速完成并迅速提取出完整的语义。相反，如果没有良好的语感，那么在切分过程中就不得不对语言材料进行过多的猜测和繁琐的分析，有时还需要对猜测和分析作进一步的验证，这就影响了阅读速度。

（二）语感之于切分的作用

其一，语感可以帮助阅读者利用上下文语境以及阅读者背景知识进行切分。例如：

19岁的张丽站在南京医科大学江宁校区的北大门口，脸上写满了憧憬。

有的欧美学生将"北大门口"切分为"北大/门口"，但如果他利用语感进行诵读，并知道"北大"往往一般作为"北京大学"的简称来用，而北京大学位于北京而非句子里提到的南京，就会推断出"北大/门口"的切分有误。如是，利用上下文语境以及阅读者的背景知识，语感对于词语的切分往往能提供较强的提示作用。

其二，语感有助于准确把握多义词、同音词等的含义。汉语里有很多多义词和同音词，如"就"有十几个义项；如"花"，既可以是"开花结果"的"花"，又可以指"花钱"的"花"，有时候也指"花心"的"花"，意指用心不专。汉语里这样的词不胜枚举。有了较强的语感，就能有效利用上下文语境，抓住语言材料的主题内容和性质，准确切分出意义单位的边界，从而把握正确的含义。

其三，语感有助于准确找到意义单位之间的关联。我们知道，大的意义单位是由小的意义单位组合而成的，有的时候，两个小的意义单位的联系看上去并不紧密，相隔很远；有的时候，意义单位之间似隔似合很难断定，这时候，如果有较强的语感，往往可以不假思索地找到意义单位的"另一半"。如：

*我们期待着你下个月对中国进行国事访问并为法国文化年揭幕。

欧美学生把"法国文化"切分在了一起，而割裂了"年"。但是如果该学生语感稍强，他就会意识到后文的"年"，与"揭幕"无法联系或搭配，从而加以调整，切分出正确的意义单位。

（三）语感的培养

教学实践中我们发现，除了在切分时具有显著的作用外，语感还可以明显调动学生学习的积极性和主动性。当学生靠语感而不是靠语法逻辑分析不太费劲地"破译"一个句子里的生词而准确提取句义时，其欣喜之情溢于言表。如果能经常受益于语感的"暗助"，学生的自信心和学习兴趣将得以极大的提升，而这种自信心和学习兴趣正是促进学习进步的有效因素。因而语感培养的重要性是毋容置疑的。

欧美学生汉语语感的培养可以从以下几方面着手。

1. 克服汉字难关、扩大词汇量

通过调查我们发现，当具备了足够的词汇量之后，即使对语言材料的结构了解不足，也还是可以基本理解语言材料的。可以说，词汇量远比结构准确性重要。词汇量不仅制约汉语阅读，也制约着整个汉语学习过程。我们对欧美学生所作的调查问卷统计数据也表明,53%左右的学生认为在阅读汉语文本时,最大的障碍是生词,其次是惯用语。汉字相对于欧美学生而言,数量多,形体繁复,一部分汉字形近或音近,更造成了汉字的难认、难记。此外,汉语的构词方式与西语大不相同,是"一块一块硬凑而成的"(王力 1954:197),这就容易导致词之间的间隔不清、词义不明。所以,教师必须有"语感意识",在词汇学习中,通过设置自然而有趣的语境,让学生熟悉词语的具体使用环境和方法,把词语讲清讲透,让学生多练多说。即使刚开始时学生生硬地模仿,也应予以鼓励,让他们逐步地过渡到自然状态。当然,词汇学习必须有量的保证。只有在词汇量达到了一定的程度,才能以字解词识词、以词解词推词,并能联系上下文具体语境,在阅读过程中,清楚文句的脉络、节奏,意识到哪里是断,哪里该连,明确句子的内在机理。如此反复,欧美学生心理词典中的汉语相关认知结构才能逐渐建立,知识存量不断积累,到一定程度,语感自然也就产生了。亦如钢琴弹得好的人"手感"好,舞蹈跳得好的人"乐感"强,足球踢得棒的运动员"脚感"灵敏,这些感觉都只有在大量训练的基础上,才能逐步培养形成并且不断强化,使得技艺纯熟、得心应手,最终达到庖丁解牛般的自由境界。汉语阅读亦如此,只有在大量词汇积累的基础上,才能培养出良好的语感。

2. 通过大量阅读,培养汉语语感

阅读是一个心理过程。在这个过程中,学习者不断调动已有的知识储备,包括语言知识和世界知识;不断激活心理词典中的诸多词条,将它们提取到工作记忆,进行思维和加工;同时对所接收的语言材料进行切分、辨析、选择、确定并提取语义,从字词到语篇,读懂和理解语言材料的内容,把握其中的意义和思想。因此,这个过程是综合性地运用各种知识来理解语言材料的过程,它既检验知识的储备,也不断充实和增强心理词典的储备。要培养欧美学生的汉语语感,就需要大量阅读汉语文本。在阅读过程中,欧美学生所遇到的新词、生词或似曾相识的词,全都会在大脑里留下印记,并不同程度地深化和活化其心理词典,从而建立起汉语的语感。

3. 通过大量朗读,培养汉语语感

古人提倡"读书百遍,其义自见",朗读是一种很好的提升语感的手段。在阅读教学中,教师可以适当引导欧美学生通过朗读体会汉语表达上的美感和作者遣词造句的独特匠心;教师还可以引导学生对语言材料的语气、语调等进行细致的品味,使学生体会出语言材料表层底下"不可言传"的深层意蕴;教师更应当引导学生注意意义单位的整体性,避免读破句。此外,朗读还能使学生感受到汉语文化潜移默化的影响,使字词、词组等语言材料在他们的心理词典上留下连续而深刻的痕迹。长此以往,学生就能逐渐习惯于汉语阅读材料,对材料既易于总体把握,又能迅速切分各个意义单位,并在需要的时候,能进行两者的互相支持。

4. 通过常用词语的搭配练习等方式,提高切分意义单位的准确性,增强汉语语感

加强常用词语的搭配练习,一是使学生熟悉汉语中大量关联词的搭配,如"只有……才能、既然……就、虽然……但是、无论……也、连……都"等等;二是使学生熟悉与了解一些实词的常用搭配,如"摆脱"可以与"困境、困难"等搭配,"犯"常与"错误"搭配,"铺设"常与"桥梁"之类搭配,"精力"常与"旺盛"搭配。大量的搭配练习能使学生看到一个词语,马上联想到另一个与之呼应的词语。这样就能大大提高词语切分的效率。

总而言之,汉语语感对欧美学生的阅读以及阅读中的切分有着积极的意义,作为教师,应首先树立起语感意识,并在教学实践中想方设法通过各种切实可行的方法帮助学生建立和提升汉语语感。

第五章　句群及篇章的把握与阅读理解

切分词语、选择并确定词义,是欧美学生进行汉语阅读的第一步;从词语的组合中析出其中的命题,理解句子的意思,是进行阅读的第二步。但阅读绝不止于理解几个句子而已,它的主要目标是理解整篇文章。这就涉及阅读过程中的意义串连、句子跳跃、回头重读等等策略。问卷调查的数据统计显示,欧美学生在汉语阅读过程中解决意思不连贯的问题,抓主要词语的意思、回过头来重读、读到后面再联系前面跳跃的语句,是三项主要的阅读方法。因难懂而放弃对某个语句的理解的情况毕竟只是少数。如图:

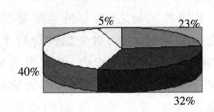

图5—1　处理阅读中出现跳跃而意思不连贯的方法

纵观欧美学生的汉语阅读,如果能够从这三个方面着手,基本上可读懂并准确把握句子的意思。但阅读决非只对一个个句子进行单独理解,因为无论是复句、句群的意思,还是段落、篇章的意思,都不是若干句子意义的简单相加,必须真正理清句子与句子之间、句群与句群之间、段落与段落之间的内在逻辑联系与修辞关系,从篇章的高度来领会和体味其中蕴涵的意义,所以"抓主要词语的意思、回过头来重读、读到后面再联系前面跳跃的语句"是在阅读过程中理解句子,而且理解复句与句群、段落与篇章时经常要应用的策略。同时,还需联系和运用读者本人所积累与具备的世界文化知识和社会生活体验,对阅读语料加以想象、预测、充实、弥补、理解,才能基本或真正符合作者写作的原意。至此,才真正可以说是读懂了该篇文章。

第一节 复句与句群的分析与意义的理解

阅读首先接触的是词语,然后是句子。读者从句子中析出所包含的命题(意义),进行整合,于是得以理解该句子的含义。但是阅读理解绝非一个句子、一个句子地孤立领会,而是要把句子放在更大的意义单位中去联系和考察,才能体察句子与句子之间的修辞与逻辑关系,从而准确地、非片面地把握几个句子、甚至一个句群所表述的语义群。这就涉及语法系统中称之为复句和句群的问题。

一、复句的把握和理解

欧美学生阅读时的注意力,往往集中在词语与单句上面,这在阅读的初始阶段更是如此。但如果仅此而已,疏忽对复句的把握和理解,阅读可能会出现偏误。这是因为复句是由两个或两个以上的单句(或者说"分句")组成的,单句之间不仅有着意义上的关联,而且互相依存。这种依存性,邢福义(1997:302)将其归纳为四个方面:一是单句与单句之间有一定的逻辑关系;二是单句之间往往是用特定的关联词语联结起来的;三是根据具体的语境需要,单句的主语可承前省略,或者蒙后省略;第四,单句和单句之间,有较为明显的停顿。因此,一般而言,复句可以表达比单句更为复杂的语义,对全篇的理解来说,复句往往比单句更为重要。很多欧美学生在汉语阅读过程中,看到长的句子就以为是复句,常常望而生畏;看到短一点的句子就以为是单句,不去琢磨和推敲其中的内在逻辑关系。这两种情况都源于不甚了解复句的性质和外部表现。

一般说来,复句在表意方面较单句复杂,逻辑性更强,更容易给欧美学生的汉语阅读理解造成困扰。汉语书面阅读材料,尤其是在比较正式的文体中,复句使用的比例较高,特别是科技性文章,复句占着相当大的比例。复句的把握与理解直接关系到汉语书面语阅读的效率。因而,复句应是句群与篇章理解的分析重点。

(一) 复句内部的逻辑关系

阅读肯定要接触和解析复句,这就必须了解复句内部分句之间的逻辑关系。作者写作时往往用意合法和关联词语来显示复句内部的逻辑关系。读者如果遇到意合法的复句,其中的内在关系要靠读者运用自己的世界知识去判别和推测;如果遇到有关联词语的复句,读者可直接凭借关联词语所显示的逻辑意义去推断。

1. 不用关联词语的意合法

所谓意合法,即指不用关联词语,而是通过分句间的内容和顺序直接来组合并显示一定逻辑关系的方法。如果复句使用关联词语来连接可以称之为显性表达的话，那么这种不用关联词语的连接，就可称为隐性表达，也可叫无标志复句（无标复句）。无标志复句常出现在口语中，因为口头交流时，由于说话者彼此看得见表情、姿态，也听得出说话的语气，即使少用或不用关联词语也能显示出话语的逻辑关系。当然，书面语中由于行文和表达的需要，也不乏意合的复句。用意合法生成的复句，对语境的依赖性较大，其逻辑关系往往模糊不清，有时容易导致歧义的产生。欧美学生必须揣摩上下文意思以及凭借自己的理解能力，才能断定其包含的正确意思。例如：

你别开玩笑，他生气了。

欧美学生对这个句子就有两种解释：1. 你别开玩笑，因为他生气了。（意思是"他已经生气了，你不要跟生气的人开玩笑"）；2. 他生气了，你别再开玩笑了。（意思是"他因为你的玩笑生气了，所以你别再开玩笑了）。

汉语书面语不是每句都有关联标记，很多句子是靠意合的。它要求欧美学生根据上下文语境去体会和判断，比起有关联词语连接的复句来说，阅读起来要困难些。

2. 有关联词语标志的复句

在一个复句中，用上了"因为……所以"、"虽然……但是"、"即使……也"、"如果……就"等关联词语，那么分句之间的逻辑关系和意义联系就一目了然，读者一眼就能断定和理解。这正是关联词语反映了复句的各个分句之间的逻辑和意义，突显了复句的类型。

有时两个基本形态完全相同的分句，如果没有关联词语，欧美学生的理解可能是"五花八门"的，要是加上了关联词语，其意义才显得定指，而且由于使用了不同的关联词语，分句间的逻辑关系和句子所表达的意思也就不一样了。例如：

你走，我走。
你走，我也走。
如果你走，我就走。
只要你走，我就走。
只有你走，我才走。
不但你走，我也走。
除了你走，我也走。
除非你走，我才走。
是你走，还是我走？

简简单单的两个分句，却由于用或不用关联词语，或者因所用关联词语的不同，显示出不同的逻辑关系，表达出的不同的语言含义。可以说，关联词语的理解和掌握是我们提高学生正确理解复句能力的必由之路。

但是,在教学实践中我们发现外国学生,尤其是欧美学生对汉语关联词语的认识还远远不足,他们大多把注意力集中在实词上,这必然影响汉语书面语的阅读效率。很多考过 HSK(汉语水平考试)的学生反映,由于在考试过程中阅读理解部分遇到生词或结构上的障碍以及不注意关联词语而造成阅读理解不畅,阅读效率低下,使得时间紧迫而得分偏低,有的甚至影响到整个 HSK 成绩。当然,HSK 只是一种个案,但却暴露了欧美学生汉语阅读的软肋。

(二) 重视关联词语的学习

针对上述情况,在阅读教学中,教师就有必要重视汉语的复句、关联词语等的讲解与练习。首先要让学生明白复句的分句之间存在着的逻辑关系,比如并列、承接、选择、递进、因果、转折、假设、条件、目的等等;其次要让学生熟悉在这些复句中通常用来贯通语义的关联词语。倘若学生能掌握和记忆汉语中的关联词语,清楚了解各种关系的复句的主要表达特点,那么在阅读过程中,就能较为容易地抓住要点。下列三个方面是学习复句与关联词语时必须重视和强调的。

1. 对照汉语与本族语相对应的关联词语

在欧美人的本族语中也有单复句之分,与汉语一样也应用了一些关联词语来连接分句,不管在具体用法上有这样或那样的差异,但其中必然有许多词语是相对应的。例如英语中的 if 跟汉语的"假如、是否"相应;although 跟汉语的"虽然"相应;because 跟汉语的"因为"相应;even if 跟汉语的"即使"相应;however 跟汉语的"然而"、"无论如何"相应;nevertheless 跟汉语的"然而"、"但是"相应;……。欧美学生可以据此较快地熟悉和掌握汉语的一些关联词语,在阅读过程中充分利用这种对应关系来理解复句之间的内在关系。这样可以有精力来识记和运用汉语所独有的一些关联词语,时间上比较经济。

2. 驾驭和掌控汉语中较难的关联词语

汉语中的关联词语有的是由古代汉语沿用进入现代汉语的,特别在书面语中出现较多,这是欧美学生所不熟悉和难以驾驭的。例如表示递进、逻辑关系的"尚且……何况",表示选择、取舍逻辑关系的"宁可……也不"、"宁愿……也不"、"与其……不如"、"与其……毋宁"等,尽管这类关联词语在书面语中出现的频率不是太高,但不掌握它就会影响理解。

有的复句,其内部的逻辑关系比较细微,得花时间去学习与辨别。如同样是假设复句,其内部有细微的不同关系,有的偏重于条件关系,有的侧重于让步关系,有的还带有对比的关系。所谓条件关系,是指前一分句表示假设条件,后一分句说明在这个条件下所产生的结果。使用的关联词语主要有"如果……(那么)就……、假如……就……"等。这类复句由结果的必然性强调条件的重要性,因此表达目的在于假设的条件部分(即第一分句)。(例如:如果对前人的研究成果采取视而不见、一概抹杀的态度,学术就无发展可言。)这种形式是欧美学生比较容易掌握的;所谓的让步关系,是指前一分句假设一种条件成立,后一分句表示与这一条件所产生的结果相反。这类复句一般使用关联词语"即使(纵然、纵使、哪怕)……也……"。(例如"纵使放宽了审批开发区的条件,简化了办理的手续,也一时难以改变这个地区的经济面貌")。这是欧美学生较难掌握的一种形式,特别是对"纵然、纵使",更难领会。所谓对比关系,是指前一分句假设一种情况,后一分句与这一情况形成对比,借以突出后一分句的内容。这类复句的关联词语常使用"如果说……那么就……"等,中心意思往往落在后一分句上。(例如:如果说瞿塘峡像一道闸门,那么巫峡简直像江上一条迂回曲折的画廊。)假设关系的复句在书面材料中用得比较普遍,必须引起欧美学生的注意。

其他如条件复句也有有条件与无条件之分。欧美学生掌握了"只有……才""除非……才""只要……就"(表示有条件式的条件关系)"无论(不管、不论)……都(也)"(表示无条件式的条件复句)等成对配套的关联词语,就能在阅读时加以分辨和理解。

3. 抓住不很典型的关联词语

以上都是汉语中典型的关联词语,也有一些不很典型的关联词,它们对句子之间的时间、空间和事理逻辑等有着一定的承接关系。如"再、就、便、接着、于是、又、才、起初、最后、一……就……"等,可以表示人物的连续动作或事件的连续发生在时间上的先后承接关系。欧美学生在阅读小说和散文时,常常要利用这些关联词来确定事件的先后发展过程。但这些关联词不是非用不可的,有时不一定用上它们,这就需要学生自己去分析和概括整个过程中所有环节的时间上的先后次序。汉语中的方位词,有时可用来作空间上的承接关系,例如用内外(如外面……,里面……)、远近(如远处……,近处……)、上下(如上头……,中间……,底下……)等空间次序叙述或介绍出存在的事物。因而,方位词虽不属于关联词语范围,但它们能够指示事物的内部结构方位,欧美学生顺着它们所提供的线索,能够掌控和理解事物的空间关系。逻辑事理上的承接关系也往往不用关联词语表达,各个分句之间以先后顺序(实际包含了时间先后或前因后果等关系)来排列和展示,欧美学生对此不易理解和掌握。

无论是哪种类型的复句,都需要找到表达中心意义的分句,才能准确而快速地判别复句类型,把握复句意思。当然,阅读中所遇到的复句,其逻辑关系可能没有那么单纯和容易判别,因为在实际应用语言的过程中,所需要表达的意思大大超出一般复句的逻辑内涵,会涉及多个事理和多重逻辑关系,需要使用相应的多重关系复句来显示和表达,那么,要理解这些复杂的复句,必得从复句的中心意思出发对多重复句进行层次分析,理清其中的多层逻辑关系,从中找到表达作者意图的关键语句,这样才能准确把握复句的核心内容。而这种要求比较高,欧美学生要到高年级才能慢慢培养起这种能力。

二、句群的分析与意义的理解

阅读不仅仅止于对复句的理解,还需要把几个复句连贯起来作为语义群来领悟。这就是人们常说的句群。句群是复句的上一级语法单位,也是赖以构成段落的语言片段。阅读过程中对句群的分析,可以把句子和复句所包含的含义,联合成为更为完整的意义。

(一) 句群的特点

句群有它自己的特点,掌握这些特点,有助于对句群层次意义的提取。

人们在进行交际或写作时,若要表达一个内容比较复杂而完整的意思,往往要用到句子和复句的联合体——句群。句群是由多个句子组成而且能表述一层意思的语言片段。句群中的每个句子,都具有一定的独立性,但是它们在语义上又存在着相应的逻辑关系,这是因为句群里的每个句子都是根据一个明确的中心意思互相连贯地组织起来的。一个较为复杂的句群,可以说是一个相对完整的段落,或者说是一个独立的小篇章。因此,阅读能抓住句群的话,既可以回过头来证实或修正词义和句意,又可以进一步把握与体会段落的中心思想。因为句群对于段落篇章来说是局部与全局的关系,而另一方面,句群又是单句和复句的上位的结合整体。王聿恩(1994)认为:"一个句群有向心性、连贯性、层次性、协调性等四个特点。"也即是说,句群里的每一个句子都指向中心句,句子与句子前后密切联系,句子的语体色彩比较一致,多个句子之间包含一定的层次关系。句群的这些特点,规定了显性排列组合的多个句子,暗含着隐性的层次关系。它们不是平面式的意义叠加,而是有层次地深入和展开。阅读过程中抓住句群这个环节,以此作阶石,上可组织和整合段落、篇章的意义结构,下可修正和调整原先对单句和复句的理解偏颇或失误。这对于阅读理解意义甚大。

(二) 句群层次意义的提取

虽然写作者的表达是有中心、讲层次的,但也正如我们所看到的,大部分的阅读材料通常是不会以一二三四来清晰地标出层次的。正如上文所分析的,句群的意义并非是单个句子意义的简单相加,正像句子的意义不一定是词义的简单相加一样。一组句群里的每个句子,往往有不同的意义侧重点。要提取和整合句群的意义,就必须理解这些意义重心不同的句子之间的相互联系。句群内部有或明晰或隐含的逻辑关系,或从浅表到本质,层层深入;或从边缘到核心,由分散进而集中;或从个别到整体,由部分构成全局;或从次要到重要,由一般趋向关键;有的按时间顺序排序,如早晚晨昏、春夏秋冬,上午、下午、晚上;有的按空间顺序排列,如东西南北中,前后上下左右。无论怎样排序和行文,都应该符合基本的逻辑规律,符合文章生成的法则。这种规律和法则,可以称为潜规则,一般是作者和读者都认可的规则,也是读者之所以能读懂作者文字的原因。这种潜规则,是人类共同认同的一些思维规则,有相对稳固的模式,人们按照这些模式,才生成了句群内在的逻辑含义。而这些逻辑含义,往往是以不同的层次体现出来的。因此,如果学习者没有层次意识,只见面前的树木,不见整片森林,那么在理解层次较为复杂的句群时,往往一头雾水,不得其义。而如果学习者有较强的层次意识,对于结构较为复杂的句群,能用层次分析的方法,迅速找到几个层次,抓住信息要点,整合出意义,那么再大的句群也不难理解了。

有的句群只包含一个结构层次,可称为单纯句群;有的句群包含两个或两个以上的结构层次,可以称作多重句群。理解多重句群的关键在于划分句群的结构类型和层次,判明句群内部的结构关系。与复句的分析一样,分析复杂的句群,首先要确定句群里各个句子之间最大的层次关系,然后确定大的层次里包含的较小的层次,逐层分析。例如:

我从前也喜欢喝茶,并且很讲究品茶。|‖如果要我说茶经,我也能勉强发挥一点个人见解。‖但是,我现在不喜欢喝茶,而喜欢喝白开水。|所以,我要讲喝白开水的益处,却不必硬说喝茶有什么害处。‖但要说明,任何好茶、好酒、好药等等,都离不开好水。这是最明显的道理。(马南邨 1979:456。)

这个句群第一层是因果关系,第二层是转折关系,第三层是因果关系。用层次分析的方法,能清晰地反映出各个句子之间的结构关系。

无论句群还是复句,即使形式上再繁复,只要抓住它们在表达方面的特点,然后用层次分析的方法,顺着逻辑机理将其一切为二分成小一级的意义单位加以理解,意义的提取和整合就可以变得较为容易了。

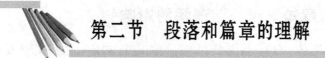

第二节 段落和篇章的理解

文章往往是分段写的,段落与篇章之间有着密切的关系,掌握段落与段群跟篇章之间的联系,阅读就能确切地理解与把握作者写作的宗旨与意图。

一、段落与篇章的关系及其阅读理解

一般来说,文章都是由若干个段落组成的。段落是较大的意义单位,也是构成篇章的直接单位。篇章也被称为语篇,也就是成篇的话语。在语言实际运用中,我们可以看到,篇章可大可小,有长有短。篇章既可以是一段对话,也可以是一段独白;既可以是书面语,也可以是口语。对于篇章来说,段落是基

本的单位,"是篇章的雏形"(张静、郑致远 1990:185)。有的篇章只有一个段落,有的有较多段落。如果有多个段落的,各个段落的意义也总是围绕着一个中心展开表述,由此构成一个完整连贯的篇章。所以阅读教学,要引导欧美学生正确理解段落意义和段落功能,这样才可以帮助他们更好地理解篇章的主旨,提高概括全篇内容的能力。

  相对于前文所分析的字词,段落和篇章是较大的意义单位。一般而言,较大的意义单位是由较小的意义单位有机组合而成的。因而,对较大意义单位的理解,也是在理解较小意义单位的基础上进行的。这就是所谓的自下而上的认知。然而,段落和篇章的认知更侧重于概括理解。而且,无论段落或者篇章,其意义往往都不是各级较小意义单位的机械简单的相加,段落与篇章的整体性和连贯性大大超出了句子意义的总和。因而在阅读中,学生必须把握段落和篇章整体表达的内容和主旨,回过来充实、调整和整合各级意义单位。这就是所谓的自上而下的认知。在两种认知方式的交互作用下,学生才能从段落篇章中提取和领悟作者要表达的真实意图,只有在此时也才算基本完成了阅读的任务。这种宏观的语言阅读能力,通常需要经过专门的培养训练才能有效形成。这也是欧美学生汉语阅读所必须具备的基本能力,是无法回避的。倘若学生没有较好的整体概括能力,那么在阅读任务结束时,很可能无法把握全局,无法了解作者的真实意图,这样的阅读是不成功、不全面的。

  在汉语阅读教学实践中,我们常常发现,相对于单一句子的理解,段落和篇章对欧美学生来说,是较高层次的阅读,可能产生的理解上的问题更为复杂。光看着密密麻麻的由汉字组成的段落篇章,很多学生就已经产生畏难情绪。即使经过较长时期的阅读训练以后克服了最初的畏惧心理,但我们还是会发现,在很多情形下,学生对于字句表面上的意义都能基本理解,但是对整个段落或篇章总体的意义的把握还是远远不够的。

二、篇章知识对阅读理解的影响

  不同的文体,有其不同的风格。中文的文章,记叙文重在叙述故事,说明文偏于解释事物,论说文侧重阐述道理,诗歌以言志抒情为主。作者写作一般依据文体风格特点来谋篇布局,读者的书面阅读如果具有篇章知识,并借此体会不同的文体风格和不同的寓意方式,就能更好地改善和提高阅读理解的质量。

(一)记叙文的特点与阅读

  中文的记叙文,包括小说和新闻通讯,一般以讲述事件和故事情节为主。
  其篇章的特点是:首尾一般交代事件、故事的开端和结局,中间穿插和安排情节(一个情节或几个情节)的发展、起伏和变化,人物的言行随情节而活动。作者的意图,或者通过故事情节的剪裁(详略取舍),让故事本身来体现;

或者通过抒情和议论的语句和段落直接加以表述。无论记述的事件多么复杂，一般总是紧紧围绕着记叙的六大要素——时间、地点、人物、事件起因、经过、结果而展开。

欧美学生阅读记叙性的文章，如果找到了有关的时间、地点、人物、事件的起因、事件的经过、事件的结果等要素（俗称记叙的六大要素），就容易理清和概括出写作者的思路和主要内容，体会写作者的态度和感情。当然，有些记叙文的要素需要读者的仔细分析才能综合出来；但一般来说，记叙性文章往往对各个要素交代得比较清楚明白，使读者对故事发生的时代、人物的身份、事件的过程和结果比较容易把握；而且记叙性文章往往条理清楚、结构完整，便于读者准确地把握文章内容，体会作者的思想感情。例如：欧美学生阅读鲁迅的《一件小事》，教师除了补充和说明文章的文化背景外，主要要求学生分析出记叙的六大要素，以便把握和理解内容。学生可以在教师的带领下做如下分析：

时间：民国六年的冬天
地点：北京宣武门外
人物："我"、车夫、老女人
事件起因："我"雇的人力车撞到了一位老女人
事件的经过：
1) 老女人破棉背心兜着车把而跌倒；
2) "我"料定老女人没有伤，要车夫继续走；
3) 车夫放下车子，扶老女人慢慢起来；
4) 老女人说"摔坏了"，"我"认为是装腔作势，也怪车夫多事；
5) 车夫搀着老女人走进巡警分驻所。
事件的结果：巡警要"我"另外雇车走。

抓住了课文中记叙的六大要素，欧美学生就很容易通过"我"和车夫对待老女人的不同态度，来把握和理解整篇文章所反映的内容和题旨：赞扬劳动人民的友爱精神和他们的高尚品质，对比"我"的自私和渺小。

当然，"文无定法"，并非每一篇记叙文都对这些记叙要素有清晰的交代。但无论如何，还是得要求欧美学生从作者的叙述描写中捕捉到隐匿在字里行间的记叙要素。只要抓住了记叙要素，就不难理解作者的写作思路，就能把握事件的线索和本质，抓住人物命运的轨迹及其活动的舞台（即情节和背景），从而体会作者谋篇布局的匠心，理解文章的精髓。

（二）说明文的特点与阅读

中文的说明文，包括说明书和广告文，一般以解释和介绍事物为主。其篇章特点是：按照事物的性质（包括成分、要素）、分类、特点、功用、注意事项等来组织安排材料。有的按照"总—分—总"的顺序，即从整体到部分，再归结到整体那样来说明；有的以认识的发展逐层展开或内容的深入层层缕述来说明；有的按由远及近(或反之)、由表及里的空间转换或者事物变化的时间推移有次序地加以说明,等等。层次清晰,条理井然。作者的意图,往往比较直接,或者纯粹是知识性的解释,或者是事物外部和内部结构的介绍,或者是带有广告性质的推荐,或者是使用的说明等等。掌握说明文的这种风格特点,学习者阅读时就能循着这些线索,选择和摘出重要的、关键性的语句进行归纳,那么对于作者所叙述的事物的本质和特点,以及写作的意图等等,都能一目了然。例如欧美学生阅读下面一篇说明文:

  沙漠在扩大、在进攻,却是由于我们在"招引"它,在为它"开路"。不信吗?"

  请看,人们是怎样为塔克拉玛干沙漠的扩大"出力"的,以下是一位科技记者的信:

  "本世纪50年代,南疆塔里木盆地沙漠地区各河流中下游分布着我国面积最大的天然红柳灌木林9000万亩(每亩666.7千方米)和胡杨林400多万亩,这些沙生植物是目前塔里木盆地700万各族人民生活的主要燃料。由于不断地从沙漠中索取红柳和胡杨,使天然红柳、胡杨减少到目前的5000万亩和200万亩。近年来,尽管有关部门采取了一些措施,防止天然植物的破坏,但是到沙漠中打柴火的毛驴车、汽车一年比一年增加。墨玉县卡瓦可乡一个林业管理站,每年通过约10万辆打柴火的毛驴车;和田市'巴扎'一天上市的柴火多达1000多车;策勒县1983年'巴扎'一天上市的柴火最多不超过500车,近几年竟高达1000车。照此下去,总有一天沙漠中仅有的一些脆弱的生态植被会被砍尽烧绝。"

  这位记者的调查,从一个地区说明了人们滥伐植被招来"沙祸"的原因。①

在教师的引导下,欧美学生抓住"沙漠在扩大"、"我们在为它'开路'"这个主题句,循着记者的思路和说明顺序,以及种种数据:原来的树林规模——植被的索取和减少——近年来植被的严重损坏——推测结果,从而理解"人们滥伐植被招来'沙祸'的原因",如此,就能比较快而准地把握住文章内容。

把握说明的顺序和方法往往就掌握了段落篇章的结构,清楚了结构也就更容易理解内容。所以,在说明性阅读材料的教学过程中,学生的阅读顺序和方法意识的培养也是一个值得重视的重要环节。

(三)议论文的特点与阅读

中文的议论文,包括评论和学术论文,一般以阐述和分析道理为主。其篇章特点是:按照论点、论据(包括论证)和结论来安排观点和材料。论点是提出假设,结论是对假设的肯定或否定,其核心部分在于论据和论证。论据的材料

---

① 转引自 http://www.i3721.com/cz/tbstdq/stdqc2/xkbc2ywxc/200606/193029.html

有实例,有引文(即引经据典);实例的叙述比较概括和朴素(一般不铺叙,不描写);论证一般有因果推理,演绎推理,归纳推理等。复杂的议论文,有总论和分论:总论是大论点,分论是大论点下的小论点;每个小论点又有自己的材料论证;小论点的逐个解决,总论点自然就据以成立。文章往往用词精确,句子多带修饰成分,语句多用关联词语镶接,以显示诸多命题之间的关系,并较多地使用设问句和排比句。对欧美学生来说,尽管阅读中文议论文比记叙文抽象难懂,但只要掌握议论文的风格特点:全篇的首句,往往是整篇文章的论点;一个或几个段落的前面几句一般蕴含着分论点或小论点;最后一段一般是结论;段落中间的实例和引文基本上是用来论证的材料(即论据),抓住这些线索,那么他们还是能驾驭一篇议论文的主要观点和重要材料的。

(四)诗歌的特点与阅读

中文诗歌,包括抒情诗和叙事诗,一般以言志和抒情为主。其篇章特点是:景为情而设,情为景而抒,借景而抒情,借事而言志,极尽渲染、夸饰之能事。语言较散文简练、浓缩,多用比喻、排比、拟人、夸张等修辞手法。对于诗歌的这种风格特点,学习者必须运用世界知识、各种图式和心理模型,通过想象来再现作者笔下的具体情景,以体会诗歌的含义。比如欧美学生阅读古诗《登鹳雀楼》(唐·王之涣):

白日依山尽,黄河入海流;
欲穷千里目,更上一层楼。

第一步是理解字面的意思,弄懂"依"、"尽"、"流"、"欲"、"穷"、"更"等词的意义。第二步是确定每个句子的含义:西边的太阳怎样;下边的黄河如何;我将作何动作。第三步要融进自己的社会生活体验,把蕴涵在诗作中的景象和生活哲理,通过想象加以丰富和提炼:"依山尽"是白日西下移动,逐渐消失在大山背后(这是太阳落山图式的再现);"入海流"是黄河的滚滚之水向东流,汇入茫茫东海(这是大河流动图式的再现)。这一西一东,都在运动之中,而且随着白日的消逝,黄河的景象也会变得模糊起来(这景象需要读者的推测)。那么怎样才能看得更为遥远?作者用后面两句提出解决的办法:欲穷千里目,更上一层楼。这是作者的生活体验,也是一般人都有的生活经验:登高可以望远。对此,欧美学生并不生疏,都能从表面的文字中理解这层意思。但如果理解仅止于此,还是比较肤浅的。因此教师在这里引导学生积极思索和讨论:这两句诗句还含有什么更深刻的意义?经过分析,欧美学生终于明白这两个诗句里还含有值得回味的生活哲理:做任何事情,只要再努力一下,就会有更大更多的收获。

第三节　学习者的知识背景对阅读理解的影响

文章凝聚着作者的世界知识和社会经验，文章是作者的知识的综合和体现，是作者的经验的总结和展示。要读懂读通一篇文章，接受或评判作者的思想观念，就要求阅读者应具有相应的知识和经验。

一、学习者所具有的中国文化知识对阅读理解的导入和深化

欧美学生的汉语阅读，有许多知识可以从学习母语时所积累起来的文化知识库中借鉴和迁移过来。但是，仅仅依赖在母语学习时积累的文化知识来阅读汉语书籍是远远不够的。因为在中国的书籍里充满着中国的文化常识和文化理念、中国的习俗文化和交际文化、中国人的思维方式和价值观念。缺乏这方面的文化知识，阅读就会遇到障碍，会感到作品的表述匪夷所思，常常百思不得其解。

欧美学生学习汉语，独立阅读中文文章的能力总是滞后于课堂阅读。这是因为中文文章中涉及的许多文化内容和文化背景，在课堂上有教师加以引导和指点，甚至作专门的解释，所以欧美学生的课堂阅读中文文章比较顺利。而独立阅读就没有如此有利条件，即使文字上无多大障碍，而蕴含在文字中间的文化深意就不一定能体会得到。他们常常要查阅词典辞书或向教师和同学请教，才能有所收获和进步。而且文化知识的积累是一个渐进的、长期的过程，欧美学生的阅读能力也因之而有一个逐步提高的过程。由此可见，文化知识的积累和丰富，对阅读及理解的作用是不容低估的。

（一）具备中国交际文化对汉语阅读的重要意义

所谓交际文化，是指人们在说话和交流中所蕴含的一种习俗的和礼仪的文化，较多地体现在口语对话之中。例如宴请时的劝酒、劝菜的殷勤话语，朋友见面时的家长里短的问候，上门做客的送礼和客套，向人致意的热忱态度，回应答谢时表示不足挂齿的客气话，受表扬时表示自己做得不够的谦逊话，批评他人时的委婉言辞……这些交际文化在人们对话时固然常用，但也渗透和融合在记叙文的故事、情节和人物的言行之中。

交际文化的形成不是一朝一夕之事，乃是千百年来的文化积淀所致。它已根深蒂固地融化在中国人的意识、习惯和理念之中。中国的作者在写作时用不着有意识地去考虑和引用这类文化，其思想深处的习俗文化、礼仪文化会不经意地流露于笔端，所以欧美学生要提高中文的阅读能力，理解作者的思想，掌握一定的中国的交际文化也是十分必要的。

(二) 了解中国人的思维方式和价值观念对汉语阅读的重要意义

中国人写的文章,其主题的确立,立论的根据,理论的阐发,故事情节的安排和展开,人物角色的思想活动等等,总是体现着中国人的思维方式和价值观念。比如中国人的次序观念较强,对人介绍或安排座次,按职务是由大到小,按辈分是从长到幼,按地位是从高到低;总结工作,说形势是由好到不足,谈业绩是先成绩后缺点。再如,中国人立身处世从不言满,相信"满则溢,盈则亏"的真谛,于是凡好事都要加上"比较"、"尚"、"还"、"有一点"等词语修饰,以示谦虚;即使送昂贵的礼物,还要谦逊地说"一点点小意思,不成敬意。"摆满了一桌子酒菜,还会抱歉地说"没东西吃,真不好意思!"正是中国人固有的思维方式和价值观念,决定了中国人的表达方式。这种思维方式和价值观念渗透于中文文章的字里行间,学习者对之不了解,或者知之不多,就很难深味文章的精义。

中国是个文明古国,有两千多年的文化积淀,千百年来形成了自己一系列的价值观念,诸如是非观、荣辱观、祸福观、生死观、贫富观、升黜观、善恶观、爱憎观、悲喜观、勤奢观、中庸观、慎独观等等。这些观念都蕴含了中华民族文化的内涵、标准和原则。尽管随着时代的变迁,社会的进步,中国人的价值观念里吸纳了许多新的东西,但基本的原则仍然不变。它们规定着和指引着中国人按照这样的价值观念去思维和行事。作为反映一定现实的中文作品,自然在记述和议论中也会不可避免地包孕着这许许多多的价值观念。对于中国读者而言,领会和接受文章的思想和理念,自然相当容易;但对于欧美学生来说,就是个很大的障碍。因为中国人的许多观念跟西方人迥然相异,要去理解它、接受它,尚需多方面、多途径地去学习和了解中国人的思维方式和价值观念,才能在阅读方面有一定的提高。

二、学习者的社会生活经验和心理图式对阅读理解的影响

文章是作者对某些事件和某种社会现象的看法、剖析和评价,也是作者的社会经验和生活图式的综合反映。阅读者要明白和了解作者的观点和思想,也需要具有一定的社会经验和阅历,以及在百科知识的基础上经过类化而成的生活图式,去想象、充实和揭示作者的真实意图。

(一) 学习者的社会生活经验和阅读理解的关系

作者的思维"反映了一系列连续的观念之间的联系"(刘爱伦 2002:37)。它导致产生新颖的、有效的主意或结论。作者所写的内容是他在观察生活、体验生活过程中,经过思索、加工、提炼(文艺学上称为典型化)而成的。因而一篇文章可以说是作者的观念流,其中包含诸多的概念、图式或表象以及相互之间的关系。这个观念流通过文字形式传递给学习者。学习者的阅读任务就是要通过文字形式去体会和揭示作者的一个一个连续的观念,并加入自己的感

受,将这众多的观念整合或还原为观念流而整体地理解文章的意义。因此,学习者要理解作者流之于笔端的观念、思想和创意,仅凭文字形式来体会是远远不够的,他必须将自己平日对事件有关的体验和感受,以及所积累的生活场景赋予或融化到所阅读的文字中去,通过想象和联系,力求恢复和符合作者的原意,才能真正得以理解作者的立意和情感。

作者写作只是通过文字形式把自己的主要意思表达和传递出来,很多地方作者假想读者有一定的知识和能力去领会和理解,因此,文字表达常常比较凝练和简略,有时甚至有许多缺省。最为典型的是诗歌、格言、成语和习惯语,文字精简而内涵丰富,例如,"矮子看戏何曾见,都是随人说短长",为什么矮子看不到戏,对于习惯于在剧场座位或阶梯看台上观看节目的欧美学生来说,很难理解,而对于了解中国文化的人来说,他们知道过去乡下看戏,人们都站在戏台前观看,身材矮小的人常被高个子挡住了视线,因此读到这句话,头脑里马上会闪现矮子在高个子后面看戏的情景;"说短长"不是一般度量意义上的长或短,是叙述或评论自己的所见所闻。这里作者没有作过多的解释,但读者能够展开想象的翅膀,凭自己的知识和生活经验去臆想、补充和弥合,透过表面的文字形式去理解其中的含义:社会上有些人没有亲身去体验和实践,就在那里指手画脚地胡说一通。

学习者通过阅读文字来获得作者的观念流时,有时会超越作者的主观意图,也就是说,作品的客观效果,可能会大于作者的原创和原意。这应该归功于丰富的社会生活经验在学习者头脑里对作品进行再创造的结果。

(二)学习者的心理图式和阅读理解的关系

图式是知识、客体和事件经过整理、类化了的知识结构。图式和经验的区别在于图式所表征的是典型的、带有某种规则性的基本信息,经验则常常是个体所具有的独特的信息。两者虽然有所区别,但同样对阅读起着十分重要的作用。

图式具有假设功能。学习者在阅读文章时,常依靠图式对作者所记述的事件发展轨迹进行预测,对作者所列举的事实及其内含的道理进行推理,随着阅读的继续和进展,不断检验自己的假设正确与否。检验的结果,原来的假设成立,说明理解无误,可以平稳地继续阅读下去;假设不成立,则说明理解有偏差,需要重新假设,直至正确。所以学习者的阅读,常常是凭借图式来弥合事件的先后顺序和空间(方位、距离)位置,再现场景和角色,想象客体的形状,预期事件发展进程,充实和填补细节,使一般的文字具体化、形象化、生动化,或者说是图谱化,变二维(平面图式)为三维(立体图式),乃至多维(交叉图式)。正是这类图式的作用,使学习者的理解更接近或符合作者的原意。

图式是知识和经验的锤炼和概括,是带有普遍性、典型性、规律性的生活公式。每一种事物都有其图式,比如教室有门窗、桌椅、黑板等等,水果有形、色、香、味等等，衣服有领、袖、襟等等。作者在写作时，很可能只写"在一间教室里上课"，"请吃一个苹果"，"买了一件无袖的连衣裙"，不作详细的描述，这些都有待于读者自己去想象和补充。至于跟故事有关的图式，比如场景图式、事件图式、情节图式、角色图式等，对阅读的作用则更大了。读者可以凭借这些图式去预测或假设事件和情节的发展趋势，揣摩人物的言行与心理活动，总结和归纳作者渗透以及体现在事件和人物言行中的思想意识，最后达到理解作者写作的宗旨和意图的目的。

一篇文章不止是某一个图式的扩展或变化，常常是由诸多命题、图式（包含下属的系列的子图式和子图式下的小图式）、框架（像客厅、书桌、房子一类的物质客体的图式）、脚本（有顺序性的事件图式）和其他的表象表征等等组合起来的，心理学称之为心理模型。学习者在阅读过程中，比如读小说，会抓住最重要的人物命运的轨迹，人物之间的关系和背景状况等，实际上就是在运用心理模型来掌握文章的脉络和线索，只是学习者自己并未意识到这个心理模型罢了。

总之，阅读的质量和速度，跟阅读者的知识水平与分析语句、段落、篇章的阅读能力密切相关。欧美学生要提高中文阅读能力，除了加强汉字的辨认、识记和积累外，还需进一步训练复句与句群、段落与篇章的分析与把握，丰富和扩展中国文化知识，注意与储存多样的生活体验，才能自上而下、自下而上地读通整篇文章或语料。

第六章　欧美学生汉语阅读教学模式的建构

以上几章论述了欧美学生汉语阅读所涉及的诸多相关因素：不认识汉字或识记汉字不多，就谈不上识读中文书写的语料；心理词典所积累的中文词语数量不足，没有能力划分词单位，就无法切分和读懂中文字串；对汉语语法不熟悉，以及汉语语感不强或较差，就难以理解句子、句群、段落的意义；对中国社会、中国文化和中国人的思维方式知之甚少，则妨碍对整篇文章意思的把握，理解也只能停留在文字的表面而无法深入领悟。凡此种种阅读的因素或元素，要落实于课堂教学，让欧美学生在一个短时间内较快地提高识记汉字的数量、积累丰富的中文词语、熟悉汉语语法、增强汉语语感、了解中国人的文化背景，从而能顺利地进行汉语书面阅读，那就必须凭借某些教学的方式或范式去贯彻和实施。由此而建构起来的教学方式或范式，我们称之为阅读教学模式。

美国 Bruce Joyce et al.（2002:15）认为，"教学过程的核心就是创设一种环境。在这个环境里，学生能够互相影响，学会如何学习。"教学模式就是在教学过程中为了保证学生顺利地学习而建立的某种环境。

欧美学生学习汉语阅读，有其自身的特点和途径，汉语作为外语的教学就应该适应这种学习特点和学习途径，创设阅读的环境，努力建立相应的、有针对性的模式。通过这些教学模式，训练欧美学生识记汉字的能力，切分中文词语的能力，整合句子、句群、段落、篇章的能力，联想、预期、弥补、充实阅读内容的能力，快速阅读的能力，以便有效地培养和提高他们整体阅读中文语料的能力。

第一节　教学模式的性质和种类

任何教学，不管是文科的还是理科的，无论是文科中的语文、教育还是历史、政治，即使是汉语作为外语教学中的听说读写诸种课程，都有其一定的教学模式。这些模式，有的是由某种理论指导下构成的教学方式，有的是从实践经验中抽取而形成的教学范式。汉语作为外语的阅读教学受到中小学语文教学的影响，较多地采用串讲模式。近三十年来接受和吸取国外外语教学流派的理论，也尝试着运用一些新型的教学模式，取得了一定的效果。

一、教学模式的性质

国内外对"教学模式"这一概念的理解并不一致。在教育学领域中，率先提出教学模式研究的是美国的乔伊斯和威尔。他们认为，"教学模式是构成课程、选择教材、指导教师教学活动的一种计划或范型。"（余文森等 2007：173）我国教育学界对"教学模式"的理解大致可以归为四类。"理论说"，认为教学模式是一种设计和组织教学的理论；"结构说"，认为教学模式是教学活动的基本结构或框架；"程序说"，认为教学模式是教学活动的基本程序和策略；"方法说"，认为教学模式是教学活动的操作样式和方法。

综合上述观点，结合汉语作为外语的教学实际，我们认为，教学模式（或说课堂模式），是教学方法的归纳和抽绎，它们要比具体的教学方法抽象些，可以说是具体教法的上位概念，既不属于微观的教学方法，也不是宏观的教学理论体系，而是中观的"典型化、标准化了的教学范式"（马箭飞 2004）。"教学模式包括能使学生即刻见效的简单、直接的程序和使学生从耐心、熟练的教授者那里获得的复杂的学习策略。"（Bruce 2002：15）

在课堂教学过程中，课本内容为学习者接收、消化、巩固，化为自己的知识，有一个认识过程。这个过程必须凭借某种方式作为认知的中介，而所谓的教学模式即可以担当这种认识过程的中介。通过某种教学模式，教师可以帮助学生更有效地对原型客体，比如汉语课文，进行解析、概括等加工活动，从而使学习者能够迅速而准确地掌握所学内容的本质特性，进行同化（即由旧知接纳新知）或顺应（即所接收的新知改造旧知）以改变自己的知识结构。

我们认为，一个有效的教学模式，必须符合一定的认知规律。因为只有它符合学生的学习认知过程，该模式才有可能在此基础上去优化和促进学生学习过程中的认知活动。所以，本章以下第二节将阐述学生阅读时的认知过程，我们称之为"阅读教学模式的心理机制"；第三节阐述在此心理机制基础上进行建构的阅读教学模式及模式的应用。

二、教学模式的种类

教学模式的分类和归纳是多标准的。乔伊斯和威尔区分出四种类型的教学模式：信息加工教学模式、人格发展教学模式、社会交往教学模式、行为修正教学模式。有学者认为这是根据教学模式的理论根源进行分类的（余文森等 2007），有学者认为这是根据"课程分类"和"思维模式"进行归纳的（查有梁 2003a）。

我们认为教学模式可以从实践出发,经概括、归纳、综合,提炼而得;也可从理论出发,经类比、演绎、分析,敷衍而成。因此,从现有的模式研究的成果来看,其分类和归纳是多标准的:有的从环境定位,有的将教法归类,有的依信息加工划分,有的循思维角度界定。例如由教学阶段引导出阶段写作模式等,由教学任务演绎为任务型口语教学模式等,由教学步骤派生出五步口语教学模式、四段法听力模式等,由教学活动概括为精听模式、泛听模式、选听模式等,由教学环境蜕变出环境写作模式等,由教学形式综合为群体教学模式、个体教学模式、远程教学模式等,由教学举措和教学行为演化为直观模式、辨析模式、解释模式、语境模式、联想模式等,由思维方式抽绎为归纳模式、演绎模式、综合模式等,由信息加工归纳为自下而上模式、自上而下模式、相互补偿模式等,这众多模式都是从不同的角度,经过分析与综合,归纳并提炼出若干教学方法和范式,最后一律称之曰"模式"。因此所谓的"模式",其内涵极其丰富,其种类也极其繁多。不过总的说来,这些模式的形成和提出都有其一定的实践与理论作基础,在各科教学和外语教学中推广和实施,都取得了一定的成效,值得从事国际汉语教育的教师吸取和应用。当然,在国际汉语教育领域,对于模式的研究还未形成系统,但是每一位教师都在课堂上组织和整合各种具体的教法以实施教学,形成自己的教学范式和独特风格,这实际上已是建模(建立模式)和用模(运用模式)的过程,不管是自觉的还是无意识的,都正沿着模式的道路摸索着前进。可以设想,如果能把教师们的经验和智慧加以汇总,并进行理论上的深化,那么教学模式体系的建立是有望实现的。

第二节 阅读教学模式的心理机制

运用阅读教学模式的教学过程是学生在教师的组织和引导下,通过某些教学手段和措施,接触书面文字,加工、揭示、攫取语句所包含的意义和信息,进而达到理解书面材料的过程。阅读教学模式的心理机制一般包括三个相互链接的心理环节:编码环节、匹配提取环节、整合环节以及元认知监控。

一、编码环节

编码环节是指学习者在教师的指引下,阅读和接收文字材料(例如"自由"二字),进行初步的编码,或者是通过视觉的字形编码(例如"自由"二字的字形是"目上有一撇,田字上面出头",而非"自白、白申、目甲"等字形),或者是通过听觉的语音编码(例如辨析出"ziyou"这一语音,排除"zhiyi"、"ziyao"等语音),或者是字形与语音同时编码(即兼顾形和音的编码:自由——ziyou),并将它们输入大脑,以唤起和激活存放在记忆库中的相应字词,从词义网络中调动出与该字词有关的意义。例如,"自由",在网络中是与"自由化、自主、自在、自行、自然、自便"等同义词联系在一起;与母语"freedom, free, unrestrained; liberalism, liberal"等相近意义紧挨在一起。由于编码线索的作用,它们同时被激活而在头脑中闪现出来。阅读者根据语境选择和确定"自由"的概念和意义。因此编码环节是接触中文汉字而进行汉语阅读的重要步骤。

二、匹配提取环节

匹配提取环节是指学习者在教师的启发和帮助下,将输入的文字串,根据业已建立起来的心理词典(有母语的心理词典,有正在学习的外语心理词典)中的词语标准进行初步的划分和匹配,并提取有关词义。例如"外来人员车辆未经同意不得擅自由此进出"这一文字串,如果阅读者不将它们切割或划分为词语单位或词组单位,其意义模糊不清,理解很是吃力。如果切分有错的话,更可能造成理解上的错讹和失误。比如,阅读者初步接触这个文字串时,由于受熟词"来人"、"自由"等词语的影响,把它们切分为:外/来人/员车辆未经/同意/不得擅/自由/此进出。结果发现这样划分所提取的词义与上下文语境连接不起来,意识到对文字串的切分可能有误,于是回过头来重新对其划分、匹配和提取,根据语境要求,再次切分为:外来人员/车辆/未经同意/不得擅自/由此进出。这样的划分和切割可能反复多次,直至提取正确、句意连贯为止。因此匹配提取环节,是接触文字串、将其划分为意思互相连贯的意义单位,从而正确阅读和理解句意的重要一环。

三、整合环节

整合环节是指学习者在教师的组织和指导下,或者根据教师的提示独立阅读,或者重新组织语句复述内容,或者进行师生之间或同学之间的问答互动等,深入体会和领悟书面材料所包含的含义。在人的大脑中,参与整合环节的有四个处理器:字形处理器、语音处理器、词义处理器、句法处理器。字形处理器和语音处理器在编码环节已经开始起作用。词义处理器,在匹配提取环节也已发挥其职能。句法处理器在词语划分时也须参与,但主要在整合环节中唱主角。学习者根据句法规则,将前两个环节中遴选和提取出来的词义进行加工和合成,揭示和显露语句的意义。但这只是初步的理解,还需要在教师的深入诱导和启发下,将世界知识(包括图式)融入语句意义,进行综合性的加工,理解才能符合(或超出)作者的原意。例如要理解"外来人员车辆未经同意,不得擅自由此进出"这个句子,仅依靠文字的表面语义,尚不足以深入领悟,还可能会产生一些疑惑:为什么不能进出呢?如果融入读者所了解的中国政治、经济、文化等知识,比如,中国有些单位的出入有一定的限制和审批手续;或者中国某些地区的道路要获准才能通行,等等,那么对这个文字串的意义才算真正懂得和理解。

编码环节、匹配提取环节和整合环节是顺序的,又是交互的。编码由心理词典的匹配提取所指导,词语划分又有字形和语音处理器的参与,整合过程又可能需要回视、再次编码和匹配。任何阅读教学模式都必须围绕这三个环节进行,只是由于根据学生汉语水平、课文内容的深浅而采取偏重于某一环节或某个环节中的某一点而展开教学,于是形成了不同的阅读教学模式:着重于由字而词、由词而句、由句而段、由段而篇逐步递加而得以理解的,谓之自下而上模式;反之,从整篇着眼、抓住关键词而获得信息,从而得以理解的,谓之自上而下模式;两者结合,交互补偿的,谓之互补整合型模式。着重于讨论,开展互帮互学、取长补短、得以深入理解的,谓之讨论型模式;以自学为主的,谓之自主型模式;在阅读前或阅读中,向学生提供或安排与课文内容有关的各种前期阅读的材料和活动,激活、调整和补充原有的知识结构,为认知结构接纳新知识创造条件的谓之前导型阅读教学模式;自始至终由教师逐词逐句讲解,从而得以理解的,谓之串讲型模式;一边讲解,一边练习,最后弄懂课文,谓之讲练型模式,等等。

就阅读教学模式的运用问题,我们对一些汉语教师进行了访谈。大家反映阅读课运用串讲模式或讲练模式,比较适合于日韩等亚洲学生,他们比较沉稳,坐得住,听得进;欧美学生从小学习比较松动、灵活,上课已形成好动、活跃的习惯,他们耐不住教师大段的讲解,希望能不断更换教学活动和教学方式,否则会觉得沉闷、厌烦。因此,他们比较欢迎讨论型模式、合作型模式、提问质疑型模式、任务型模式等。

四、元认知监控

个体的阅读过程,自始至终处在元认知的监控之中。字形、字音的匹配是否合适,词语的划分是否正确,词义的选定和加合是否合理,句子和句群的理解是否合乎作者的原意等等,都要由元认知监督和控制,调动大脑记忆库中的语言知识和百科知识,运用一定的学习策略(比如猜测策略、跳跃策略、语音辅助视觉策略等),从表层的形式理解,进入深层的意义理解。欧美学生阅读汉语书面材料的初中级阶段,运用汉语方面的元认知监控尚不熟练,阅读课需要教师采取一些教学措施(这些措施包含在各种阅读教学模式之中),协助学生调动与发挥元认知的作用。而当学生培养起汉语的元认知监控能力,阅读水平也得到了相应的提高时,则可以多采用自主学习的方式,更多地让学生发挥汉语阅读元认知监控的作用。

第三节 阅读教学模式的建模和用模

语言教学跟语言学习理论的发展演变有着密切关系,后者常常会影响甚或左右前者的选择与改变。姚梅林等(2003)认为学习理论的发展和深入在教学上的反映表现为三个阶段,即:为行为结果而教学的教师中心取向;为认知建构而教学的学生中介取向和为情境性认知而教学的生态化取向。这三个发展阶段的关系往往是后一阶段对前一阶段在理论和实践上的变革、修正与提高。而前一阶段的成果及其合理内核也会渗透和包容在后阶段的理论与实践之中。尤其是第二与第三阶段,它们更是相容的,而非排斥的。因此尽管现阶段的教学"已从认知建构转向了情境性认知",已上升到重视学生与外界互动的生态化阶段。但第一、第二阶段的教学精华,应仍予以采纳和应用。尤其在对欧美学生的汉语阅读教学方面,由于他们还处于初学或不熟练阶段,适当地采用行为主义的教学模式,有利于促进和帮助他们的汉语学习。自然,由于欧美人的好动与活跃的性格,采用认知理论所建构的教学模式,更符合他们的接收能力;而采用情境性的讨论式与合作式,也更适应于他们的学习风格和学习习惯。

一、阅读教学模式的建构

(一)模式建构的基础

查有梁(2003a:3)论述,"教学建模"是"教学创新",建模方法是人类普遍应用的科学操作与科学思维的方法;可以从"原型"或"新型"出发建构模式,可以从"问题"或"求解"出发建构模式,可以从"理论"或"实践"出发建构模式。"模式是一种重要的科学操作与科学思维的方法"。"从实践出发,经概括、归纳、综合,可以提出各种模式,模式一经被证实,即有可能形成理论;也可以从理论出发,经类比、演绎、分析,提出各种模式,从而促进实践发展。"

在建模过程中,我们采取了综合性的举措并以此作为建模的基础。这就是:(1)总结和归纳成熟的行之有效的实践经验;(2)参考和借鉴跟我们所建构的模式相关的理论;(3)整理和分析模式实践的反馈信息。

1. 吸取成熟的行之有效的实践经验

成熟的行之有效的实践经验往往是教师在长期的教学过程中经过反复运用、不断调整而形成的。这些经验可能是个人化的,也可能是几代教师经验的传承和总结。囿于个人实践的经验可能带有教师的个性特征及局限性,而几代教师传承下来的经验则具有一定的典型意义和普遍性。把众多教师的个人经验集合起来进行参照、比较和归纳,抽取其中带有共同性的东西,就汇成了集体的经验,而集体经验必定包含着相应的客观规律。我们在建模过程中对于成熟的行之有效的实践经验之重视,其原因盖出于此。

2. 参考和汲取教学理论和认知原理

国外的教学理论是经过许多学者探讨和论证过的,并已为大规模的教学实践和丰硕的实验成果所证实。我们建构阅读教学模式,不仅应予关注,而且有必要参考和汲取这些教学理论的合理内核。但是借鉴是部分的以及有选择的,更不是机械照搬,因为汉语阅读有其自身的规律,而欧美学生的汉语阅读还有许多特点,这两方面的因素,在建构新阅读模式时是不能不认真考虑和研究的。

建构一个有效的模式,必须符合一定的认知规律。模式的运作过程和操作方法,是外显的构架,遵循这些外在的构架能否有效达到预期效果,则是由内隐的认知规律在支配并产生作用。因此,研发和建构一个新模式,就要依据认知原理去探究其内在的规律。

3. 重视分析模式实践的信息反馈

新构建的阅读教学模式必须经过实践才能发现问题,不断改进。而一定的教学实践,能够修正、丰富和充实模式的内涵,其性质、原理、原则和过程等等,也能够逐渐清晰和明确,这样一个阅读教学模式就逐步趋于成熟和完善。受时间和条件的限制,我们在部分高校和教学单位的欧美学生班级中进行了模式的实施;也有教师利用出国讲学或任教之便,进行了一些试验。尽管实验的范围和执教的教师都有限,但通过教学实践所得到的反馈,引起了我们的高度重视。这些信息为我们建构和改进新模式提供了充足的一手资料,也引导我们更全面和实际地来审视及检验新的模式。由此,新的阅读教学模式得以不断完善。

(二) 模式的框架

一个完整的教学模式必须具备理论基础和可操作性。理论的阐述,可使教师明晰模式的定义、性质和原理,从而有意识地去贯彻和实施;操作过程的分析和介绍,便于教师有目的地执教和实践。因此,新模式的建构,在定义、性质和原理、过程和流程、原则与步骤等方面,作了较为详尽的阐发和解释。

1. 明确模式的定义、性质和原理

模式的建构首先要对这个模式的性质进行定义。因为模式的命名,有的可能反映了模式的实质,有的只是一种模糊的描写。如果只是顾名思义地去理解,或者不够全面,或者错误解释,就有必要对所建模式进行定义,揭示该模式的性质和含义。例如任务型阅读教学模式,光从模式的名字,似乎可理解为带着一定任务的阅读范式。但这样的认定过于笼统,或者失之偏颇,因为所有的教学都是带着一定的目的要求的,那么是否所有的模式都可归属于任务型呢?显然不能作如是观。如果把任务型模式定义清楚,是"模拟人们在社会、学校生活中运用语言所从事的各类活动,把语言教学与学习者在今后日常生活中的语言应用结合起来"(龚亚夫、罗少茜 2003:12)的一种模式——这个定义揭示出了任务型模式的性质,规定了该模式属于交际教学途径中的一种,那么交际教学的模式又如何运用进阅读教学而融合为任务型阅读教学的模式呢?这里就必须对交际性质的任务型模式进行一些改造和充实,重新给予定义:通过一系列与阅读有关的任务来训练阅读能力和培养学习者完成日常生活中与阅读相关的活动的能力。也就是说,任务型阅读教学模式是在"任务型语言教学法"的框架下对学习者阅读能力进行训练的程序和方法。把握好这个定义和性质,就能有效地实施与运用该种模式了。

语言教学模式的发生与发展,同语言科学、心理科学和教育科学的发展及其研究成果有着密切的关系。这三种学科的研究每前进一步,就会有与之相适应的教学方法和教学范式产生。国外外语教学法流派的崛起和更迭,都有一定的科学理论作为其基础与指导。同样,某种教学模式的形成与建构,也有其一定的理论基础。探究和阐述这些原理,有助于教师更好地掌控与实施该种模式,并更为有效地发挥模式的作用。

2. 归纳模式的过程和流程

一个模式有其基本的流程,一堂课的教学,很可能是这个基本流程的反复运用,即好几个相同的流程组合成了一堂课的教学结构。因而从一堂课的教学模式来看,它包含了课前准备、课堂教学、课后练习等环节,是一个比较完整的教学过程。而从每个环节来看,它执行的正是这个模式的基本流程,或者是几个基本流程的组合。因此,归纳模式的基本流程,是运用这个模式于汉语阅读的关键。模式基本流程的归纳,一是依据模式的性质;二是依据模式的理论原理;三是依据教学实践。比如讨论型阅读教学模式的流程,可以归纳为:提出问题——讨论与交流——归结与理解。讨论必须围绕某个话题或关键词语与关键句子,所以首先得提出问题,不管是学生的质疑还是教师的提问。讨论过程是学生各抒己见,表述与交流阅读的心得体会,这对每个学生来说,也是一系列连续的匹配、提取与整合的心理活动。讨论的结果是意见趋向一致,并得以理解。于是就归纳出了上述的讨论型阅读教学的基本流程。词语、句子的理解可以采用这个流程,句群、段落、乃至全篇的理解,也可以反复采用这个流程。

3. 遵循模式实施的原则与步骤

模式的实施,不仅要把握好基本流程,还要遵循一些有关的原则。诸如教师在实施这个模式时有哪些职责,起什么作用;学生在模式施行的过程中应处在什么位置,发挥怎样的主动积极作用;课内与课外如何有机地结合,应该注意哪些事项等等,都应该上升为执行模式的主导性原则,以保证这个模式的有效贯彻与实施。同时,也要遵循模式的执行步骤:课前做什么,课堂怎样组织与安排教学,课后如何巩固与练习等等,充分发挥与调动模式的积极作用与教学潜力。

根据欧美学生汉语阅读的特点以及他们在不同年级和不同阶段的阅读课上的各种反应,比如,低年级学生的汉语阅读尚处在初级水平,需教师作必要的讲解和启示;中高年级学生的汉语阅读水平不断提高,适宜于开展讨论与互动等等,我们分类建构与之相适应的阅读教学模式。即:

1. 着重于教师指导和启示的:建构了"分解整合型阅读教学模式"和"前导型阅读教学模式"。

2. 着重于学生主动性发挥的:建构了"合作型阅读教学模式"、"任务型阅读教学模式"、"讨论型阅读教学模式"和"提问质疑型阅读教学模式"。

二、阅读教学模式的运用

阅读教学模式的建构为课堂阅读提供了某种教学的途径与方法。但这还只停留在理论上,还没有付诸实施。它们尚需教师依据模式的性质、流程、原则等等对课文阅读进行具体的规划和设计。这就进入到了阅读教学模式的实施和运用。

(一) 以一个教学模式为主的运用

建模的目的是为了在教学中具体运用。在课堂上组织欧美学生阅读汉语材料,因课文或阅读材料的内容或篇幅的不同,以及学生汉语水平的不同,阅读的目的要求也有一定差异。有的要求浏览,有的要求精读,有的读时可合作互动,有的读后要开展讨论等等,教师应根据教学目的来选定教学模式,并在备课和组织教学过程中,贯彻和执行模式的原则、模式的流程以及模式的步骤等等。可以说,教学模式是没有优劣之分的,只有"擅长之处"。每个教学模式根据自己的特点都会在训练某项能力方面有比较好的效果。阅读教学,根据不同的阅读目的会有不同的教学侧重点。没有一种阅读教学模式可以让所有目的和内容的阅读训练都达到最佳状态。最可取的方法是:根据不同的教学目标、阅读内容、教学对象,选择相适应的、"最有效"的教学模式。

教学模式的环节和步骤也不是刻板的,它应该随着学生的阅读水平和阅读材料的深浅作出相应的调整和变化。因而教师们必须根据学生的、课文的、教学的具体情况,创造性地运用教学模式,用活教学模式。不管选用的是分解整合型模式还是任务型模式,是讨论型模式还是合作型模式,最终都要求理解语料的深层意义,获取其中的主要信息。

(二) 多个教学模式的结合运用

本研究所总结出来的六大阅读教学模式,提供了常用模式的基本流程和具体操作过程,为汉语教师实施阅读教学创造了条件。但在实际教学中,单纯性地运用一种模式进行教学的情况是不多见的,常常是以一种教学模式为主,穿插或融合其他的教学模式。因为这里所建构的教学模式,只具相对的独立性,实际上模式之间是相互渗透和相互作用的。比如讨论型阅读教学模式,包含了许多谈话法的因素在内;合作型阅读教学模式,融入了讨论式、谈话法、自主学习等范式在里面;而前导型阅读教学模式,也吸取了提问和质疑等方式。而且,实际的教学往往是个变数,原来安排好的某个模式的套路,可能会被突破,需要运用别的范式或方法来进行弥补和调整。所以,为了更好地实现教学目标,取得良好的教学效果,多个教学模式的结合运用不失为良策。

(三) 融合教学策略于教学模式之中的运用

不同的教师运用同一个教学模式,会有一些不同之处;而同一个教师运用相同的模式,随着语料的不同也会有些许差异。这主要是因为教师在模式的实施过程中,根据学生的具体情况,融合进了某些教学策略。例如,为了顺利开展阅读讨论(运用讨论型阅读教学模式),或先让学生阅读相关的补充资料,或先扫除语料中的生词难句,或先提问题后阅读再讨论,或先阅读后提问再讨论,或追溯和回忆以前储存的文化知识,或跳跃、猜测一些词语和句子作上下文远距离的衔接等等。由于教学策略的贯彻,可以使模式的运用和发挥,最大的限度地获取良好的教学效果。

第七章　分解整合型阅读教学模式

阅读是一项复杂的认知过程。外国学生在汉语书面语阅读过程中努力从字、词、句、篇等方面把握文章的总体含义并攫取其中的重要信息,但不同国别、不同语言系统的学生在阅读过程中会遇到不同的障碍而采取不同的学习途径。对欧美学生来说,汉语阅读的障碍主要来自汉字、词语和句子切分、背景知识等几个方面。同有汉字背景的外国学生相比,欧美学生的汉语阅读难度更大。因此他们希望能快速提高自己的阅读能力,而课堂学习是他们提高阅读水平的重要途径。在调查中我们发现超过60%的欧美学生希望能在课堂学习中提高自己的阅读能力。因此,课堂中采用什么样的阅读教学模式,对于迅速提高欧美学生的汉语阅读水平和能力,至关重要。汉语教师在长期教学实践中发现,欧美学生喜欢把自上而下与自下而上两种方法结合起来交互使用。阅读问卷调查统计也证实了有49%的欧美学生在阅读汉语文章时采用这种方式(如图)。在阅读教学中,将自下而上(即从部分归结到整体)与自上而下(即从整体析分为部分)两种方法加以结合,是一种比较有效的方式。我们将其定名为分解整合型阅读教学模式。

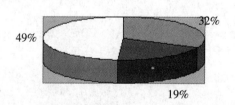

■A　自下而上,即先弄清生词的意意思和句子的语法结构,然后理解篇文
　　章的意思

■B　自上而下,即根据自己的知识、对文章进行推测和假设,然后依据篇章
　　信息怪自己的推测和假设进行验证,而不注重理解每个生词和语法结构

□A和B的方式交互保用

图7—1　欧美学生阅读汉语文章时常采用的方式

第一节　分解整合型阅读教学模式的性质

分解整合型阅读教学模式是在阅读教学过程中,把语篇分解为部分(文字、词语、句子)进行讲解或练习;或把部分串联整合起来讨论和揭示段落、篇章的意义,两种方式相互结合、相互为用,以攫取字面信息、理解其意义的一种教学模式。

阅读课上,学习者接触的汉语书面材料,首先是由一个个汉字组成的若干文字串,而要把这些文字串转化为有意义的信息,必须将文字串群,分解为不同层次的大大小小的意义单位,才有可能和条件对它们进行加工,整合和串联为比较完整的意义。因此,汉语教师上一篇阅读课文,第一个步骤,常常是解释汉字和生词。这个步骤实际上是代码转换(即字形代码或语音代码转化为中文字)和字、词处理(即划分和确认字、词)的过程。有了某些有关的汉字和中文词垫底,就能在阅读语料时迅速、准确地辨认字、词和确定词语在句中的意义。这就是许多教师的阅读教学把重点放在语音与词汇的教学上的原因。而学习者也与教师积极配合,在加工语料时,进行逐词的对应(与母语词相应或对应)和逐句的翻译(翻译成母语来整合理解)。但是,分解整合型阅读教学模式并不只停留在阅读时的分解上面,更为重要的是要把部分整合为段、篇,也就是说,它必须遵循语音(音素)—词语—词组—句子—句群—语篇的顺序逐步扩展进行。过分强调分解,其好处是有利于培养学生扎实的语言功底,而不利的一面是容易使学生产生只关注局部(只注意字、词、句)不注意全局(没有全面掌控整篇的意思和内容)的现象,并且对文章的兴趣也会由于整体内容转化为零碎的和乏味的字、词、句而降低。

中高年级的阅读课常进行泛读训练,那是以整合为主的阅读方式,即由语篇到语段到语句再到词,由整体到个别,逐步深入推进加以理解的一种阅读模式。在阅读理解时,从整个篇章出发,居高临下地抓住段落中的重要句子和语句中的关键词语,结合读者已有的知识(包括世界知识、文体知识、语言知识等)及生活经验对阅读文本加以理解、补充和判断。这种阅读方式能充分调动学生的阅读潜能,从而对所读内容进行预期、设想、推理和修正,并在此过程中不断提高读者的阅读能力。不过,这样的阅读要求很高,没有一定的汉字、中文词的积累和一定的汉语阅读经验是很难企及和达到的。

对于正在学习和训练汉语阅读的欧美学生来说,分解和整合应该有机地结合起来。也就是说,从个别或局部归结到整体,同时从整体析分为局部和个别,两条线交错进行,比较符合他们的实际。换言之,既要重视从字词句中攫取意义信息,又不为字词句所拘囿;既要强调对文本的整体理解,又不放弃对重要字词的精确把握。可以这样理解,应用分解整合阅读模式,是读者凭借自己的文化背景知识(包括知识、经验及观念等)与所接触的文本中的文字符号(包括字、词、句)产生联系和联想,重新组织并整合语篇所包含的信息的过程。因为在阅读过程中不舍弃词语,所以理解不会单凭读者的想象去作任意的臆测;又因为在阅读过程中不局限于文本的词语意义,读者可以把自己的知识和经验融入理解过程,所以能够全面、深入地把握文本的意思。

在分解整合模式中,阅读既是解码过程也是假设过程,即通过一系列的假设与求证、再假设与再求证,最后完成对书面材料的解码和掌握。比如,阅读马致远的《天净沙·秋思》:枯藤老树昏鸦,小桥流水人家,古道西风瘦马,夕阳西下,断肠人在天涯。如果只凭分解的方式来阅读,那么前面三句共堆砌了九个名词,留在头脑中的只有树呀、鸦呀、桥呀、水呀、风呀、马呀等等断断续续的概念,不知所云为何。而如果能同时运用整合的方式来阅读,就会抓住整个词曲的关键语句(题目秋思和断肠人在天涯),赋予词曲以自己的感情色彩和思乡情怀,反过来对前面三句和九个名词进行假设(通过几个名词而进行画面组合),就可释解和体会出:秋天的肃杀气氛,黄昏的阴暗景象,在这种情境下游子的孤寂和思乡的伤心。可见,运用分解整合模式能够把字词、语句和知识、经验融合为一体而得以深入地理解阅读材料的意义。

第二节　分解整合型阅读教学模式的认知原理

对于习惯于拼音文字的欧美学生来说,阅读既难记又难念的方块汉字撰写的语料,更需要多次进行分解与整合,充分发挥这个模式的作用,才能接受和读懂汉语课文或汉语资料。

一、符合认知过程

人们对外界语言文字刺激的理解,基本上是在大脑的工作记忆中得以加工和反应。工作记忆有三个组成部分,那就是:语音环——接收语音信息;视觉空间模板——接收文字、词语等空间信息;中央执行系统——负责上述子系统之间与长时记忆的联系。外界的一个个文字串,由感觉登记并经短时记忆的初步加工——即切分词语进行语音编码和空间编码而进入到工作记忆,在中央执行系统的控制和调配下,从长时记忆中匹配和提取所贮存的与编码近似或相应的文字模板、词语模板。这就是分解,即把一个文字串切割、析分为一个个单音节、双音节或多音节的词,同时也显现了这一个个词的基本义或常用义。但这时候的文字串,还只是不连贯的、零散的、互相独立的词单位意义,其显露的信息是笼统的、模糊的、一鳞半爪的,学习者还无法理解文字串的完整意义。因此,认知活动势必会继续进行深入的加工:中央执行系统进而调取储存于长时记忆中的语法知识与世界知识(包括客观社会的、主观经验的)到工作记忆,在那里进行整合活动。整合的过程是:首先把所分解的词语按照语法规则构成有命题意义的句子,以彰显其内含的意思;其次赋予句子以自己的认识和体验,还原或充实作者写作该文字串的意图,以挖掘蕴涵于语句的深意。如果发觉原先对文字串词语的析分和切割无法构成符合规则的语句,或者无法清晰地显示其中的意义,中央执行系统就会调动长时记忆中的知识重新审视和分解外界的文字串,再度进行切割和划分,直至正确和满意为止。汉语教师在阅读课中经常采用的读讲法和讲练法实际上在不同程度上包含着认知过程分解和整合的合理内核。因此,建立分解整合型阅读教学模式应该说是水到渠成的事情,它不仅符合学习者的阅读认知过程,也可增强教师的认知意识和对阅读教学规律的把握。

二、符合自下而上与自上而下的互补整合原理

分解整合型阅读教学模式中的分解,跟高夫(Gough P. Bd)所提出的自下而上的模式有吻合之处。高夫(1972)将阅读过程分解为肖像表征(字母形体)、字母辨认(词的字母组成)、词义了解(词的多义性与常用义)和句子中词的加工(从左到右地认知一系列词)等四个从低级水平到高级水平的自下而上的过程。他认为阅读过程是沿着由小到大(即由词而短语,而句子)这样的层级和路径而行进的。阅读就是这个过程的反复实施,最后理解段落直至语篇。但是高夫模式过分强调把个别词语、句子及个别句式结构当作是阅读的中心,把阅读片面地看作是读者仅仅从一些词语和个别句子中被动地提取意义的过程,而忽略了影响阅读过程的诸多其他因素,如读者的知识、经验、情绪等等。没有把读者的感性经验和文本材料的背景知识融合与渗透进所读的内容,把复杂的意义处理得过于简单化了。其实,分解的目的,正是为了最后的整合。分解和整合是阅读过程中不可截然分割的两个密切相连的环节和步骤。因此,我们把模式称为分解整合,就是为了突出阅读时分解与整合的相互关系。把握好这一点,可以避免自下而上模式所带来的缺陷和弊病。

与高夫模式相对或相反的,是由古德曼(Goodman. K. S)提出的"自上而下模式"。他(Goodman. K. S 1976)认为整个阅读是一个积极的选择过程。读者在经验与知识的参与下,在理解能力的作用下,选择并抓住必要的、有效的、关键的语言线索,进行加工和提炼,做出初步假设,形成对文本内容的预期,并在以后的阅读中得到证实或否定。如遭否定,则重新加以修正和再假设。这个过程可以归纳为阅读的四个步骤:预测(predicting)、取样检验(sampling)、确认(confirming)和修正(correcting)。因此,可以这么说,阅读的实质是一种"心

理语言学的猜测游戏"。(张必隐 2004:34)即读者对一部分信息处理后,对后续的内容、甚至整篇的意思做出预测,随着阅读的展开,读者综合已有的知识证实或修正自己的预测,从而较为迅速地把握作者的意图与整篇文章的精神实质。古德曼模式的不足之处是理解和解析文本过于概括与笼统。虽然在一定程度上揭示了阅读的本质,但放弃了分解这个环节,没有对书面符号进行细致辨认,忽视基本语言知识的作用。因此也就很难做到阅读的全面理解。

  高夫模式偏重于视觉信息(即文本中系列的字母与词串)的作用,古德曼模式偏重于非视觉信息(即大脑中存储的知识、经验等)的作用。共同的问题是把两者割裂和孤立起来。事实上在阅读中,分解与整合是相互依存的,视觉信息与非视觉信息是相互作用、相互结合的。任何的偏颇都会影响阅读的进行和阅读任务的完成。

  分解整合型阅读教学模式更接近于鲁梅尔哈特所提出的交互作用模式。鲁梅尔哈特(Rumelhart, D. E. 1977,1985)认为阅读时,读者一面通过视觉不断接收和搜索文本的字词信息进行加工(这是从低级向高级阶段的信息加工,是自下而上的),一面利用头脑中储存的非视觉信息,诸如表音法的、构词法的、句法的和语义学的专门知识,对视觉信息进行扫描和加工,做出初步的假设(这是高级阶段知识对低级阶段信息的分析与判断,是自上而下的)。随着阅读的继续与进展,读者会对原来的假设进行甄别:肯定或否定,修正或重建。一直到两种信息加工的结果完全符合文本的旨意。鲁梅尔哈特模式把自下而上和自上而下两种模式结合起来,更符合阅读认知的过程和规律。不过他所谓的自上而下的加工,还只局限于句子的整合,只能显示某个或某几个句子的含义,没有强调读者的知识、经验与情感对所读语料的理解所产生的影响。也就是说,鲁梅尔哈特模式中的整合还不太完整,跟读者的阅读认知尚有一些距离。

  分解整合型阅读教学模式撷取了交互作用模式中的合理内核,并注重读者阅读时的情感、环境作用、世界知识以及生活经验的补充。强调读者的阅读不是单纯地停留在书面文字所表述的意思上,而是创造性地理解作者在文章中所表达的意思。(彭聃龄 1991:312)因为作者在写作时,他的一些思想、观点浓缩在简练的言语之中,或者作者认为读者应该明白和了解而故意省去的。所以从本质上讲,理解是建立在读者不断填充当前阅读主题空缺的基础上的,也就是说,阅读理解需要读者去填补作者行文中的许多缺省,然后把这些信息综合起来,力求符合甚至超出作者的原有意图。结果就产生了不同读者对同一文本的不同理解。因为读者关于世界的知识是有差异的,他们赋予阅读材料的外加意义也当然有所不同。因此,可以这么说,采用分解整合型阅读教学模式更符合阅读的认知过程和规律。

三、符合图式原理

分解整合型阅读教学模式涉及图式理论。鲁梅尔哈特认为,图式是认知的基石,一切信息加工都要建立在图式的基础上。(彭聃龄 1991:311)每一位阅读者头脑里都储存着自然的、社会的理论知识和生活的、经验的感性常识,当这些知识和常识形成某种知识结构,那就是图式。图式有内容图式和形式图示。内容图式是指从世界知识、生活经验、社会活动中抽象出来的类化(即带有某种规律性)的事件或情节,它们有助于看懂和预期文本的主要内容。形式图式是指文本的体裁和格式,诸如记叙文、说明文、议论文、诗歌以及应用文的特点和篇章结构方面的异同,它们有助于推测整个文章的逻辑和条理。人们在阅读时,对于文字串的分解,就要不断地从长时记忆中调动各种各样的图式,诸如文字图式、词语图式、句型图式等进行匹配和提取,初步掌控它们的意义。而把这些分解出来的语言要素重新整合起来进行理解,也要依靠生活图式、经验图式、各类知识图式去充实、深化字面意义的内涵。阅读课的教学,就是凭借这样的图式,让学习者接收阅读文本、预期文本内容、对文字信息加工、概括和提炼某种假设等等。因此,分解整合型阅读教学模式,无论是在分解环节中还是在整合过程中,都必须有意识地调动学习者已有的各类图式,使阅读顺利地进行并不断得以深化。

第三节 分解整合型阅读教学模式的应用

教学模式的确立和实施是建立在学生的阅读心理活动基础之上的。因此,首先要探索学生在阅读过程中遇到的具体问题以及教学模式的具体运用,只有摸清规律,才能有效地实施分解整合型阅读教学模式。

一、模式反映在字感的建立和应用上

阅读首先要接触汉字,不识汉字无从阅读,而识记汉字的关键是要有汉字字感。欧美学生有了汉字字感,可以对拼音文字的字感进行脱胎换骨的转变,他们就不会对方块汉字抱有杂乱线条堆砌的错觉,而会感到汉字笔画的图画性、趣味性和规律性。他们就会自觉地通过想象、比拟、谐声(有时是死记硬背)等方式,将汉字与母语的概念或命题联系起来。

有了汉字字感,就会对汉字有整体的感觉:每个汉字都像整幅图画那样在记忆中建立起一个个模板,以便以后阅读时遇到有关的汉字能根据模板特征迅速地匹配和提取。但有很多汉字的字形比较接近(如申、由、甲、田),有的差

异极小(如己、已、巳、巴),这时光有字感尚嫌不足,必须结合笔形分析才能辨别。

字感是汉字的整体识记,在某种意义上也可以说是一种分解整合,一个字可以分解成好几个或好多个笔画,但散乱的笔画不成其为字,没有什么意义,必须将这些笔画根据造字规律架构起来,才能成为表示一定意义的字。分解整合教学模式首先要在阅读的基础——文字上下工夫,不仅要让学生建立起一个个汉字的整体模板(即汉字图式),使之呼之欲出,同时,也要注意进行笔画、笔形、笔顺,以及汉字的内部结构方面的教学,使之不与其他字混淆。因此,字的教学要抓住字感的要素(方块整字、线条架构、笔画笔顺、部件与合成等等),不仅要从汉字结构着手(如左右结构、左中右结构、上下结构、上中下结构、包容和半包容结构等自下而上地认清和识记一个汉字),突出该字的区别特征,而且要放在词语或句子中从整体到局部去辨认汉字,有具体的文字环境,可辨认的线索较多,比出示单个汉字容易识记和辨认。

二、模式反映在字词辨析上

字词辨析的核心是整体的词形识记与词(字)素的分析相互结合。汉语的字可能是一个词,也可能是一个字素。欧美学习者在学习汉语课文生词时,是以中文词与母语概念相对应或对译的(教材上的生词表亦是如此),因此单独一个汉字常常与学生的母语概念联系不上,或者联系出错。例如双音词"死板",是跟英语 rigid、inflexible、stiff 等概念相联系的,而单音词"死"是跟英语 die 概念相联系的。这对中国人来说,可以从"死"的意义引申出"不灵活"来,外国学生要做到这一步谈何容易。因此,欧美学生遇到"死板"这个词,必须从整体词形来接收和匹配,也就是说,学习者需要知道这时的"死"不是一个词(die),而是一个词素,要与后面的另一个词素(板)一起组合为双音词。如果将它们分拆开来理解,就会不得要领。这里涉及了因切分错误而导致理解上的偏误或者根本无法理解。而词的切分和确定得从整个句子的语感出发,即根据汉语句子的语感来确定句中的词和词素。学生阅读时顺次接触一个个汉字,初步建立一些概念和意义,这可以说是由个别的字归向词语单位的过程。而反过来,要将一个个汉字正确地切割和分解为若干意义单位(有的是词,有的只是词素),则要从学生的语言知识与整句语感中体会和反推出来,这可以说是由整体到个别的过程。可见,在字词的辨析上,分解和整合也是互相依存、相互为用的。

阅读课中的朗读(教师读也好,学生读也好),实际上潜藏着用汉语语感来辨析汉字与中文词的目的,贯彻着自下而上和自上而下分解整合的原则。阅读课中的生词教学,不能停留和满足于顺着生词表的次序一个个地念读和解释,而要多方举例,将生词整合进句子,让学生在句子中体会和识记,并联系课文的正文理解和体验这些生词在新课中的意义及其作用。这样的教法实际上也体现了局部到整体、整体到局部的分解整合的过程。

三、模式反映在词义的确定上

汉语教材所出现的生词意义，一般以常用义为主。生词的英译可能只注一个常用义，或可能注上几个义项，但学习者仍以第一出现的词义印象最深。因而学习者在阅读过程中接触一个词语，头脑中反应出来的往往总是该词语的常用意义。一个句子中的词语以其常用义加合起来足够显示句子的意思，那么阅读就会从个别归到整体、以自下而上的方式进行。比如学习者预习课文，凭借生词表所注的常用义（用外语注释的），就可以大致读懂每个句子的意思。如果词语的常用义加合起来不成为句子的意思，那就要凭借上下文语境，必要时还得进行句法分析，才能对句中的某些词语的意义最后选定和整合，句意方始得以显豁。这说明，欧美学生在阅读过程中，能够简单加合词语意义的，就会采用局部到整体（即自下而上）的方式阅读；遇到难解的、疑惑的，就采用语境分析和句法分析从整体到局部（即自上而下）地修正和弥补。分解和整合这两种方式交互使用，或者同时相互作用。

阅读教学应注意尽量避免教师包办代替学生的阅读，要鼓励学生自己预习课文，训练将熟词语和生词语的常用义进行从局部到整体的加合和理解，以培养独立的阅读能力；只有在遇到疑难语句的情况下，教师才给予语境分析的引导或句法分析的引导，让学生从整体到局部地猜测和判定有关词语在句子中的正确意义，实现分解和整合的互补作用。

四、模式反映在复句和句群的理解上

单句的理解主要依靠对词语的识辨和词义的选定，或者利用词语常用义的简单加合，就能顺利地阅读；或者需要采取语境分析或语法分析的措施对词语意义进行一定的修正或整合，才能把握句子的意思。复句和句群是多个句子按照一定的时间变动、地点迁移、事件发展的顺序，或一定的逻辑关系来展示的。对于学习汉语的欧美成年人来说，文章内容的内部顺序和逻辑关系等知识基础，早在学习母语时已经奠定。因此，具有初步汉语阅读能力的欧美学生只要抓住文章中的关联词语，理解文章内容应该不成问题。但由于多个句子的数量较大，容量有限的短时记忆不堪重负，在阅读过程中，早先输入的句子可能已被挤走而产生遗忘。阅读中前读后忘的现象就是这种心理活动和心理状态的反映。这时，必须借助于语篇的力量，依赖语境和句中的关联词语来帮助追忆前面读过的内容（很难追忆原词和原句，只能记个大意），使学生能把前后的内容连贯起来，以便对句群、层次，乃至段落有个完整的理解。因此，在理解复句、句群、段落、篇章过程中，由整体分解为局部的方式和作用显得格外重要。

阅读课根据教学任务可分为精读和泛读。精读课要求每一个词语、句子、复句、句群、段落都充分弄懂和落实,不仅要理解其中的内容,还要有意识地记住某些词的意义和语句的用法。因此,教学必然要遵循字——词——句——句群——段落——篇的次序由局部归向整体(即自下而上)地进行逐字逐句的分析和解读。但这种读法往往停留于语句的表层意思,要真正理解课文的深层意思,得从篇——段落——句群——句——词——字相反次序由整体分解为局部(即自上而下)地进行挖掘和体会。这两种方式的互补和整合,方能达到精读的目的。

泛读主要是搜寻和了解材料的内容和观点,其中的语言因素不是学习的主要方面(当然泛读过程也可以无意识识记和积累一些语句),因此教学强调学习者"在预期的基础上,去运用那些可能得到的、最少的、从知觉中选择而来的语言线索"(张必隐 2004:34),去把握材料的观点和主旨,以及重要的提法和意见。也就是说,泛读课不要求字字、词词、句句的弄懂和落实,而是通过视觉的扫读,抓住语句中的关键词(一般是实词)和一些关联词语,在头脑里根据关键词的常用义进行快速的加合,求得大致的了解。其特点是选择最少的语言线索,获取最大的阅读成果。这说明泛读的要求较高,它必须在分解与整合高度结合的基础上进行。

五、模式反映在对全篇文章的理解上

阅读主要是语言感觉成分起着主要作用,而非语言感觉成分,诸如贮存于人们头脑中的世界知识、社会经验、图式、心理模型等分别赋予、弥补和充实篇章中的缺省成分,把篇章外显的语句所陈述的表层意义,引向深层。这是阅读过程中的高度整合。没有这方面的整合,阅读理解往往是比较肤浅的、浮面的。阅读课中的提问和讨论,多半是在利用群体的智慧和潜能进行这方面的整合。

总的来说,分解整合型阅读教学模式在阅读教学中运用得最为普遍。尤其对于欧美学生,在句子的初步整合的基础上分解文字串的字词,把握词一级单位的意义,然后将它们再次整合为句子、句群、乃至语篇,这更符合他们的汉语阅读过程和规律。

第四节 分解整合型阅读教学模式的教学实例

在汉语作为外语的阅读教学中,运用读讲法和讲练法的情况相当普遍,特别是针对初学汉语阅读的欧美学生,基本上都采用读、讲、练的方式进行,并取

得了一定的成效。分解整合型阅读教学模式既然是在上述基础上提炼、抽绎、改造而成的一种教学范式,许多地方保留着原有教学方式的精髓,同时也融入了新的教学思路和途径,使之更加合乎阅读认知的过程和规律,容易为教师所接受。我们曾经请部分教师依据模式的指导思想和原则进行过教学实验和探讨。实践表明,该模式操作运用简便,易为师生接受。下面以实例来分析。

    教学实例[①]
    教学对象:欧美长期留学生;
    汉语水平:中级;
    教材:课文《泰坦尼克号》;(选自王珏主编、蒋向艳编著 2008)
    教师:肖路(华东师范大学对外汉语学院);

一、教学设计与课堂摘录

(一)导入新课

1. 念读标题:泰坦尼克号
【教师提示】《泰坦尼克号》是怎么一回事?
2. 观看有关图片或部分影片
【教师提示】(1)泰坦尼克号是怎样一艘轮船?
      (2)泰坦尼克号的第一次航行是什么结果?
      (3)影片《泰坦尼克号》男女主人公叫什么名字?你知道他们的爱情故事吗?
【学生反应的要点】
1. 以前看过有关泰坦尼克号的资料,知道这艘豪华游轮在初次航行中就撞上冰山而沉没在大西洋里,死了许许多多乘客。
2. 大部分学生也看过电影《泰坦尼克号》,知道男主人公叫杰克,是个年轻画家。女主人公叫露丝,是个很漂亮、很好的女孩。两人在旅途中相爱。最后轮船沉没,杰克把一块木板推给露丝,救了她,而自己却冻死在海水里。
【教学分析】在阅读正文之前,运用文字、图片、电影等媒介,启发学生打开有关《泰坦尼克号》的记忆的阀门,唤醒和调动储存在记忆仓库中的部分或片段的印象,将它们串联起来,想象故事所展示的背景,并形成电影情节的梗概,让男女主人公的身影活跃在脑海之中。这些教学活动正好为正式阅读课文作好铺垫和预期,也为从整体到部分(即自上而下)地阅读和理解课文创造了有利条件。

[①] 本实例为课堂教学摘录,并已经过归纳和删节,保留教学环节、教学步骤和师生活动的线索和要点,以便更清楚地显示分解整合型模式的阅读教学过程。

(二)阅读新课

1. 学生对照文本听第一段课文录音,然后朗读。教师正音,解释部分词语。

【教师提示】(1)第一句话是个长句,它的主干成分是什么?这则新闻说的是什么?

(2)老妇人与画上的女子是什么关系?

(3)这段话里哪些词语比较关键和重要?含义是什么?

【学生反应的要点】

(1)长句的主干是:一则新闻引起老妇人的注意。

(2)新闻内容是:从沉船上打捞起一幅画像,画的是一位女子,她佩戴着一条钻石项链。钻石项链是故事的一条线索,跟情节发展很有关系。

(3)提出和讨论"打捞"、"佩戴"等词语的意思。

(4)老妇人已有百岁,她看到新闻,激动不已。讨论关键词"原来",提示老妇人激动的原因:她就是画像上的女子——露丝。

(5)"往事一幕幕浮现在她眼前……"是关键句,前面的话语是倒叙法,后面过渡到故事的开始。提问、讨论"一幕幕"和"浮现"的词语意思,通过语境加以理解。

【教学分析】第一句是个长句,由于学生已经通过回忆了解了故事情节,所以阅读时不用自下而上地逐词认读和加合,而是先把握这个长句的结构和主干意思:一则新闻引起老妇人的注意。然后往这个主干框架里填上有关内容。通过对"打捞"、"保存完好"、"佩戴"等关键词语的讨论,学生充分理解了这则新闻的内容。由于学生掌握了整个句子的框架和大意,容易从整体到部分进行分解和确定这些词语的词义,而理解了这些词的词义,反过来又能通过整合更完整地理解长句的意思。

2. 学生朗读第二段,教师正音,解释部分词语。

【教师提示】(1)故事开头介绍了什么?

(2)人们对这次处女航反应怎样?

(3)故事中的人物有哪些?有什么特点?

【学生反应的要点】

(1)故事开头介绍了航行时间"1912年4月10日";起至地点"从英国南安普顿驶往美国纽约";性质和意义"被称为世界工业史上的奇迹"、"处女航"。讨论词语"处女航"的意思。

(2)人们对这次航行的反应:人山人海,争相目睹。理解这两个词语的含义:前者形容观看的人多而拥挤;"争相"说明场面的热烈。

(3)故事中的人物:露丝,贵族小姐;卡尔,露丝的未婚夫,钢铁大王之子,他们住在头等舱。杰克,年轻画家,他买不起船票,与人赌博而得到三等舱的船票。

(4) 人物特点(学生相互补充得出)：杰克很兴奋。"幸运"、"飞一般地跑"、"跳上甲板"、"高声欢呼"、"仿佛是大海的主人"等词语反映了年轻人狂热欢乐的举止和蓬勃奔腾的朝气。

【教学分析】教师的提示有意引导学生从整体到部分(即自上而下)地阅读和思考，即从大问题着眼，向着细节逐步推进。学生在作答时，抓住课文的重要词语和句子进行分析、整合和理解，并进一步把内容归纳为"出发时间"、"起至地点"、"人群的反应"、"杰克的狂热和朝气"等纲目，这种分解整合活动有助于挖掘和理解课文意义。

3. 学生朗读第三段，教师正音，解释部分词语。

【教师提示】(1) 露丝是怎样一个女孩？哪些词语可以说明？

(2) 她为什么要投海？哪些词语可以说明这个问题？

(3) 杰克与露丝是怎样认识的？露丝吐露什么心声？杰克怎么开导她？

【学生反应的要点】

(1) "遵循规矩"是说露丝的外表；"强烈的反叛意识"是说露丝的内心；"贵族的无聊生活"是说她的厌倦情绪。

(2) 露丝试图跳入大海的原因："万分无奈"的婚姻；"汹涌澎湃"的内心，这些词语表现出两种不协调的情绪无法调和的结果。

(3) 杰克对露丝的爱慕：被吸引——救她——耐心开导——带她去三等舱跳舞和吐唾沫。用下等人的丰富而自由的生活去充实她、感染她。从中也表现出杰克的真诚、乐观、爽直和乐于助人的性格。

(4) 露丝吐露心声："像活了一辈子似的"，这句话表明露丝对生活的厌倦；"站在悬崖边上没人拉回"，这句话表明露丝的无助；"没人关心，无人理会"，这句话表明露丝的孤独。

【教学分析】教师的提示既要求学生从整体出发评价主人公，同时又要求学生紧扣所分解的词语来分析人物。学生在教师的引导下遵循分解整合的法则，分析出女主人公露丝的外表、内心、情绪、困扰、孤独和无助。同时也分析出男主人公杰克的真诚、乐观、爽直和助人为乐的性格。由此体会到杰克和露丝两人相爱相恋的思想和感情基础。阅读理解也因运用了分解整合的法则而向深层发展。

4. 学生先听课文第四段的录音，然后阅读文本，教师解释学生提问的部分词语。

【教师提示】(1) 卡尔用什么方法挽回露丝的心？能否挽回？为什么？

(2) 杰克为露丝画了怎样的一张画？

(3) 露丝与杰克向往什么样的生活？

【学生反应的要点】

(1) "价值连城"形容项链的昂贵，卡尔送取名"海洋之心"的昂贵项链给露丝,想用高额的财物来挽回露丝的一颗"心"。但仅仅是物质而没有真情实感的爱恋是"无法打动露丝的心"的。"无法打动"说明露丝追求的是精神生活,而不是物质的享受。

(2)杰克为露丝画像。露丝戴上"海洋之心",这颗心是向着杰克的。这张画"令她永生难忘",这句话说明露丝不仅难忘这幅画,也难忘这一段时间的爱情生活。

(3)露丝深深地爱上杰克,决定上岸后与杰克一起生活,他们向往着幸福的新生活。"幸福似乎已掌握在两人手中",这句话说明他们的决心和勇气,也说明美好的生活快要实现。不少学生认为,作者越写他们的幸福和美好,就越突出后面悲剧的凄凉。这样写能深深打动读者,为主人公的命运惋惜、感叹。

【教学分析】这一段的情节是相当关键的。从露丝拒绝物质的诱惑和杰克为露丝画像这两个情节把男女主人公的爱情推向高潮。但由于文字记载比较简单,许多丰富的内容与主人公的内心独白、精神品质都是由学生根据资料、影片的印象整合进去的。比如,露丝不为昂贵的项链而动心,学生就体会到了露丝对爱情的执着;露丝让杰克画像,学生就体会到她对爱情的陶醉和痴迷;露丝决定跟杰克一起生活,学生就能体会到她的决心、毅力和勇气。由于学生的体会和补充是融合在情节之中的,所以这是一种高级的整合。

5. 学生阅读第五段,思考问题,在课文中寻找答案。
【教师提示】(1)"永不沉没"的泰坦尼克号为什么下沉了?
(2)露丝是怎样救出杰克的?
(3)杰克是怎样救露丝的?
(4)露丝与杰克在面临死亡威胁时候是怎样表现的?

【学生反应的要点】
(1)"然而"两字,把沉醉在爱河里的杰克与露丝转向悲剧。
(2)"撞上冰山"是沉船的原因,"船身右侧破裂,船一点一点地下沉"是结果。学生通过文本,联想和回忆影片中的场面。
(3)学生通过问题的回答,逐层阅读,推进对课文的理解。

  杰克被"卡尔栽赃陷害""关在下层舱里",露丝来救他。她"回到空无一人的船舱找杰克",描写她的真爱和勇敢;"在紧要关头找来斧子救出他",说明她的机智和临危不乱的精神。

  杰克劝说露丝上救生艇,说明杰克关心露丝的安危;露丝重新跳回到泰坦尼克号,说明她不舍杰克。"决定与杰克生死与共",说明真挚爱情的伟大。

(4)两人最后落入海中,杰克将露丝推上一块木板,而自己泡在冰冷的海水中。这一个"推"、一个"泡"字,浸透了无限的真爱和牺牲自己的决心。直到最后,杰克还鼓励露丝要好好地活下去,自己却沉入大海……这是何等的高尚!

【教学分析】学生阅读这一段，依靠整个情节的发展来领会词语的含义，例如，"空无一人"显示露丝的大胆；"紧要关头找来斧子"，显示她的机智；"跳回"、"生死与共"显示她的真爱。反过来，从所分解的词语含义中，更能体会主人公的宽大胸怀，例如杰克的"劝说"、"推"、"泡"、"鼓励"等词语，更能显示杰克对露丝的保护和关爱以及牺牲自己的决心。情节与词语这两条线分解整合的结果，让学生体会这两人行为和举动的可歌可泣，体会爱情的伟大力量。

6. 学生朗读结尾，教师正音，解释部分词语。

【教师提示】（1）男女主人公的结局怎样？

（2）84年后，露丝又来到泰坦尼克号沉没的地方，做了一件什么事？为什么？

【学生反应的要点】

（1）露丝生还，因为有救援船救起了她；杰克消失，因为他被海水永远地吞没了。

（2）露丝来到沉船的地方，将"海洋之心"抛入海中。一是告慰杰克，自己听了他的劝告得以生还并活到现在；二是表示杰克永远活在自己的心中，"海洋之心"将沟通他们两个人的心。这一段与第一段首尾呼应。

【教学分析】结尾文字虽然简单，但学生的联想很丰富。他们将自己的感想融入到结尾之中，这都得益于分解整合模式的心理活动。

（三）读后练习

布置学生根据阅读理解写《泰坦尼克号》的内容提要。

【教学分析】写内容提要是综合练习，可以消化和巩固阅读的成果。

二、分解整合型阅读教学模式的具体操作过程

在课堂实践中，分解整合型阅读教学模式的具体操作大致可以分为"阅读前"、"阅读中"、"阅读后"三个阶段。

（一）阅读前

这个阶段主要是激发学生的阅读兴趣和内在动机。具体做法：

1. 教师结合解题（讲解文本题目的意思），介绍有关的主题、话题和焦点，并提供背景知识和相关的文化常识，为学生扫除内容理解上的困难或障碍，让学生做好接受新内容和新知识的心理准备。

2. 教师根据阅读教学的目的和任务，提出阅读理解课文的思考题，也可让学生提问，教师加以归纳。系统的思考题或系列的提问，可作为阅读理解的线索，保证学生沿着正确的阅读方向去思索、去联想、去求证。

（二）阅读中

这个阶段是阅读课的主体，在教师的启发引导下，学生主动积极地运用"整体——局部"和"部分——整体"分解整合模式进行阅读理解。具体做法：

1. 对照文本听录音(或学生朗读),初步了解文本大意。欧美学生的听说能力强于阅读,实施听读举措,是利用和发挥学生的强项,通过语音手段来唤醒词义,以弥补识记汉字的不足。

2. 在大致了解文本内容的基础上,扫除阅读中的文字障碍。教师引导学生根据汉字形态(表现为分解)和上下文语境(表现为整合)来辨识与确定词义。并适当展开小组议论,进行互帮互学。这一环节为欧美学生顺利阅读、深入理解创造条件,同时达到汉语字、词、语法的有效积累。

3. 带着问题,再次阅读课文。教师重申有关课文内容的系列思考题,让学生边阅读边思索,在课文中寻找答案。同时鼓励学生发现问题,提出问题,养成质疑、析疑的阅读习惯。这一环节实际上是从文本的文字形式中攫取有关信息,实现从分解的局部中经过整合归向整体,是阅读过程中最为基本的心理活动。

4. 回答问题或互相交流,通过层层整合,深入理解课文内容。教师让学生回答与文章线索、结构、细节、作者思路、写作风格等有关问题;同时,组织学生交流阅读心得和体会。这一环节不仅可促使学生将所学知识内化,而且能让学生充分运用自己的知识和经验(即所掌握的图式)补充和丰富文本的字面意思,使学生的理解接近或符合作者的意图。

(三) 阅读后

这个阶段主要是消化和巩固阅读的成果。具体做法:

1. 综合练习。学生写内容提要,改写文章(缩写、扩写、改换人称等),做课本后附的练习,要求内容(情节结构和论点论据等)和形式(新的词语和句子)并重。

2. 再次阅读。重读课文或阅读与课文相关的文字材料,加深对主题或有关话题的理解。

第五节 对分解整合型阅读教学模式的评价

分解整合型阅读教学模式源于对外汉语教学中的读讲法和讲练法,新模式的建立使原有的阅读教学提高了一步。实践过新模式的教师认为它切实可用,具有较多的优点。

一、具有较为广泛的适用性

单用分解式的阅读方法,逐字、逐词、逐句地辨认、意合和理解,阅读速度极慢,只适合于低年级的阅读,对汉语中等水平的欧美学生来说不太实用;如果采用从整体到部分的阅读方法,要求学生有一眼就可抓住关键词语和关键句子、迅速攫取其中的主要信息、从而驾驭全篇的能力,这只适合于高年级学生的阅读,对于汉语中等水平的欧美学生来说一时无法企及。而分解整合型阅读教学模式采用折中的办法,既吸取从整体到局部的方法让学生能够站在上一级较高的位置上来审读与处理文字内容,又保留从部分到整体的方法,扎扎实实地体会和理解文字中所表述的含义。这种阅读教学模式的效果比较理想,也比较实用。

分解整合型是自下而上和自上而下两种认知方式的互补结合模式。它可以运用于精读和泛读,但具体操作时会有所侧重:精读是一字一句地细读,偏重于自下而上(即由字词到语篇)地读解,然后再自上而下(即从语篇到字词)地修正;泛读是扫视和浏览,抓住主要语句,自上而下地进行理解。因此,分解整合型模式,既适合低年级欧美学生的阅读教学,因为可以进行分解和精读;也适用于中高年级欧美学生的阅读教学,因为可以根据需要和实际情况进行精读或泛读。

二、符合认知心理的活动规律

阅读是通过接触和输入文字,经过头脑加工器的加工和处理,最后整合为可以理解的意义和信息。其中的加工器,有正字加工器、词汇加工器、句法加工器、语义加工器、语篇加工器等等,依照上述的顺序一步步进行加工处理,则是从部分到整体(即自下而上)的加工;如果把上述的次序倒过来进行加工处理,则从整体到局部(即自上而下)的加工。事实上,人们的阅读很少是单纯地运用自下而上方式或单纯地运用自上而下方式来加工处理的,多数情况是交错进行,即在进行字词辨认时依靠句法来确定其词义,在体会句子的逻辑关系时依靠语篇知识来推断,等等。可见阅读的心理过程跟分解整合模式的运行是完全一致的。阅读教学采用这种模式,可以提高学生的阅读能力和阅读水平。

三、容易融合到其他阅读教学模式之中

分解整合型阅读教学模式比较容易与其他阅读教学模式结合。比如汉语教师常用的传统的讲读法,因为容易产生教师一言堂、满堂灌的缺陷而不太受学生欢迎。现在有意识地改造成分解整合型阅读教学模式,激发和调动学生的现有知识去确定词语或句子的意义,或者辨识和加合字词的意义去理解句子或语篇的意思,就能使课堂气氛活跃起来,提高学生对阅读的兴趣、增加动力。

但是课堂上采用分解整合型阅读教学模式还是得有一定的基础和条件。欧美学生在刚起步学习汉语时,加工器里的有关知识积累过少,比较难开展这样的阅读教学活动。

第八章 合作型阅读教学模式

对欧美学生进行阅读教学的模式可以有多种,合作型模式是教学中运用较多的一种。由于受中文汉字的限制和影响,欧美学生自主阅读汉语材料比较困难,特别是在汉字积累有限的初中级阶段更是如此。为了弥补这方面的缺陷,汉语作为外语的阅读教学往往利用合作交流方式,发挥每位学生的长处和优势,互相取长补短,以完成课堂阅读任务。而欧美学生也比较喜欢以合作交流的方式来学习阅读。下列的统计图表显示,喜欢在阅读课上回答问题或提问、开展小组讨论、听老师或同学说、做游戏或者表演的,都有一定的比例,而这些方式都是合作型阅读教学模式所经常采用的。特别是回答问题和小组讨论,更是合作型阅读教学模式的核心。

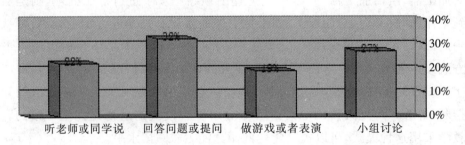

图 8-1 学生所喜欢的阅读课各项学习活动的比例

第一节 合作型阅读教学模式的性质

阅读原本是一种个体的认知过程,是读者根据学习、工作、生活,以及自身的某种需要而选取有关的书面材料所进行的一种精神心理活动。但是对于阅读教学来说,它的对象是学习语言的学生,教学负有训练和提高学习者书面阅读能力的责任。换句话说,处于课堂学习的个体,还不能算是真正的、独立的读者，尚须经过一定的教学活动，逐步培养起独立阅读的能力。因此，阅读课的教学从某种意义而言，是把个体的阅读活动化而成为群体的阅读活动。即发挥班级学生群体的智慧和潜能，共同完成某个阅读任务；而班级的每个成员也就在这群体活动过程中，得以提高自己的独立阅读的能力和水平。合作型阅读教学模式正是开展群体阅读活动效果较为显著的一种范式。

合作型阅读教学模式是在分工阅读、个人准备的基础上，通过师生之间、学生之间的交流互动，求得互通有无、取长补短、深化阅读理解的一种合作学习。它的核心是：合作与交流。合作活动要求阅读教学活动有明确的分工，即布置和要求每个学生各自阅读部分的、有关的书面材料，为合作准备条件。可以这么说，合作是在合理分工的基础上完成的，没有分工，合作就无从谈起。而交流，则要求阅读活动具有对话性，也就是戴卫·约翰逊和荣·约翰逊(David W. Johnson, Roger T. Johnson)(1981)所指出的必须是学生面对面、以对话方式进行的促进性互动。

"在合作的环境中比在个体的、竞争的学习环境中能够产生更强烈的动机的合力。"(Bruce 2002:38)小班单位或小组单位开展合作交流，两个一组或几个一伙的学生之间相互学习，相互作用，交流心得，分享成果，掌握众多材料，将阅读理解引向深入。在这个过程中，每个成员都能发挥比单独行动时更大的作用，能够对合作学习的任务和要求进行有效的反应，从而使认知更为准确和完善。可见，合作型阅读模式，与独立学习相比，能提供更多的、利于阅读水平提高的智力活动。学生进行合作学习的机会越多，他们的收获也就越大。特别是对阅读能力不太强的学生，合作交流对他们阅读水平的提高则更为显著。

合作交流使阅读能力较差的学生得益匪浅，而对成绩优异的学生，实践证实，也能从中获益。因为发展合作关系并不意味着不需要个体劳动。相反，个体不是被埋没在众人之中，而是在和别人的合作中得到发展。他们不仅会去广泛地、深入地搜集有关资料，并且将其集中和整理，转化成一段段的口语，向同学推荐和表述。在这个过程中，个体毫无疑问会得到相当多的锻炼和提高。

合作型阅读教学模式跟讨论型阅读教学模式性质比较接近。也可以说讨论式是合作交流的一种方式。不过一般课堂上的讨论式，往往是教师提问，学生回答，偶尔也开展一些讨论和辩驳，当回答完教师的提问，也就达到了理解课文的目的；而合作交流是以学生的自主学习为其基础，在分工准备的前提下，进行交流和阅读理解活动。可见，两者既有区别，又有联系。

合作交流教学由于其突出学生学习的自主性和学习过程的互动性，能方便汉语教师了解来自于不同文化背景学生的学习习惯和方法，从而对解决阅读问题提供有效的帮助。

在汉语阅读教学中，除了分配个体分工阅读有关文本中的某个段落，或侧重于对事件、人物、语言应用等方面的分析而外,有时为了深入理解课文的内容,教师常搜寻、布置一些有关的资料,让学生分工阅读,要求每位学生撷取其中的观点和实例。在分工阅读、分头准备的基础上,进行小组或大班的交流,加深对课文的理解。这在日韩学生较多的中年级班级,经常使用,而对欧美学生,限于汉语知识水平,一般都在较高年级方始采用。所以应该说,合作交流在汉语作为外语的阅读教学中是比较有基础的教学方式。建立合作型阅读教学模式,规范其中的环节,明确模式的实施原则,可使原来的合作交流的阅读方式进一步完善,效果更加理想。

第二节 合作型阅读教学模式的认知原理

合作型阅读教学模式以学生为中心展开一系列的教学活动,它充分调动学习者的阅读积极性,鼓励学习者进行独立阅读,并将自己的知识与心得体会,通过交流提供给班级集体,实施资源共享,保证了阅读认知的深度和广度。

一、模式的合作活动为阅读理解丰富、充实了知识与体验

阅读理解的基本过程是将文字串分解为字词,初定其意义,然后整合为语句,探究其中的命题和意思。但这样的阅读理解往往比较粗浅、浮泛,停留在文字的表面,跟作者的写作意图可能有一定的差距。而理解要合乎作者的原意,就要求读者运用自己的知识和经验去捕捉和挖掘作者深藏于字里行间的精义,去弥合与填补作者行文时的缺省部分。只有这样,阅读理解才能符合、甚至超出作者的写作意图。由于每个个体所贮存和积累的知识和经验有所不同,因而表现在阅读理解上,个体的理解差异往往很大。课堂上进行个体之间的交流,可以互相启发和补充,克服个人阅读理解上的偏颇。

合作活动有两个要素:分工和交流。为了比较深入地理解课文的内容和题旨,教师有意识地搜寻和寻找与课文相关的若干材料,分别布置给不同的个体进行预览或阅读,各自撷取材料中的观点和实例,以及精彩的语句和思想。由于所看的材料角度和重心不尽相同,通过小组或大班的相互交流,班级群体的成员所掌握的语料、知识、思想、观点都得到了不同程度的丰富与充实,在此基础上阅读领悟课文,其体会和理解就比个体单独的阅读要深刻和生动得多。

二、模式的合作活动增强了个体之间的相互依赖性

合作型阅读教学模式汲取了合作学习理论的精髓和内核。道奇(M. Deutsch 1949:199—231)在20世纪40年代末提出了合作与竞争理论。他在

研究中发现,在合作的情境中,群体里的个体之间的学习活动不是各不相关的,他们往往会表现出相互促进性的相互依赖,一个个体的目标与另一个体的目标会有很强的相关性,彼此的注意力都会集中于某个目标或某一相关的目标,一方目标的实现会促使另一方目标的实现。与之形成对比的是,在竞争的情况下,群体内个体之间则出现明显的排斥性,比如不愿公开自己的学习心得,不愿提供自己掌握的有关资料等等,尽管各个体之间还存有某些联系,甚至呈某种依赖关系,但不同个体的目标却相互抵触和阻碍。

戴卫·约翰逊(David W. Johnson)和荣·约翰逊(Roger T. Johnson)(1981)在道奇的合作与竞争理论的基础上发展了名为"社会互赖"的理论体系。他们的基本假设是:个体的互动方式与社会互赖结构有着密切的关系,这种合作性的相互依赖会产生积极互动,使个体之间能相互激励,从而产生巨大的动力。合作学习的理论构想就是根据这种假设形成的。"当所有的人集合在一起为了一个共同的目标而工作时,他们依靠的是团结的力量。相互依靠为个人提供了动力,使他们能做到:1)互勉,去做促进小组成功的事;2)互助,为小组成功而努力;3)互爱,都喜欢别人帮助自己达到目的,合作最能增加组员之间的接触。"(Johnson, et al. 1981:56)

合作型阅读教学模式就是吸收和融化了合作学习理论的精华而建立起来的,它的实施可以防止学习者因竞争而产生相互排斥的心理和表现,鼓励他们相互依赖,相互启发,团结一致,共同完成阅读任务。

三、模式的合作活动激发学习的驱动力

学习的动力有认知内驱力和自我提高的内驱力等。认知内驱力由探求奥秘和浓厚的兴趣所激发;自我提高内驱力由学习的成就感所引发。实施合作模式,在分工阅读时,学习者为求知欲所驱使,会焕发出探求知识奥秘的坚毅精神,学习兴趣陡然增强,学习动力较足;合作交流时,学习者提供自己的心得体会给班级成员分享,产生荣誉感和满足感,提高学习的自信心和积极性。因此,合作学习是个体与群体相互依存、相互为用的过程,它不仅是知识信息的获得过程,也是一个涉及信息传递、信息交际、人际交往等的社会化过程,更是一个知识化与社会化合而为一的成才过程。它既突破了把学习看成是一个个体获取信息知识,并仅限于个体和文本互动的私人过程这种传统的学习理论;又打破了传统教学以教师为中心、学生被动参与的模式,革新了传统的教师只起合作活动的组织者和参与者的作用,建构起教师与学生的互动模式。

第三节 合作型阅读教学模式的教学程序

模式的合作活动有一定的程序，遵循这个程序，可以把模式的作用发挥得更为充分。

一、合作型阅读教学模式的程序

合作型阅读教学模式既然是以个体自主学习为其基础，通过合作交流而实现对汉语书面材料的理解，因此，这种模式的程序，可以归纳为以下几个步骤：

个体准备——合作学习——共同提高

（一）个体准备

个体准备是指学习者根据教师的安排与分工，分头准备与课文有关的各种资料，分头对所阅读的课文语言、文本和背景知识等内容作出分析。

1. 阅读材料的安排

阅读材料的安排，可视学生的汉语阅读水平和课文本身的难易度，由教师作出选择和布置。阅读材料的安排方式基本上有以下四种：同材同向阅读、同材异向阅读、异材同向阅读和异材异向阅读。（周智 2006）

具体说来，同材同向阅读指的是各小组学生采用的是同一材料。对欧美学生的阅读教学较多地采用这种方式。一般是组织学生初步阅读课文后，就在小组里进行个体间的交流，就读音、词义、句意和篇段意义，相互切磋，互通有无，为大组的发言或交流作好准备。

同材异向阅读指的是小组成员采用的是同一教材，但每个成员所承担的任务不同。这种方式大多在中年级采用。这个阶段的欧美学生具有一定的阅读水平，有条件进行分工阅读，完成各自的或各小组的阅读任务。但由于个体或小组是从某个侧面深入下去的，对全篇不一定了解透彻，必须在小组或大组里开展合作交流，才能全面地理解整篇课文。

异材同向阅读和同材同向阅读不同之处在于阅读材料不同，但目标、任务相同。这种方式宜在中高级阶段实施。一般针对某个主题或热门话题，选择多种有关的资料进行阅读，掌握较多的事实或材料，通过小组或大组的合作交流，达到对某一问题有较全面透彻理解的目的。

异材异向阅读是一种知识互补性的阅读方式。对欧美学生来说，要到高级阶段才能采用。这种方式要求极高。每位成员所负责的是不同于任何其他成员的阅读材料，其他成员对某方面知识的了解和掌握完全取决于某一成员的阅读结果和交流讨论时的精确表述。

2. 成员间任务的分工

由于合作阅读是基于个体合作而展开的互利互惠的学习活动,因此成员间的分工是合作的前提和条件,也是影响合作交流教学效果的主要因素。对于欧美学生而言,阅读内容复杂或者篇幅较长的课文或材料,完全凭靠个体去通读全文或全部材料,往往顾此失彼,捉襟见肘。如果采用分工合作的方式来阅读,互相取长补短,效果就会好得多。可见分工在合作交流阅读模式中的重要意义:分工能确保每一个学生的参与;分工能保证学习过程中的学习主体间的互相依赖性和任务的互补性。

合作活动中的分工可以由教师安排任务,也可以由学生自主选择任务,但要注意和强调的是分工的得当与否是合作交流学习能否成功的关键。因此,必须考虑分工的制约因素:

1)控制任务的难易程度。分工的任务必须难易适中,是学生能够承担而又得付出一定努力的项目。若任务过于简单,容易降低学生的个体责任心和积极性,失却学习的兴趣;若任务过于复杂,会使学生望而生畏,无所适从,丧失信心,因而产生对教师讲解的依赖性,不能发挥个体的主观能动作用。

2)分工要顾及个体的长处。欧美学生由于个体差异,阅读的水平和能力不尽相同,分派任务时要尽可能顾及各人的长处,发挥每个人的优势。比如有的擅长理性归纳,有的善于形象思维,有的喜好口头表述等等。教师可根据某人的特长来布置任务,与此同时也要考虑互相取长补短,布置一些针对某些学生弱项的任务,使他们能得到全面的提高。

3)要把分工纳入阅读大项目的组成部分。合作阅读是个整体活动,从分工阅读到合作讨论,这个互动过程是否安排得当,是否收到预期效果,都带有一定的研究性与探索性。而其中的任务分工是最为重要的,它是合作互动的基石。因此要把每个人的分工看成是一个大项目的组成部分,换言之,要从阅读大项目的高度来分派每个学生的任务。

3. 与分工相关的任务类型

为了保证合作交流阅读的有效性,教师必须对任务类型的分类有充分的考量,才能做出合理的分工。就阅读文本的内容而言,相关的任务类型一般有这么几种:

1)语言类型

语言类型指的是具体的语音、词汇、语法等与语言有关的解释的任务。阅读理解首先接触的是文字和语言,透过语词才能获取文本的意义。所以语言类型是阅读的最基本的任务类型。具体说来,语音任务不仅涉及单词的发音,它还涉及音义辨析;语义部分也可以引出同义词、反义词、褒义词、贬义词等各种与语义有关的练习;还可以包括具体的用法分析等。因此,语言类型的任务不是一个简单的查询词典的任务,要充分发挥个体与小组互动的作用,或者纠正字音,或者辨析词语,或者斟酌词义,或者分析句法,或者排除句子歧义等等。语言类型任务的分工,主要是扫除阅读中的语言障碍,为顺利阅读与深入理解创造条件,同时也从中汲取语言养料,丰富和充实大脑的语言知识结构。总之,要紧扣课文的形式与内容而展开,不宜扯得太远。

2）文本类型

文本类型的任务是指对具体的阅读材料进行文本分析。这是阅读理解的主要环节。有个体的任务与小组的任务。个体任务是在辨识文字、词语的基础上,初步理解句子与句群意义,大致划分层次段落,初步了解全篇的内容。小组任务是在个体准备的条件下,分析段落划分的合理性,找出段落中的关键词语和主题句,讨论段落间的承上启下和篇章结构等等,最后归纳出全篇的中心思想。这些都是最基本的文本分析练习。不仅要通过语句攫取其中的多种信息,而且要把诸种信息汇合组织成一个主题思想。语言形式的分析与文章内容的开掘,两者同时兼顾。与此同时,还可以启发学生从不同文化的文本结构差异的角度来进行讨论。通过多元对比和讨论,加深对汉语文本和中华文化的理解。

3）背景类型

文本背景的掌握是理解文本的重要依据。背景文化知识相当广泛,有历史的、政治的、经济的、社会的、思想的等等。由于不同文化有相对多元的价值体系和社会习俗等,因而不同国家的学生对许多问题可能会有不同的理解和看法。据此,教师除了在解题时提供与文章有关的文化背景外,还可布置学生对文本所涉及的有关中华文化的相关习俗和价值体系等与本国文化作一对比,并向同组成员报告自己的发现结果,加深印象,帮助大家能依照中华文化背景(而不是母语文化)来理解文本的深层内涵。可见,发现相关联的文化因素,通过讨论加以确定,这是背景任务类型完成得当与否的重要条件。文化背景的讨论往往能引起各种文化的对比描述和分析,甚至引起文化间的碰撞。而这种多元文化的碰撞恰恰能增进相互理解,对跨文化阅读来说是至关重要的。

（二）合作学习

个体准备就绪,就可展开交流互动式的合作学习。这种方式的学习,可以根据任务类型,分为相同任务的合作学习、互补任务的合作学习和对抗任务的合作学习。

1. 相同任务的合作学习

相同任务指的是同组成员承担相同内容的任务。这是应用得较为普遍的合作学习。教师向全班学生布置同样的阅读任务,提出同样的要求,提供同样的背景知识和阅读思考题,让学生按照相同的任务、要求和问题进行阅读准备和展开小组合作学习活动。虽然比起互补学习的效益而言,相同任务的阅读收获要小一些,但它最大的优势在于能使学生意识到自己在阅读中所忽略的事项,却正是某个或某些同学所重视的地方;别人所体会到的深刻含义,正是自己理解浅薄的地方。通过互动对比,发现别人的阅读长处,了解自己的阅读问题,并进而对自己的阅读质量作出正确的评估,从而有意识地加以注意和改进。

2. 互补任务的合作学习

互补任务指的是同组成员承担相关而不同内容的任务。内容较为复杂或篇幅较长的文本,学生阅读不易深入和细化,采取互补任务的合作学习,能取得较好的阅读效果。互补任务要求每个小组成员根据不同的要求,具体承担不同的任务,如分别从语言、段落、篇章结构、背景等方面进行阅读、思索、分析、提炼、归纳。这里涉及具体任务的细化分类问题。这个分类可以由教师完成和布置,也可以由学生自己通过讨论来决定和分工。由教师细化分类,各小组所承担的任务类型通常有一致性,如有的小组集中在语言方面的任务,有的集中在文本方面的任务,或者背景方面的任务,因此可以通过大组交流,将各小组的阅读讨论结果汇总起来,就能推进阅读的理解深度。由学生自己讨论商定的细化分类,问题和任务往往五花八门,各小组之间和同一小组的成员之间可能会出现不同的任务类型、不同的分析话题和不同的侧重点。通过大组的交流,各小组之间对文本会取得多层次的理解,因此互补性是多元的。

3. 对抗任务的合作学习

对抗任务类型的特点是小组成员间的任务有明显的对抗性,即论辩性。一般在中高级阶段采用。教师提出一些相对立、相矛盾的观点和意见,交给小组讨论。也可把小组成员在阅读中形成的不同看法提炼出来,让他们继续讨论。这种合作学习的有效的组织方式是把小组成员分成两个对立方,就课文或文本的一个主题、一个情节、某种背景或其他主要内容,尤其是涉及文化价值评判问题,以及文章中一些语义含混的句子或段落,让学生从不同角度、不同侧面作针锋相对的研究和分析。对意见无法统一的问题,可以展开大组讨论与辩论。对抗性学习有利于调动学生的积极性和参与性,通过辩论,使问题有相对明晰的答案。教师要引导学生依据文本提供的线索讨论,不要急于求成,还要避免强加于人。遇到分歧较大时,可以彼此存疑。

(三) 共同提高

合作交流的阅读教学经过个体准备和合作学习两个步骤,最终获得共同提高的阅读效果,这主要表现在以下几个方面:

1. 文本内容方面,可由表层的浅尝进入深层的理解

个体自己的学习和准备,有一定的不足或缺失,在对文本的理解上,有些地方领会较深,有些地方的认识可能比较肤浅;而且每一个体的不足或缺失不会都是同样的。通过合作学习,彼此取长补短,包括语言的、体验的、文化背景

的、有关资料的等等诸方面的交流和补足，则能使个体的阅读由表层的浅尝进入到深层理解的地步。

2. 语言文字方面，可接纳一批新词新句

个体阅读固然也能从语料中汲取新的语言养分，但因为阅读时的注意力往往集中在文本内容上面，对文章中的语言文字特点容易忽略过去，留在头脑中的印象不深。而合作交流，个体必须把理解的意思运用自己的语言重新组织和表述，势必要引用和汲取语料中的新词新句；有些词句即使某个个体没有引用到，而另一个个体却引用到了，在交流中也能引起注意而加深印象。实际上，合作交流可以说是个消化、吸收和深化理解的过程。因此，合作学习，它比个体独自学习的效果要好得多。

3. 语言能力方面，听说读诸方面的能力都能得到提高和互相转化

开展合作互动，个体必须把自己阅读理解的心得体会转化成为口头语言，对班级同学宣讲，或跟其他同学辩论。这是语言能力的转化。在合作交流过程中，学生不仅要调动视觉接收语言文字去理解其蕴含的内容，同时也要调动听觉去接纳和辨识他人的看法和意见，还要组织自己的思维，调动自己的动感，将头脑中的意念用话语表述出来。于是听说促进了阅读能力的提高，阅读也助长了听说能力的转化，相辅相成，相得益彰。

4. 个体差异方面，都可在已有的水平基础上得到相应的提高

由于学生的个体差异，表现在阅读上，其理解、领会、体验、心得自然会有深浅、广窄、全偏之不同。通过合作交流可以弥补各自的不足和缺失。这对阅读水平差的学生固然受益匪浅，对于阅读程度高的学生，教师可以有意识地布置他们多阅读跟课文或文本有关的资料，让他们介绍给全班同学，从而使这部分语言水平较高的学生，也能在已有基础上继续得到提高。

二、合作型阅读教学模式的具体实施

合作学习活动虽然是以学生为主体，整个阅读过程主要都由学生自己实施完成，但教师的作用也是不可或缺的。一个成功的合作型阅读教学模式的具体实施是由学生和教师共同努力的结果。

(一) 策划

策划包括课文的选定和任务类型的设计，小组讨论的时间和小组的划分，大组交流的时间和形式（小组汇报、个人表述或补充等），以及教师讲评等。

选定课文或阅读材料是教师策划阅读教学的一个重要环节。合作阅读类的课文内容不能过于简单，并要有一定的篇幅。一目了然、一览无余的课文不宜采用合作交流的阅读方式；必须选择能激发学生思考、文化差异较大、有一定深度的文本内容。任务类型的策划，也可以由学生商议来决定，但学生的分类可能不够全面，对于阅读任务来说也许会有遗漏，教师必须有针对性地进行

梳理、补充和布置。此外小组讨论时间必须根据任务类型、任务难度和学生的准备情况等因素决定。研究和考察发现,若给出的讨论时间过长,到后来大家觉得无话可说,学生容易觉得浪费时间从而产生抵触情绪;而若时间过短,学生则会因为准备的材料没有充分表达而感觉讨论得不酣畅,意犹未尽,可能影响下一次的准备热情。大组交流的形式也应该多样化,可以安排小组代表(或选举、或轮流)汇报,小组成员补充,或者自由发言,还可以采用书面汇报或通过板报交流等等。如果每次都是代表发言,那么涉及面相对狭窄,而小组往往会推举口语较好的同学做代表。久而久之,一部分学生的热情会受到影响。但若所有的人都来讲,时间又会过长,重点也不易突出。可见,策划得好不好,直接影响阅读任务的完成。

(二) 材料准备

学校通常有充足而丰富的图书资料供学生参考和查阅,但由于欧美学生汉语阅读能力有限,能够直接参阅汉语资料的学生只有一小部分;大部分学生在具体问题准备,特别是背景等问题研究时通常都借助母语查阅资料。鉴于欧美学生国籍的多元,国内大学图书馆的相关藏书不可能满足他们的需求,因此教师在鼓励学生上网查阅资料的同时,还应该准备一些经过删削、改写、摘录而与他们语言程度相符合的汉语资料,逐步建立一个与课文有关的资料系统,以便学生随时查阅。这对学生能否进行合作学习、深刻理解课文直接有关。

(三) 过程监控

分工合作学习能否顺利进行,教师在整个互动交流过程中的监控至关重要。过程监控主要有以下几个环节:

1. 准备阶段

学生在该阶段准备的充分与否,关系到阅读和讨论的进行。如果准备阶段在课堂里完成,教师容易掌控和检查,可及时了解学生的准备情况和存在的问题,能马上实施补救,这个过程相对比较简单。如果涉及课外调查或课外资料查询等活动,难度就会增加,因为教师很难对学生一一了解和询问。有的学生比较认真,能按照教师的要求去做,准备比较充分;有些学生并没有按照教师或小组规定的要求去准备,敷衍了事,结果在讨论时就会出现冷场,严重影响小组讨论的效果。为避免出现冷场,教师要在讨论前及时检查学生的准备情况,审阅他们的笔记和发言提纲,以保证小组讨论正常进行。

2. 小组讨论阶段

小组讨论是开展合作交流的基本形式。学生根据个人的准备,在小组里发言表述,相互切磋,相互补充,形成某些一致的意见和观点,也可能保留一些不同的看法。教师必须巡回在各小组之间,随时了解各小组讨论的动态和小组成员阅读理解中的问题,适当地进行引导和启示。这样的监控,一则可使小组的合作交流学习正常进行;二则可保证大组交流能够有的放矢地开展。值得注意的是教师参与小组讨论可能会在一定程度上影响小组讨论的质量。教学中有这样的情况,小组讨论在教师参与后,会出现一定的冷场或把讨论变成一个向教师请教问题的过程,这会导致合作交流徒具虚名。另外,如果小组学生来自同一个国家或英语可以通用,小组成员在讨论时往往用母语或英语进行交流。教师的出现会使这种交流中断,而学生又觉得某些地方用汉语难以表述,于是也会出现冷场或者交流变得十分艰难。我们认为,为了加深对文本的阅读理解,可以允许学生用母语或通用语来交流,这能促进讨论的深化,而阅读效果也会比较理想。对那些汉语能力不强的学生来说,若一味地要求他们用汉语讨论,那么交流过程会异常困难,也会大大挫伤他们的积极性。所以不能简单地禁止学生使用非汉语的通用语言,在阅读教学中,母语或媒介语的使用应该有一个逐步淡化的过程。

3. 大组交流阶段

大组交流是小组讨论结果的汇总。也是运用群体的智慧和力量,开阔个体的视野和思路、深化阅读的心得和体会的过程。特别是各小组承担的学习任务不同,则大组交流更显重要。否则阅读就偏于一隅,收不到合作交流的阅读效果。这个阶段教师的监控任务主要是点评,同时补充或修正某些看法。点评可以采取小组互评,或者指定一组学生承担点评任务等。教师的评说一定要以鼓励性为主,以激发学生开展合作交流学习的积极性和浓厚的兴趣。

4. 成果阶段

开展合作互动学习的成果,有内隐的和外显的两种。内隐的是通过合作交流形式的阅读,学生从语料中汲取了语言和知识,提高了阅读能力;外显的是学生的发言稿和小组记录。如果把小组发言和记录稿整理成文,或将其保存,或以板报形式张贴等,这些都将有利于合作模式进一步的开展。

第四节 合作型阅读教学模式的教学实例

合作型阅读教学模式在中高年级实施较多,并收到一定的成效。它丰富了阅读教学的手段,为汉语教师所欢迎。这里选择一则对美国学生进行合作阅读的教学实例,来展示和诠释其全过程。

教学实例

教学对象:美国弗吉尼亚大学三年级学生

汉语水平:中级(在美国学过两年至两年半中文)

教材:课文《独生子女的沉重未来》(选自张世涛 2007)

教师:莉娜(美国华盛顿州斯波坎市圣乔治学校教师)

老师:今天我们上阅读课。我们先看这张照片,你们都看过这个电视剧吗?大家可以告诉Simpson一家人的故事吗?

【教师备课设计】《辛普森一家》是美国非常受欢迎的电视剧,它反映了美国的家庭生活,具有典型意义,为进入本课的主题做好铺垫。(见附录:教师的备课笔记。下同。)

【教学分析】欧美学生阅读汉语材料《独生子女的沉重未来》,对于中国独生子女的概念和具体生活状况等等,缺乏感性认识和体验,教师运用美国电视剧中的家庭生活作为前导和铺垫,容易让学生从对比中获得体会。

学生家华:爸爸Homer,他在一个nuclear power工作。妈妈叫Margie在家里工作。(老师:他们有几个孩子?)他们有三个孩子,还有一只狗,(老师:还有一只小狗)还有一只猫(老师:哦,对,还有一只猫)

老师:好,最近呢我常常看Simpson一家这个电视剧,因为里面有很多很有意思的故事,这个男孩子他不喜欢读书,常常做一些tricks给老师;这个女孩子叫Lisa,她学习非常努力,好,在这个电视剧里面我们可以看到他们一家人常常在一起看电视,爸爸开汽车带孩子去很多地方。我想问大家一下,你们的家庭和Simpson一家是一样的吗?爸爸妈妈常常和你们一起做什么事情呢?有没有也是一家人开汽车出去玩?或者在一起看电影、看电视?瑞星告诉我。

学生瑞星:Simpson……

【教学分析】使用图片来进行师生互动,有意识地引导学生再现美国家庭有多个孩子的生活情况,以便与中国家庭只生一个孩子的生活情况作一对比。这是阅读课教学的前导,也是文化背景的渲染。

学生瑞星:我有一个妹妹,我们小孩子的时候,爸爸、妈妈常带我们一起坐船出去玩。

老师:沈琴,你们家有几个孩子?

学生沈琴:我有两个弟弟。我们常常一起打网球。

老师:好,家华呢?

学生家华:我家里有两个孩子,我有个姐姐,比我大一岁。我们小的时候常常做很多活动。

老师:小陈,你的家呢?

学生小陈:我的家有两个孩子,我和我的妹妹。我们常常出去看电影。

老师:嗯,好,我刚才问了每个同学家里的情况,以及你们有时间的时候都做些什么事情。现在我们来看一下这个(指PPT)。我希望大家三个人一组,或者两个人一组,说一说这些问题。(指 PPT 上的问题)比方说,第一个是你住的地方有多少人口?然后说你们住的地方的 community,社区的情况。好,大家现在可以讨论,时间大约十分钟。

学生讨论……老师在旁边解决学生的疑问。

【教师备课设计】热身讨论:(将学生分成 A,B 两组,小组间讨论,10 分钟)围绕以下题目:

a) 你住的地方有多少人口?____千人/____万人/____十万人/____百万人

b) 你住的地方的居民(jūmín:resident)有什么特点(tèdiǎn:feature)?比如:老年人比较多,外国移民(yímín:immigrants)比较多,工人比较多还是知识分子(intellectuals)比较多?

c) 你住的社区(shèqū:community, neighborhood)是什么样子的?What's your neighborhood like?(很吵/很安静/很乱/又干净又漂亮)

d) 每个家庭有一个房子还是一个公寓(gōngyù:apartment)?每个家庭有几辆汽车?你的邻居怎么样?(很友好/热情/客气)(kèqi:polite)/以自己为中心(self-centred)/(乐意帮助别人)

e) 每个家庭有几个孩子?你有兄弟姐妹(xiōngdì:brothers & sisters)吗?你和他们的关系怎么样?请说一件有意思的事情。Please tell your partner an interesting thing about you and your families.

f) 十年以后,如果你已经结婚(get married)了,你和你的先生/太太想有几个孩子呢?为什么?你觉得,如果一个家庭只有一个孩子,有什么好处和坏处呢?

【教学分析】个人准备,分组讨论,回答问题,是合作活动的基本形式。

老师:好,我们现在不讨论了。我们看一下最后一个问题,十年以后,你们已经结婚了,有孩子了,你打算有几个孩子呢?一个孩子还是很多很多孩子?

学生:很多很多。

学生王子豪:我要三个。

老师:男孩还是女孩呢?,

学生沈琴:不知道。(大笑)

学生小陈:我男孩和女孩都要。

老师:瑞星呢?

学生瑞星:呃,我要四五个。

老师:四五个孩子?我觉得有一点多。(学生大笑)

老师:家华要几个孩子?

学生家华:我在算要三个孩子。(老师:嗯)两个女孩,一个男孩。

【教学分析】有意识的谈话在不经意的闲聊中展开和深入。从多个孩子的有趣的家庭生活,联想到长大后的生儿育女。把交流和讨论的话题渐渐集中到本课的焦点上来。

　　老师:我觉得美国的家庭好像都有很多孩子对不对?大家觉得很多孩子和独生子女——就是一个孩子,如果一个家庭只有一个孩子,有什么好处,还有什么不好的地方呢?

　　学生家华:他们可以给孩子最好的教育机会……

　　学生王子豪:可是以后……

　　老师:因为只有一个孩子,所以父母可以把所有的钱给这个孩子,他可以有很好的教育。那么独生子女有什么不利之处呢?

　　学生沈琴:孤独。

　　老师:对,孤独。

　　学生瑞星:没有很多的 grandchildren.(学生大笑)

【教学分析】引导学生思考和讨论:从多孩子家庭对比独生子女家庭的好处和坏处。经过交流和讨论,一致认为,好处是独生子女可以给孩子最好的教育机会;不好的地方是独生子女比较孤独。让学生带着这么个意识、围绕着这么个中心转入正课。

　　老师:没有很多的孙子孙女。好,我们看一下(PPT),今天我们要上的……(学生:孤独),对,这个是独生子女,只有一个孩子,所以大家看到,他有什么问题?

　　学生王子豪:他有很多的功课。

　　老师:嗯,对,他有很多的功课,我们说他有很重的 burden,怎么说?

　　学生瑞星:负担,他的负担给他很多的压力。

　　老师:对,给他很多的压力,或者说他的负担很重。对,这是他的爸爸妈妈,他们说:儿子,加油啊!好,大家觉得这个孩子他在想什么?

　　学生家华:哭。

　　老师:他在哭。

　　学生家华:可能他的父亲,爸爸……

　　老师:可能他的父母给他比较大的压力。好,今天我们要学的这个课文是什么呢?大家看一下。(PPT)

【教师备课设计】出示图片"独生子女",切入正题"独生子女的沉重未来"

【教学分析】通过交流和讨论,大家认识到由于父母对独生子女的期望过高,孩子的负担和压力很重。由此进入正题:独生子女的沉重未来。

学生瑞星:独生子女的沉重未来。

老师:"沉重"的意思是什么?

众学生:serious。

老师:对,就是"heavy",对他们来说有很重的负担。这又是一个图片,大家看得懂这个图片的意思吗?你觉得哪一个是独生子女?

学生家华:第一个。

老师:这个,戴着眼镜的人。他把头抬得很高,在走路。后面是他的?

学生家华:父母。

老师:他的妈妈在为他打伞。好,他的爸爸拿着什么呢?

学生家华:那是礼物?

老师:对对,是礼物,有很多吃的东西给他。后面一个是谁?

学生:奶奶。

老师:对,他的奶奶,还有他的爷爷,他们都拿着很多东西,担心这个小孩子可能天太热了,他受不了。你们看,无论是爸爸妈妈还是爷爷奶奶,他们都为这个孩子服务对不对?所以这是一个孩子,(伸出一根手指),爸爸妈妈爷爷奶奶(做出围绕的动作)——

学生:围绕。

老师:对,围绕着他。

众学生:围绕着他。

老师:对,有的时候我们可以有这个"着",有的时候可以不用它。"围绕"的意思就是 move around. 我问大家地球和月亮围绕着太阳吗?

学生点头。

老师:嗯,地球是 earth,月亮是 moon,所以我们说地球和月亮围绕着太阳。对,在这里我们说这个孩子,爸爸妈妈爷爷奶奶都围绕着他,所以他是一个什么?

众学生:小太阳。

老师:对,跟我一起说一下:"小太阳"。对,我们把独生子女称作"小太阳",因为爸爸妈妈都围绕着他服务。爸爸给他吃东西,妈妈给他打伞,爸爸妈妈都在怎么样?(指PPT)

众学生：无微不至地照顾。

老师：无微不至地照顾独生子女。这前面是一个四个字的成语，它的意思是 in every possible way，非常非常的好，非常非常的认真，大家跟我一起说一下"无微不至"。

众学生："无微不至"。

老师：所以我们说在这里独生子女是一个 center……

学生：中心。

老师：对，很好，所以我们可以说……（指 PPT）

众学生：以独生子女为中心。

老师：对了，中国的家庭以独生子女为中心。那么你们的家庭以你为中心吗？

学生瑞星：在我的家庭……不以我为中心。

学生沈琴：我的家庭不以我为中心。因为我们是三个孩子。

老师：嗯，所以我觉得好像美国的家庭和中国的家庭很不一样，因为在中国我们都是独生子女，在家庭里就是以我为中心的。我是小太阳。他有非常……（指 PPT）怎么样？

众学生：幸福的童年。

老师：对，这个词跟我说一下"幸福"。

众学生：幸福。

老师：对，我们要注意"幸福"它和"高兴"不一样，你可以说"我很高兴"，但是你不可以说"我有高兴的童年"，对，不一样，所以"幸福"more abstract，是一种 feeling。当我们看他小的时候，同时也会想到他以后会怎么样？（指 PPT）

众学生：长大。

【教师备课设计】讲解课文
以故事的形式，请同学复述课文里提到的几个故事
语言点：

1. 围绕着：地球和月亮围绕着太阳
2. 无微不至地照顾
3. 以孩子、老人、老师、学生为中心
4. 幸福 VS 高兴　高兴的生活（不对）

【教学分析】利用 PPT 图片，让学生联想独生子女童年的生活状况，并在互动交谈中学习语言点：围绕、无微不至、照顾、以……为中心等话语；同时结合语言点的讲解，有机地展示和突出独生子女的特点：一家人围绕着他，像个小太阳，受到无微不至的照顾，在家庭里以我为中心。这些互动的教学活动，为

后文独生子女的沉重负担,有意识地作对比和铺垫。

老师:对,长大。长大以后,他发现原来自己也有很重的负担,以前爸爸妈妈爷爷奶奶照顾他,长大以后,他要照顾爸爸妈妈爷爷和奶奶,所以我们说他一个人要照顾几个人?(学生:四个人)四个人,对,所以他突然想到,我们可以说……(指PPT)

众学生:意识到。

老师:对,意识到,"意识"的意思是 awareness,是一个 verb。好,我们可以看到这个独生子女小的时候是一个小太阳,可是长大以后有很大的负担。好,现在我们来看一下,大家可以读一下这上面的一句话吗?(指PPT)"看着他什么的目光,我的心……"后面是什么?

学生:被紧紧地……

老师:揪住。"揪住"它的意思就是紧紧地抓住。大家觉得这句话,"我的心好像被人紧紧地揪住",abc 选项中,哪一个?你觉得应该是哪一个?

学生:焦虑。

老师:b,对,是焦虑。他的心里很担心,所以他用这句话来说,"我的心好像被紧紧地揪住"。在课文中,这句话一共有几次?

众学生:四次

老师:对,一共有四个句子。有不一样的词,第一个句子是哪个词?

学生:sympathetic

老师:对,是同情。如果别人不好,你觉得呃……(做同情的动作)。好,第二次呢?你觉得是什么词?

众学生:depressed。失落。

老师:对,a kind of disappointed。有点儿不高兴。好,第三个词?

学生:疲惫。(音 bèi)

老师:"疲惫"的意思是?

众学生:tired,很累,非常累。

老师:对,累死了。好,最后一个词是什么词?

众学生:凝重。

老师:对,凝重。这个词谁可以来说?

学生:不是"严重",……

学生:沉重。

老师:对对,非常好。和"沉重"差不多,心里觉得一个很大的事情,很大的负担,所以是"凝重"。最后,我们一起来读一下这些词。

【教师备课设计】语言点 5. 形容词"同情,失落,疲惫,凝重"的意思,课本练习 P63

【教学分析】教师通过师生交流活动,逐步把学生的思路引导和扩展到:从独生子女童年的幸福转向长大后意识到自己的沉重负担。并围绕课文,讨论和落实词语:意识、焦虑、揪住、同情、失落、疲惫、凝重等。

好,大家现在用一分钟看第一个故事,因为在你们的课文里面一共说了四个故事,对不对?第一个故事,大家现在用一分钟看一下第一个故事。

【学生看故事】

老师:好,现在我们一起来讨论一下第一个故事。这个故事和谁有关系?

学生:老同事。

老师:对对,就是和他一起工作的人。好,他的爸爸怎么了?

学生:病了。

老师:他爸爸病了。什么病呢?我们学的一个新的词?

学生:瘫痪在床。

老师:大家注意这个"瘫痪"。他的爸爸瘫痪在床,他要照顾他的爸爸,所以他非常的忙,我们可以说他忙死了,对不对?还可以怎么说?(指PPT)

学生:忙得焦头烂额。

老师:对,非常好,这个词跟我说一下:焦头烂额。

众学生:焦头烂额。

老师:对,焦头烂额。大家知道它的意思吗?它的意思是 in bad shape,我们常常会说"忙得焦头烂额",用来说一个人非常忙。好,那么他忙死了,忙得焦头烂额,然后呢,他觉得这个事情是非常难,怎么样?看这个……(指PPT)

众学生:应付。

老师:对,可以说"难以应付"。

众学生:难以应付。

老师:好,他觉得要照顾他的爸爸,事情太多了,所以他觉得难以应付。他在想,他有六个兄弟姐妹,可还是觉得照顾父亲是很难应付的事情,如果他是一个独生子女,那么照顾爸爸就是不能够想象的,因为非常非常的麻烦,有很多事情,所以我们可以说 hard to……难以想象。对,难以想象的。所以他对作者,对我,非常同情,因为我是独生子女。我们一起来看一下这个句子。(指PPT)

众学生:看着他同情的目光,我的心好像被人紧紧地揪住。

众学生自己练习说这句话。

【教师备课设计】语言点6.忙得焦头烂额

【教学分析】教师限定时间,让学生在一分钟内阅读第一个故事。并通过交流和讨论,让学生理解阅读材料的内容,突出和展现独生子女在家人生病情况下的沉重负担。联系阅读文本落实"瘫痪、焦头烂额、应付"等词语。

老师:好,我们看一下第二个故事,大家用一分钟很快地看第二个故事。

学生看故事

老师:好,我们大家一起来看上面的这些词。(指PPT)我们一起读一下这些词。

众学生:老同学——梦想出国——努力——终于拿到签证——最后放弃——父母年纪已大——如果有个兄弟姐妹就好了——

老师:好的,我们先来看一下"梦想出国",它的意思是……

学生王子豪:他想出国。

老师:对,他每天都想,这是他的一个dream,他的梦想,他梦想出国,所以他学习非常的努力,然后呢,他拿到了visa,怎么说?

学生王子豪:签证。

老师:签证,对的,可是呢,他最后还是决定不要了,我们可以说什么?不要一个东西?

学生:放弃。

老师:对,对。

老师:好,大家看……(指PPT)一个是"终于",还有一个是"最后",他们都有finally的意思,可是不一样,"终于"是你用了很多时间做一件事情,然后finally应该怎么样怎么样。可是"最后"是你做很多很多的事情,第一件事情,第二件事情,然后最后一个事情,所以它是a sequence of things,是一个order。

老师:对,所以现在,大家用一分钟时间把第二个故事说一下,用这上面的这些词(指PPT)可以吗?

学生自己练习,老师在旁边帮助。

老师:现在我请同学说一下第二个故事。

学生小陈:我的一个老同学有出国的梦想,他很努力地读书,终于他拿到了签证,可是最后他放弃了机会,因为父母年纪很高,年纪大,他觉得如果他有个兄弟姐妹就好了,看着他失落的目光,我的心好像被人紧紧地揪住了。

老师:好的,现在我们休息一下。

【教师备课设计】语法点7. 应付老师、考试、坏的情况

8. 终于VS最后比如:我学了五年中文,(　)能说流利的中文了。/你先往前走,然后往左走,(　)往右走。

9. 年纪大、小

【教学分析】教师限定时间,让学生在一分钟内阅读第二个故事。通过交流和讨论,让学生逐步理解阅读文本的内容,突出独生子女因为父母年纪大而被迫放弃"梦想出国"的机会。并落实"梦想、签证、放弃、终于、最后"等词语。

第二课时

  老师:现在我们要做一个阅读,有一个reading,我们看一下,现在在中国实行计划生育的政策。大家知道计划生育是什么时候开始的吗?

  学生:七几年。

  老师:你知道吗?(问另一学生)对,一九七几年,可能是七八年,这个时候我们有了计划生育,所以到现在差不多已经是三十年了。如果在1978年出生的孩子,现在差不多已经有三十岁了。他们已经找工作,有的已经结婚了。所以我们现在要看的一个阅读材料就是关于这些第一代独生子女,他们已经长大了。他们面对很多问题,要找工作,还有要什么?(指PPT)跳槽(众学生:跳槽),对,就是换一个工作。还要谈恋爱,很重要的。有的孩子他们结婚了,他们也有自己的孩子了。好,我们看一下他们现在的生活怎么样呢?我要给大家两个阅读的材料,materials,大家看一下。我们有两个group,两个小组,你们两个一组,你们是三个人一组。三人组看的阅读材料是关于独生子女结婚的问题,两人组要看的是独生子女找工作的问题。你们看完材料以后每一个小组有一个oral report,口头报告,五分钟,很简单。因为你们看的是结婚(对三人组),他们没有看,所以你们要在这告诉他们你们看的东西。好,大家可以看一下steps,第一个是和昨天一样,大家要用字典查新的词,然后看完材料,差不多十分钟。第二个是你们要和同学一起讨论,因为每个人手里的材料都有两三个故事,你们要一起讨论,用自己的话来说这个故事。一边用自己的话复述故事,一边把故事画出来。你们做oral report的时候,可以给大家看你的画。

  学生开始看材料,讨论,画图。

  老师对三人组:你们可以一个人看paragraph 1.2.3,一个看4.5,一个看6.7,大家做不一样的工作。如果有问题可以问我。

  学生家华:这是什么意思?

  老师:父母代替,意思是take the place of。

  老师:好,如果大家已经看完这个材料,可以跟你的同学讨论一下。

  老师:还有两分钟,大家就要在上面做一个oral report,两分钟。所以要快一点画,然后你们要讨论讨论怎么说。

  老师:好,我们现在开始,我要请两个同学上来做一个oral report,口头报告,好,你们这组先来?

两人组:好。

【教师备课设计】第二个小时:

形式:阅读材料后做口头报告(Read and Show)

老师的话:

计划生育的政策在中国已经有三十年的历史了,第一代独生子女已经长大了,他们开始面对各种问题:找工作,跳槽,谈恋爱,结婚,生孩子……他们的生活现在怎么样?有什么问题?请第一个小组阅读"结婚和 恋爱(liàn'ài)(dating)"方面的 材料(cáiliào)(materials),第二个小组阅读"工作和生活"方面的材料,看完材料以后,每个小组有15分钟准备一个 口头(kǒutóu) 报告(bàogào)(oral report),告诉我们独生子女的生活情况。

在PPT上呈现阅读过程的要求:

1. 合作用字典(zìdiǎn:dictionary)查新词,看完材料。10min

2. 和你的同学一起讨论:15min

(1) 材料的主要意思(main idea)

(2) 材料里面说了几个故事(gùshì:story)?请一边用自己的话复述(fùshù)(retell)故事,一边把故事画出来(draw the story out),如果你有图表(túbiǎo)(graphs),也可以用图表

3. 做口头报告的时间:15min

(1) 用图表告诉我们这个现象(xiànxiàng:phenomenon)

(2) 用你们的画(huà:picture)告诉我们故事,来 证明(zhèngmíng)(to illustrate)这个现象

(3) 观众(guānzhòng)(audience)应该提出两个解决问题的办法(bànfǎ)(solutions)

(这堂课体现"分工合作"的教法)

【教学分析】教师把学生分成若干小组,布置内容不同的阅读材料让小组成员分头阅读,经过小组讨论,要求用画画或图表作为线索,在班上口头报告或复述故事情节,互通有无,互相印证,分工合作,明确问题。这种方式是典型的合作型阅读教学模式。

学生家华:我来介绍一下第一个故事。一个女孩,才从医科大学毕业,她找过很多工作,都没有回应。她爷爷帮她给许多公司打电话,因为

没有回应,很揪心。所以给一个广播电台节目打电话,主持人觉得奇怪,老人怎么帮助自己的孩子找工作。是不是他们的孩子真的忙着找工作?其实很多子女在网上聊天,或者玩游戏。

老师:那说明什么?

学生家华:说明是她爷爷在帮她……

学生瑞星:第二个故事是一位女儿,她和她的家庭去一个招聘会,她的爸爸陪着她应聘,带着她的简历,问这问那,一位经理奇怪地问:是谁在找工作?爸爸说,女儿年纪还小,面对各种工作机会,不懂怎么衡量。在父母的眼里,她永远是孩子。可是用人单位怀疑她的工作能力。

老师:好

学生家华:第三个故事是一个劳动局收到一个投诉。有父母告诉劳动局的人,我的儿子刚工作,每天都要加班工作到晚上九点,他受不了。第二天,劳动局的人去他那个公司,问一些问题。老板说,没让员工工作到晚上九点,只是很多员工喜欢夜生活,每天去酒吧喝酒,他们不想告诉父母他去酒吧,所以他撒谎。

【教学分析】学生阅读完材料,分别讲述自己准备的故事。第一个故事讲述爷爷帮助孙女找工作;第二个故事讲述父亲帮子女选择工作;第三个故事讲述子女晚上在酒吧喝酒、谎称加班工作。三个故事虽不连贯,但放在一起揭示了一种深刻的社会现象:独生子女的社会独立性太差。通过分工阅读,合作交流,就能让学生深刻理解阅读材料的意义。

老师:好的,谢谢你们。现在我们请这个小组来讲。

学生王子豪:第一个故事。张晓玲,她28岁,是一个高中老师。她觉得她没时间跟别人谈什么,每天她做她的工作,然后回家。所以她觉得她不可以认识人,也不可以去酒吧。但是她已经28岁了,应该结婚了,因为很多中国人在28岁结婚,她觉得她的机会越来越少……

老师:下面谁来讲。

学生小陈:我的故事是这个女孩名字叫李静。她是独生女,从小到大一直靠着父母帮她做决定。她找男朋友的时候,是她的父母通过婚介帮她找到一个男孩子。去跟男孩子见面的时候她的全家都去了,她的奶奶爷爷,妈妈爸爸和她的表姐。这个男孩子看李静很漂亮,想约她到公园去走走。可是李静说她还要看爸妈同意不同意。

学生众:(笑)

学生沈琴:我的故事是有一个女孩子,她去英国留学回来,妈妈要她结婚,她告诉她父母她不想结婚,她的妈妈很担心,觉得孩子留学不好,受了不好的影响。

老师:好,今天我们看了两篇阅读文章,瑞星和家华看的是找工作的故事,王子豪和小陈还有沈琴看了结婚难的故事。所以今天我们有一个功课,是你们的每周作文,写你的问题,你的故事,你的建议。好,今天的课就上到这儿。

【教学分析】这是另一组学生阅读的故事,通过口头讲述,突出了独生子女结婚难的问题;或者交往圈子过小,找不到合适对象;或者交际能力太差,不会找朋友;或者不在乎结婚。分工阅读和口头报告,从不同的方面和角度展示了独生子女结婚难的原因。

两个阅读材料,一个侧重于独生子女找工作难的问题,一个侧重于独生子女结婚难的问题。通过合作交流,学生从汉语阅读中体会和认识到了独生子女的生活情况。这正是开展合作型阅读教学所获得的成效。

第五节 对合作型阅读教学模式的评价

合作交流是阅读教学经常采用的模式之一。由于它在准备阶段注重个人独立阅读,因而对于尚未具备阅读水平的低年级欧美学生来说,是难以运用该种模式来开展教学的,一般只宜在中、高级阶段采用。

合作型阅读教学模式有许多优点,能够取得较好的阅读效果,但也有一些不足和需要注意之处。

一、合作型阅读教学模式的长处

(一)能够全面调动学生阅读的兴趣和积极性

欧美学生对于汉语书面阅读,据调查统计,很喜欢和比较喜欢两项占68%,尚有29%的学生不太喜欢,3%的学生很不喜欢。究其原因,主要是嫌生词太多,查阅词典麻烦。但终不能因噎而废食,逃避汉语阅读。采用合作交流的阅读方式,可以加强学生分工阅读的责任感,可以督促他们迎难而上。一旦他们完成自己的阅读任务,而且向小组或全班报告或讲述阅读的内容和自己的心得体会,他们就会有成就感和满足感,就会增强独立阅读的信心,分享合作阅读的快乐,也因此而提高了汉语阅读的兴趣和积极性。

(二)能够培养学生独立阅读的能力

合作阅读的前提是围绕某个主题进行分工阅读,分头准备,然后报告或讨论,求得共同理解,共同提高。可见独立阅读是合作的基础,每个学生都必须完成自己的阅读任务,如果阅读的是不同材料,需要在读后报告或讲述阅读内容,责任当然更重;即使是同一材料,也要作好充分的准备,以便在讨论时发表自己的意见和想法。所以采用合作型教学模式,可以保证和促使学生培养起独立的汉语阅读能力。

（三）能够适应精读或泛读等不同形式的阅读需要

开展合作型模式教学，需安排一定的时间给学生阅读和准备。在这一段相对集中的时间里，教师放手让学生自行阅读所布置的材料，不像分解整合型和前导型等模式那样由教师一步步指点和引导，学生亦步亦趋，没有自由支配的时间。由于教师不干扰学生的自学，学生的阅读完全是自由的，那样，学生就能根据自己的实际情况，对所阅读的材料采取精读或泛读，或者两者结合。如果阅读材料中没有太多的生词和复杂的语法，那就运用泛读法，较快地扫视语句，攫取其中主要信息；如果所读材料生词较多，语句较长，那就运用精读法，审视和细味其中的意思。一般而言，阅读能力强的学生可能采用泛读法多些，阅读能力弱的学生则较多采用精读法。各取所需，量力而行，他们的阅读能力都能在个人准备过程中得到锻炼和提高。

（四）分工合作提高阅读理解的深广度

分工阅读以收集资料，合作讨论以汇总交流。个人阅读和准备，往往囿于学生的个人水平而理解不透或有所偏颇。但通过小组汇总和大班交流，提供了更多的材料、观点和想法，学生个体可以得到很多启发，在更大的范围和平台上进行反思、修正、丰富、充实自己原先的理解和思想，从而使阅读的深度和广度提高到新的层次。

二、合作型阅读教学模式需注意之处

合作型阅读教学模式的不足和需要注意的是：

（一）分工阅读、合作讨论要有一定的基础

分工阅读实际上是独立阅读，既然是独立阅读，就必须有一定的汉语基础，即积累相当数量的中文词语，掌握基本的汉语句式，具备一定的汉语语感，否则就很难完成独立的阅读任务，当然也就谈不上合作讨论了。因而，合作型阅读教学模式，一般宜在中高级阶段进行。低年级偶尔也可采用，但必须在教师的帮助和掌控之下才能得以实施。

（二）避免语言因素的不落实

合作型教学模式的实施，有利于对课文内容和主题的理解，有时候还比较深透。但学习者往往只记得其中的主要内容和观点，而对课文中的词语、句式、修辞、篇章等等印象比较淡漠，这对于处在学习阶段的学生来说是个损失。因此，采用合作型阅读教学模式，教师必须有意识地引导学生注意课文中的重要词句，在备课时要好好设计如何落实课文的语言因素。

（三）需要教师从中引导

在运用合作型教学模式的整个过程中，教师是课堂的主持人，教学环节的连贯、教学步骤的实施、讨论话题的深入、最后讨论的结论，都需要教师从中穿针引线,及时点评,肯定交流所获取的成果,指出交流和讨论中的偏向,将合作型阅读教学模式的效力发挥到最高点。

【附录】
《独生子女的沉重未来》(教案)

第一个小时:

1. 导入:用《辛普森一家》的图片(3分钟)

《辛普森一家》是美国非常受欢迎的电视剧,它反映了美国家庭的生活,具有典型意义,为进入本课的主题做好铺垫。

2. 热身讨论:(将学生分成 A,B 两组,小组间讨论,10分钟)

1) 你住的地方有多少人口? ____千人/____万人/____十万人/____百万人

2) 你住的地方的居民(jūmín:resident)有什么特点(tèdiǎn:feature)? 比如:老年人比较多,外国移民(yímín:immigrants)比较多,工人比较多还是知识分子(intellectuals)比较多?

3) 你住的社区(shèqū:community,neighborhood)是什么样子的 What's your neighborhood like?(很吵/很安静/很乱/又干净又漂亮)

4) 每个家庭有一个房子还是一个公寓(gōngyù:apartment)? 每个家庭有几辆汽车? 你的邻居怎么样?(很友好/热情/客气)(kèqi:polite)/(以自己为中心)(self-centred)/(乐意帮助别人)

5) 每个家庭有几个孩子? 你有兄弟姐妹(xiōngdì:brothers & sisters)吗? 你和他们的关系怎么样? 请说一件有意思的事情。Please tell your partner an interesting thing about you and your families.

6) 十年以后,如果你已经结婚(get married)了,你和你的先生/太太想有几个孩子呢? 为什么? 你觉得,如果一个家庭只有一个孩子,有什么好处和坏处呢?

(热身讨论为课文的阅读作准备)

3. 图片"独生子女",切入正题"独生子女的沉重未来"(2分钟)

4. 讲解课文(40分钟)

以故事的形式,请同学复述课文里提到的几个故事

语言点:

1. 围绕着:地球和月亮围绕着太阳

2. 无微不至地照顾

3. 以孩子、老人、老师、学生为中心

4. 幸福VS高兴 高兴的生活(不对)

5. 形容词"同情,失落,疲惫,凝重"的意思,课本练习P63

6. 忙得焦头烂额

7. 应付老师、考试、坏的情况

8. 终于VS最后比如:我学了五年中文,(　)能说流利的中文了。/你先往前走,然后往左走,(　)往右走。

9. 年纪大、小

第二个小时:

形式:阅读文本材料后做口头报告(Read and Show)

老师的话:

　　计划生育的政策在中国已经有三十年的历史了,第一代独生子女已经长大了,他们开始面对各种问题:找工作,跳槽,谈恋爱,结婚,生孩子……他们的生活现在怎么样?有什么问题?请第一个小组阅读"结婚和 恋爱(liàn'ài)(dating)"方面的 材料(cáiliào)(materials),第二个小组阅读"工作和生活"方面的材料,看完材料以后,每个小组进行讨论并准备一个 口头(kǒutóu) 报告(bàogào)(oral report),告诉我们独生子女的生活情况。

在PPT上呈现阅读过程的要求:

1. 合作用字典(zìdiǎn:dictionary)查新词,看完材料。(10min)

2. 和你的同学一起讨论:(15min)

(1) 材料的主要意思(main idea)

(2) 材料里面说了几个故事（gùshì：story）？请一边用自己的话复述（fùshù）(retell)故事，一边把故事画出来(draw the story out)，如果你有 图表(túbiǎo)(graphs)，也可以用图表

3. 做口头报告的时间：(15min)

(1) 用图表告诉我们这个现象（xiànxiàng：phenomenon）

(2) 用你们的画（huà：picture）告诉我们故事，来 证明（zhèngmíng）(to illustrate) 这个现象

(3) 观众（guānzhòng）(audience)应该提出两个解决问题的 办法（bànfǎ）(solutions)

4. 本课小结

（这堂课体现"分工合作"的教法）

课后总结(2008年5月7日星期三)

今天的课整体上还可以，但是出现了下面几个问题：

第一个问题，在利用《辛普森一家》的图片进行新课导入时，向学生提出的问题可以构思得更好一些。当时，我的问题是"请你告诉我他们的故事"，这个问题太大，因为他们有很多故事，让学生不知道怎么回答好。可以改成，请你介绍一下HOMER（爸爸）的家庭，他有几个孩子？他们有自己的房子和汽车吗？他们一家人常常在一起做什么？他们住在什么地方？那儿的人怎么样？这样可以逐步自然地过渡到下个"热身讨论"的环节，问题如："那么你的家庭有几口人？"……

第二个问题是，热身讨论的问题。希望通过讨论美国家庭和中国家庭的结构，社区文化，生养孩子的观念引入到课文的主题"独生子女"上。因为我把需要讨论的问题显示在PPT上，问题有点儿长，学生可能需要比较多的时间阅读。可以改进的地方是，如果可以适当缩短，那么时间利用的效率会更高一些。

第三个问题是，为了体现合作互动的原则，在第二个小时的阅读练习当中，结合材料的特点（以故事的形式呈现），要求学生读完后，一起把故事画出来，学生比较感兴趣。但是在阅读的过程中发现，虽然他们形成了分工的概念，比如分工查字典，分头阅读故事，但是他们互动的程度还不高，比如说如何把同一材料的三个故事有机地整合起来，现在他们读了故事后，就不管这三个故事所围绕的主题了，这个需要在以后设计的阅读练习里重点突出。

第四个问题是，这次的阅读练习选择了两篇和独生子女相关的话题，一个是"独生子女出现结婚难"，另一个是说父母为独生子女包办找工作的问题，两

个小组分头阅读,然后在口头报告时把故事讲给另一个小组听,一边说故事,一边用画和图表辅助讲解。虽然想得很完美,但是在实际中遇到的情况是材料的故事有点儿复杂,学生虽然可以看懂,但是要求他们一看完就用自己的话复述,实在难了点儿,几乎每个学生都看着材料复述,而且说得结结巴巴,还有很多生词,坐在下面听的另一组同学很难听懂,所以容易分神。因此,活动的设想虽然不错,但是难度偏高了一些。

第九章 任务型阅读教学模式

阅读作为一种心理活动，一般是个体的脑力劳动。从接触文字，获取信息，赋予个人的知识和经验参与理解等，都是由个体独立完成的。但是阅读作为一门课程，如汉语作为外语的阅读教学，就负有培养和训练学生掌握汉语阅读并提高阅读能力的责任，独立阅读则是这门课程的最终目的和结果。因此，在汉语阅读教学课程中，大量的课堂活动是布置任务、预习阅读、教师提示、带着问题再阅读、咨询质疑、组织发言和讨论、最后理解等等步骤和环节，于是形成了多种以某个环节为主的教学模式。欧美学生由于对汉字的认知和识记的速度比较迟缓，独立阅读障碍较多，因而在阅读课上他们比较倾向于依靠群体的智慧和力量来完成一定的阅读任务。

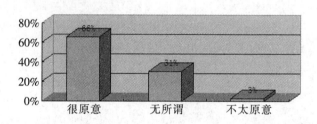

图 9—1 学生在阅读课上完成相关任务的意愿比例

如图所示，大多数欧美学生（66%）很愿意以完成相关任务的方式来进行汉语书面材料的阅读学习。

任务型语言教学（Task-based Instruction）是基于现实生活中各种交际活动而展开的教学，它把语言教学与学习者在日常生活中的语言应用结合起来（龚亚夫、罗少茜 2003:12），通过让学生完成一系列真实的"生活任务"，如购物、租房、出行等来习得目的语。虽然任务型语言教学比较适用于口语交际会话课，但听说读写四种技能是相互交汇和渗透的，而事实是，汉语作为外语的阅读教学常伴以交流、讨论和问答，因此，以交际任务为主的任务型语言教学很自然地被移用到阅读教学中来，于是就产生了任务型阅读教学模式。

第一节　任务型阅读教学模式的性质

任务型阅读教学模式是在任务型语言教学法框架下对学习者阅读能力进行训练的程序和方法，它融进了任务型语言教学的重要元素：用语言完成"任务"，进行交际。

运用任务型阅读教学模式对学习者进行阅读能力训练时，学生阅读取自现实生活的真实材料，并在阅读后完成任务；教师的职责是设计任务活动，组织学生进行阅读前的准备，在学生阅读和完成任务的过程中给予提示和帮助，并在任务完成后进行总结。因此，任务型阅读教学模式的实质是通过一系列与阅读有关的任务来训练阅读能力和培养学习者完成日常生活中与阅读相关的活动的能力。

任务型语言教学的核心是"任务"。"任务就是人们在日常生活、工作、娱乐活动中所从事的各种各样有目的的活动。"（龚亚夫、罗少茜 2003:12）Skehan (1998:95)对这些作为"任务"的活动的特点作了如下描述：

1. 活动中"意义"(meaning)是主要的。
2. 活动中有交际问题(communication problem)需要解决。
3. 在现实世界中必定有与"活动"相似的事情。
4. 活动过程中达成交际目的是优先的。
5. 对活动完成情况的评介依据完成任务的结果。

第一条是以认知心理学关于人们处理语言信息的方式的研究结论为基础提出的，也就是说，活动中理解语言意义和任务内容是主要的。反映在任务型阅读教学模式中，其教学内容以理解文本整体意思和关键词的意义为主。而抓住并揭示关键词的意义和概念，有助于对文本的整体理解。

第二条和第三条反映了教学中"任务"的真实性——它是现实世界里，人们在日常生活中所从事的交际活动。这些交际活动在任务型阅读教学模式中也可得到反映，比如阅读招聘启事、阅读各类通知和租房广告，乃至阅读报刊寻找工作和业务所需的信息与资料等等。这些阅读活动与现实生活是密切相关的。

第四、第五条反映了教学"交际目的至上"的思想，这正是功能主义语言观和语言教学观的体现。因此任务型阅读教学模式中的活动不是为阅读而阅读，而是要在阅读后完成一定的"生活任务"。当然"生活任务"的完成，反过来也促进或证实阅读质量和阅读水平的提高。

以上特点显示，任务型阅读教学模式中的"任务"因其在现实生活中的"必要性"为语言学习者提供了强大的学习动力；同时，"任务"的"真实性"又为学习者提供了"自然"(naturalistic)的语言习得机制,(Skehan 1998:95)并最终提高了语言运用能力。

第二节 任务型阅读教学模式的认知原理

任务型阅读教学模式强调阅读和"生活任务"的完成,两者的有机结合使模式更合乎认知的心理过程和心理规律。

一、模式加速了学习者知识的转化

储存于长时记忆的知识有两大类。一类是陈述性知识,以概念和命题的形式表征;一类是程序性知识,以产生式系统表征。陈述性知识是百科性质的,可以在学习中不断丰富和充实;也可以在应用中转化为程序性知识,成为技能和技巧。功能主义语言观是任务型语言教学的理论基础之一。它的核心是:语言教学的目的是培养学习者使用目的语进行交际的能力。所谓的"目的语",属于陈述性知识;所谓的"交际能力",属于程序性知识。前者是语言输入的心理过程,后者是语言输出的心理过程。作为任务型阅读教学模式,正好是输入与输出两种心理活动的高度融合。学习者阅读课文所理解的内容伴随着语言形式,一起输入并储存于长时记忆,成为知识网络结构中的一部分。这些都是陈述性知识,借此可以识别和辨认外界与之相近或相同的刺激信息,但尚未转化成为程序性知识。由于任务型的阅读教学还要求学习者完成相应的任务,也就是说,要把原先输入的陈述性知识转化为应用的技能——程序性知识,这正是任务型阅读教学模式的独到之处。虽然其他教学模式,也有语言知识转化为技能的问题,但相比之下,任务型阅读教学模式的目标更为鲜明和突显。

二、模式为学习者建构自己的知识创造了条件

知识的获取有两种方式:一种是由教师在课堂上进行封闭式的讲解和传授,学习者被动地接收和储存;一种是进行开放式的、与生活密切相关的、创造性地生成学习。前者获得的知识,缺乏实践和应用,头脑中印象比较淡漠,容易遗忘。后者由于要求学习者自己阅读和寻求答案,积极参与合作活动,在实践和应用中加深印象,因此所获得的知识,能够牢固记忆并迅速融入个人的知识结构,从而转化为学习者自己的知识。

植根于社会建构主义的任务型阅读教学模式,将社会建构主义的理论吸收和融化进来。该理论认为:"知识是由学习者个人自己建构的,而不是由他

人传递的;它强调学习者个人从自身经验背景出发,建构对客观事物的主观理解和意义,重视学习过程而反对现成知识的简单传授。"(龚亚夫、罗少茜 2003:20)所以任务型阅读教学模式立足于学生自我实践,而不是由教师"填鸭式"的灌输。但教师也不是对学生放任自流,而是积极为学生建构知识创设条件,营造环境,让学生在真实或仿真的情境中进行与生活密切相关的交流活动,通过完成任务来获得相应的知识,以语言的实践和应用达到知识的内化。

认知心理学强调知识如果通过情节和语义的双重编码,由于回忆和搜寻的线索比较充分,则知识的匹配和提取也就相对容易。任务型阅读教学模式将阅读教学置于真实的、有意义的阅读活动中,所习得或获取的知识都带有双重编码的性质,因而建构起来的知识将较为扎实牢固。

三、模式合乎阅读理解的认知心理过程

任务型阅读教学模式合乎阅读理解的认知心理过程,这主要体现在两个方面,即:在教学方法上,采用启发式教学——激发已有知识接受新内容;在教学内容上,以"意义"为主——意义记忆和意义解读。

任务型阅读教学模式注重在教学中发挥和发展学生的认知能力——让学生自己通过阅读和完成任务来学习。对于学生在完成任务过程中提出的问题和遇到的困难,教师都以提示方式给予帮助,激发和唤醒学习者已有的知识自己来解决问题,而不是直接把答案告诉学生,这便是启发式教学。它有利于发展认知能力中的学习能力和解决问题的能力。

"以'意义'为主"的教学思想来自于认知心理学对人脑处理语言信息过程的研究成果。研究发现:在人们的言语交际过程中,促使人们理解语言并达到交际目的的首先是语言的"词汇意义",其次是人们的交际策略;而语言的"句法结构"扮演了很小的角色。(Skehan 1998:63)具体来说,在言语交际中,人们对于感知到的言语信息,优先处理"词汇"信息,在词汇中又以"实词"(content word)为优先处理对象。当处理的结果是"听不懂"、"看不懂"时,为了使交际继续并力图达到最终目的,人们会求助于交际策略,比如,从言语发生的场景和上下文推测词语的意思;借助于语言信息发出者的语气、肢体语言进行理解等。

就阅读而言,读者在阅读过程中,对于看到的文字信息,优先解读的是词汇的意义。当遇到不理解的词句时,为了读懂材料且最终达到阅读的目的,人们会使用一些阅读策略,比如,从上下文猜测词语的意思、借助自己已有的背景知识理解文章内容、从阅读材料的整体风格推测作者意图等等。

任务型阅读教学模式中的阅读是以完成相关任务为目的,通常对阅读文本所采取的是整体内容和一些关键词语的理解。由于这种阅读是建立在意义记忆和意义解读的基础之上的,而且是学生应用自己的语言知识来思维的,所以能够充分发挥模式在阅读教学中的认知作用。

第三节 任务型阅读教学模式的教学目标

阅读训练的目的和任务是培养学习者的阅读理解能力和阅读技巧。(赵金铭 2008:138)阅读理解能力"包括对字、词、句、语段、篇章等多个层次的理解能力,其中篇章理解能力是阅读理解能力的集中体现,也是阅读训练的重点。"阅读理解训练就要帮助学习者建构和充实他们大脑中有关语言知识,与阅读内容相关的社会、文化等背景知识,以及篇章的结构和组织规则等三方面的知识(即内容图式、知识图式),为顺利阅读书面材料打下扎实的基础。

阅读技巧包括猜测词义、推理演绎、抓关键信息和跳跃障碍等。这些阅读技巧的培养与掌握,可以提高学习者的阅读质量和阅读速度。

汉语作为外语的阅读教学目标当然也是任务型阅读教学模式的教学目标。不过,这些目标会根据任务型阅读教学模式的特点而有轻重之分。此外,根据该模式在学习理论和心理学方面的理论基础,它还有语言能力之外的教学目标。

我们把任务型阅读教学模式的教学目标归纳为三个方面,这就是:

一、培养学习者阅读目的语材料的能力

这个能力相当于汉语阅读教学目标中的阅读理解能力。如前所述,阅读理解能力包括三方面的知识:目的语的语言知识、与文章内容相关的背景知识、篇章构造规则。所以,帮助学生建构和充实这三方面的知识当然是任务型阅读教学模式的目标之一;而在此三者中,又以后两者为教学目标的重点。这是因为,任务型阅读教学模式是以培养学习者完成各种与阅读相关的生活任务为主要目的的,例如工作和学习急需的参考资料中的有关信息,生活和交际中经常应用到的有关知识,都必须在阅读过程中获得和攫取;要完成这些任务,通常所采取的是对阅读文本的整体理解和一些关键词语的理解,而不必对材料中每个词语和句法结构都一一进行解析并搞懂。对于这样一个较为宏观的阅读理解过程,掌握相关背景知识和全文语篇、段落的推进方式就很重要。因而,学界业已达成共识:篇章理解能力是阅读理解能力的集中体现,也是阅读训练的重点。

需要说明的是,以文章内容和篇章构造为教学重点绝不意味着摒弃对具体词语和句法结构的教学;而是在具体操作中,对于它们的教学采取"隐性教学",而非传统的"显性教学"。即不一定依照由字而词、由词而词组、由词组而句子、由句子而语段的自下而上地教学,而是从篇段出发自上而下地理解有关词语和句法结构。

二、训练学习者的阅读策略

认知心理学的研究已表明:"语言的意义"和"阅读策略"对于人们理解阅读文本起着重要作用。"阅读策略"即相当于汉语阅读教学目标中所说的阅读技巧。训练学习者学会与掌握预期(假设文本段落的意义和情节的进展)、猜测(根据上下文语境初步断定有关语句的意思)、推演(凭借生活知识与逻辑规则推断事理的相因和变化)、跳跃(跳过文字障碍,衔接前后的意思)等阅读技能,这对于扫视、浏览、查读等泛读能力的提高有着重要的意义。

三、培养学习者的认知能力——学习能力和解决问题的能力

以社会建构主义和认知心理学为理论基础,任务型阅读教学模式并不将教学目标局限于语言能力和语言知识。社会建构主义理论支持下的"学习"不仅是对知识的获得,而且还是一个学习者人格发展的过程。与认知心理学结合,这种人格发展具体体现为学习能力和解决问题之能力的发展。阅读理解是一种语言学习的能力,又是一种解决问题的能力,因为在阅读过程中会遇到这样那样的问题需要克服和解决;同时,人们在生活中常需获得相应的知识来处理、对待和交流,那也得自己寻找有关资料来阅读和解决。任务型阅读教学模式就是通过学习者完成一个个"任务"来培养他们这两方面的能力。

以下我们将展示任务型阅读教学模式对学习者的上述三项能力的具体训练过程。

第四节 任务型阅读教学模式的教学程序

借用任务型教学法的术语,我们将任务型阅读教学模式的课堂教学过程分为"任务前"、"任务中"和"任务后"三个阶段。

一、"任务前"阶段(Pre-task Phase)

此阶段是学生为阅读和完成任务做准备的时间,教师此时的职责是根据这堂课的教学目标对学生的准备进行引导。引导的内容和步骤如下:

1. 教师说明本堂课的任务。
2. 教师以提问方式激活学生认知结构中已有的、和该项任务相关的知识和信息,包括社会、文化背景知识和语言知识等。

激活学生的背景知识有利于他们对篇章的整体理解,有利于把握文本的文

化内涵。这实质上是在帮助学习者建构"内容图式",再现"生活情节";帮助学生复习已学过的相关语言知识则可以使这些语言知识处于积极的活动状态,同时也可使目的语的学习更具系统性。出于社会建构主义理论提出的反对知识的直接传授和启发式教学的应用,这些"激活"是由教师以提问方式进行的。

这样的"任务前活动"可以提高学生对任务的熟悉度(task familiarity),从而降低任务难度,以便学习者集中更多精力在此项任务的教学目标上。(Skehan 1998:138)

二、"任务中"阶段(During-task Phase)

在此阶段,学习者阅读文本,并在阅读后进行任务活动。

对于阅读文本,教师需要作一定的加工,以便落实语言知识(包括具体词汇和句法结构的"细节")的学习。首先,对这些"细节项目"通过字体、颜色或下划线等标志凸显出来,以引起学生注意,促使他们思考。由于这些"细节"跟整个文本的理解关系不一定那么密切,在完成阅读任务过程中很难腾出时间来讲解它们,因此教师将在学生完成任务后再组织对这些项目的教学和操练。

在"任务中"阶段,为了使学生对任务的"执行"向着预定的教学目标前进而不偏离轨道,教师需要控制学习者的注意力。控制注意力的方式有两种:提示和控制时间。(Skehan 1998:142)

学生在完成任务的过程中,可能会由于不理解某些语言项目而导致任务进程的延缓甚至中断。如果教师此时不给予一定帮助以使交际继续,那么此次任务和教学目标都将无法实现。根据阅读理解训练的特点,教师可以示意学生跳过不懂的词句继续阅读,也可以提示这些语言单位的意思,但是切不可打断任务的进程来作讲解。如果教师觉得有必要就学生的问题进行讲解和操练的话,可以在"任务后"阶段进行。

对人脑处理语言信息所作的研究表明,人们用于语言行为的大脑内部知识系统是一个双重系统(duel coding system)——基于记忆的系统(memory-based system)和基于规则的系统(rule-based system)。前者是一个贮存着词汇、交际策略和相关背景知识的系统;后者是语言的语法规则系统。言语交际中如果可用于思考的时间越少,交际者就会越多依赖于基于记忆的系统;反之,时间越充裕,就越多启用基于规则的系统。(Skehan 1998:90)将这一理论应用于阅读行为——人们在阅读过程中,时间越多,就越会关注细节、越会在不懂的词汇和结构上作停留。这样的阅读习惯是不利于提高篇章理解能力的,加上任务型阅读教学模式是以培养完成任务的能力为教学目标,就更不能让学生养成为细节所阻的阅读习惯,所以教师要严格控制学生阅读和完成任务的时间。

学习者在教师的指导下阅读完文本。由于各人的理解程度深浅不一,教师必须依据阅读的目的与任务,展开提问和讨论,组织学习者表述和交流自己的领会和心得,将对文本的初步理解引向深入和全面。

三、"任务后"阶段(Post-task Phase)

这是学习者完成任务后,教师进行总结、检查和"细节"教学的阶段。

1. 总结和检查

教师重述该堂课所完成的任务,以提问方式帮助学生回顾和总结阅读文本的整体内容和篇章结构。提问同时也起到了检查学生的学习效果的作用。

由于通常情况下只有教师对一堂课的具体教学目标——包括阅读文本的内容图式、阅读策略、语言项目等——有理性的认识,大多数学生对于任务中所包含的技能和语言知识是无意识的,所以教师的总结可以使学生理性地意识到他们所学的知识。

2. 语言项目的教学

前文已述,任务型阅读教学模式将次要词语和一些句法结构的教学置于"任务后"阶段。所以,此时教师可以对具体的词语和句法结构进行讲解和操练。当然尽可能让学生联系已知和旧知来接纳和同化新的词语和语法规则。

第五节 任务型阅读教学模式的教学实例

近年来,任务型语言教学在口语教学中甚为流行,将其移植到阅读教学,尽管属于新创,但课堂教学实践表明,教师们执行和实施起来并不觉得生疏和拘谨。下面选取一则任务型阅读教学模式的课堂教学实验示例,以形象地展示该模式的实施过程。

教学实例

教学对象:美国学生

汉语水平:初中等(已具有800—1000学时汉语学习经历)

教材:教师自选

教师:朱勘宇(华东师范大学对外汉语学院)

一、阅读材料和读后练习

(一)阅读材料

奉贤的好风光

大学坐落在市区也好、郊区也罢,都各有优势与劣势。

因为有了直达市中心的校车,上师大奉贤校区堪称郊区大学城的典范。教学楼傍水而建,透过朝南的窗户望出去就是一片人工湖,待到六月,湖里的荷花盛开,一眼望去争艳夺目。

除了教学楼,东门是学生聚集最多的地方,门外琳琅满目都是小吃摊。对于胃口小的女生来说,只要在几个小吃摊前走上一回,就可以把一顿饭打发过去了。不知道如今那个卖山东煎饼的阿婆是否还在。想当年,对于上师大的学生,煎饼阿婆的名头堪比豆腐西施,在她摊位前排队的学生络绎不绝。如果吃不惯路边摊,那也可以跑去学校内的紫藤苑买上一袋小羊角面包和特色珍珠奶茶,随后花上5元钱票价去东门对面的上师大剧院享受一下对学生朋友廉价播放的大片。

大连路的螺蛳壳

现在松江大学城里的上外新生已经完全不能想象,他们的学长是如何在大连路校区的螺蛳壳里度过4年光阴的。但事实上,虽然走进前门拐个弯就是后门,上外学子依然过得滋滋润润。尽管没有河边小道,图书馆前的假山和小亭依然是晨读的好去处。

走出后门步行五分钟便到宿舍区,其间要穿过半条东体育会路。路旁一溜炒饭摊,两元钱满满一盒,两个女生大可分而食之。更有著名的老李烧烤,晚自修回来,红彤彤的炭火,好似归家夜灯般温暖。宿舍区还有个母子档的红烧牛肉面,口味绝伦;若想换个口味,来点西餐,附近的肯德基还有成天派送的优惠券。"巨无霸"汉堡包撑饱肚子后,隔壁的家乐福俨然成了饭后散步的好场所。里面逛一圈,不仅胃部得到消化,而且从学习用品到生活用品,全部搞定。

(二) 读后回答问题

1. 比较这两所学校,并填写下面的表格

提示:表格中已经列出了一个比较项目"地点"。请你根据文章内容补充其他的比较项目,并写出两所学校在这些方面的不同。

学校＼比较项目	地点				
上师大(上海师范大学)					
上外(上海外国语大学)					

2. 这组文章的主要内容是:

A. 比较大学在市区和郊区的方便与不便之处。

B. 比较两所大学的优点和缺点。

C. 描写两所大学的环境与生活。

D. 告诉读者大学有很多好吃的。

3. "豆腐西施"的意思是：

    A. 生产豆腐的工厂/公司

    B. 盛产豆腐的地方

    C. 豆腐店的名字

    D. 卖豆腐的人

4. 根据文章，下面的话正确的是：

    A. 上师大的对面可以买到羊角面包和珍珠奶茶。

    B. 在上师大花五元钱可以看电影。

    C. 在上外，学生喜欢在图书馆前和河边晨读。

    D. 文章介绍的上外在松江大学城。

二、具体教学目标和练习的参考答案

（一）本次课堂教学的目标细分为三个方面：(括弧中的问题序号表示训练该技能的问题)

1. 帮助学生建构大学生活、环境的内容图式和描写这些内容的篇章结构图式。

2. 阅读技能

    ① 归纳总结的能力/篇章理解的能力（问题1）

    ② 寻找细节的能力（问题1、4）

    ③ 概括大意的能力（问题2）

    ④ 根据上下文猜测词意的能力（问题3）

3. 语言知识

    ① 词汇："堪称"、"堪比"、"摊"

    ② 结构："……也好……也罢，都……"

（二）练习的参考答案

1. 比较这两所学校，并填写下面的表格。

学校 \ 比较项目	地点	环境	剧院	吃	买东西
上师大	郊区：奉贤	大；有湖	有	很多小吃摊；山东煎饼；羊角面包；珍珠奶茶	未知（文中没有描述。）
上外	市区：大连路	小；没有河	未知（文中没有描述。）	炒饭；老李烧烤；红烧牛肉面；肯德基	家乐福

2. C   3. D   4. B

三、课堂教学程序

本堂课的教学步骤分为"任务前—任务中—任务后"三个阶段。以下的阐述先描述每个步骤的内容,然后说明该步骤的设计意图,最后对整个教学设计作一说明。

（一）任务前阶段

在这一阶段,教师不向学生提供阅读材料和阅读理解问题,而是通过提问来引导学生做任务前的准备。具体准备活动和步骤如下:

1. 向学生说明这堂课的"任务":你要到中国留学,想挑选一所大学入学。今天请看一组介绍两所大学的文章,然后比较一下,并挑选一所。

2. 向学生提问:你觉得大学生活中最重要的是什么?
你喜欢大学生活的哪些活动?
你希望学校里有哪些生活设施?

然后,从学生的回答中,教师引导他们归纳出"环境"、"吃"、"住"、"买东西"等方面。

说明:

（1）提问是为了在进行任务前唤起学生认知结构中与该任务有关的背景知识。从阅读教学的目标来看,重现学生头脑中已有的相关知识有助于他们构建阅读文本的内容图式。

（2）提问后归纳学生的回答并总结出大学生活的几个方面,目的在于帮助学生构建和补充大脑中的学校生活、环境的"内容图式"。一旦构建成功,也就意味着学生知道了大学生活包括哪些方面的内容,这有助于他们今后阅读一切有关这方面的文章。同时学生也知道了从哪些方面对大学生活进行描写,换言之,也就是在构建篇章的"结构图式"。可见这个归纳不仅在本次教学中为学生完成阅读理解问题 1 提供了提示,而且从长远角度——阅读教学的目标来看,也有助于学习者阅读能力的提高。

3. 向学生提供与文章内容有关的社会、文化背景知识。上海在郊区兴建了大学城,所以很多学校现在有两个校区——一个位于郊区的新校区和一个位于市区的原校区。

说明:

作这一背景知识介绍的原因同步骤 2 的目的一样,此不赘述。

（二）任务中阶段

对于任务"进行"过程中的教学,共设计了 5 个步骤。

1. 把阅读材料和问题 1 表格发给学生,告诉学生:阅读后填写这份表格;单独完成,不作讨论;时间 8 分钟。6 分钟后,教师在教室内巡视,观察学生完成的进度,并就学生遇到的困难以提示的方式给予帮助,对学生提出的问题择而答之。

说明：

(1) 学生拿到的阅读材料中，作为本堂课教学目标的词语"堪称"、"堪比"、"摊"和结构"也好……也罢……，都……"被加上了下划线，以此引起学生的"注意"。但是在任务前和任务中阶段教师都不对其作讲解，也不回答学生关于此的问题，它们的教学被安排在任务后阶段。这样做既符合"交际目的优先"的教学原则，同时也满足了认知心理学"发挥和发展学生认知能力"的要求。

(2) 此时对于学生提出的问题，教师可以根据问题阻碍任务完成的"严重度"和学生的目的语水平酌情处理——选择是否回答和如何回答。由于这是阅读理解的训练，并且教师也已经在阅读前介绍了相关的社会、文化背景知识，所以一般情况下并不提倡此时回答学生的问题，更不宜解答词语的意义。

(3) 设计的阅读时间按照120－150字/分的阅读速度计算，这是汉语中等水平对阅读速度的要求。[①]

2. 到8分钟，教师示意学生停止阅读和做题，然后请3到4个学生读出他们填写的表格。教师把学生的答案写在黑板上，但不对学生的回答做任何纠错和补充。

说明：

这一过程是让学生参考别人的答案、思考并修改和补充自己的答案。教师暂不作任何讲评是为了促使学生尽量发挥自身的认知能力来解决问题。

3. 把问题2－4发给学生。告诉学生：两人一组，可以讨论完成练习；完成练习2－4以后，再补充填写问题1表格；时间5分钟。

说明：

(1) 让学生分组讨论的目的是使完成任务的过程有互动，学生可以互相帮助解决问题。任务型教学法的研究表明，相对于无互动的任务，学习者在完成有互动的任务时，会更积极、更主动地努力生成正确的语句。因为有"互动"就意味着需要使对方明白自己的话语；而学习者为此所作的努力是使大脑内的中介语体系成为向目的语发展的强有力的推动力。(Skehan 1998：105)

(2) 阅读理解练习题2－4为问题1的回答提供了线索和提示，所以可以要求学生回答完这些问题后，再完善问题1表格。

至此，对于问题1的回答、即本堂课的"任务"，在教师讲解之前，学生共经历了四个步骤：自己做 → 参考同学答案 → 获得提示（通过问题2－4）→ 和同学讨论。如此设计的初衷是：最大限度地发挥和发展学生自身的认知能力。

4. 5分钟到了以后，教师请学生回答所有的问题，先回答问题2－4，再把问题1表格补充完整。同时，教师要对每个问题的答案进行讲解。

[①] 参考国家汉办制定的《高等学校外国留学生汉语言专业教学大纲》，北京语言文化大学出版社，2002。

说明：

教师的讲解是这一步骤的重点，因为这直接关系到本堂课的教学目标能否实现以及实现"多少"，所以绝不是简单地给出标准答案，重要的是解析选择和回答的理据。讲解的方式依然是启发式的。下面以问题3和问题1的讲解为例进行说明。

问题3的目的在于训练猜测词义的技巧，被询问的是词语"豆腐西施"的意思。我们认为，教师通过此题要实现的目标是使学生掌握如何进行猜测，而远远不是只停留于让学生知道这个词的意思。设计的讲解方式是：先请学生找出包含着这个词的句子"煎饼阿婆的名头堪比豆腐西施"；然后教师以提问方式启发学生"这句话是拿什么和什么作比较呢？"（回答："煎饼阿婆"和"豆腐西施"）；教师继续问学生："那么'煎饼阿婆'是什么呢？"，并提示学生从相邻句子中寻求答案。（答案在前面一句，"不知道如今那个卖山东煎饼的阿婆是否还在。"）所以，"煎饼阿婆"是指卖山东煎饼的阿婆，那么，由此类推，"豆腐西施"就是卖豆腐的人。

这样的讲解过程向学生展示了一个完整的推理词义的过程。同时，讲解的每一步，教师都通过提问让学生自己得出答案。由此，学生通过自身的认知过程学习到了推理的技巧。

再看问题1的讲解。这道题需要读通全文后才能回答。设计这道题的意图是：希望学生通过此题习得关于学校生活的"内容图式"和篇章"结构图式"——篇章结构和推进模式。

讲解时，教师可以根据文章的行文顺序向学生作如下提问：

① 文章先写什么，后写什么？（答案：先写校内学习场所，再写校外的小吃。）这是什么顺序？（答案：空间顺序。）

② 从校内写到校外的连接方式是什么？（连词"除了"："除了教学楼，东门是学生聚集最多的地方……"；趋向动词"出"、"到"："走出后门步行五分钟便到宿舍区……"）

③ 对两个学校校门外的小吃摊，分别如何描写？描写方式有什么不同？（上师大：先写"小吃摊"再写"煎饼阿婆"——从总体到个别；上外："炒饭"、"老李烧烤"、"牛肉面"——并列列举的方式）。

通过教师的提示和讲解，学生除了得到问题1的答案之外，更重要的是：学习到了篇章的结构组织和推进方式。而这一项，如前所述，目前已被视为阅读理解能力的核心和阅读训练的重点。

5. 向学生提问：你选择哪一所学校，为什么？

说明：

教师听学生回答时，要注意检查他们对文中所描述的两所学校的信息是否掌握得正确，切不能任学生谈论自己的兴趣爱好和择校标准。因为这是阅读理解教学,而非口语训练。为此,教师需要引导学生多谈文章中的内容,这样不仅可以检测他们对文章的理解程度,同时也是在帮助学生重现和巩固刚习得的"内容图式"和篇章"结构图式"。

(三) 任务后阶段

在学生比较了这两所学校并做出选择后,教学进入"任务后"阶段。"任务后"阶段由三个教学步骤组成。

1. 进行本堂课教学目标中的词汇"堪称"、"堪比"、"摊"和结构"……也好……也罢,都……"的教学。方法如下:

1) 向学生提问画线部分词语的意思。由于学生已经理解了文章的内容,也就是说"意义"的教学先于"形式"的教学,那么,教师完全可以用上下文启发学生得出词语的意思。比如"堪比"的教学,可以利用问题3启发学生。

2) 对这些词语和结构进行操练。操练的方式可以是教师使用这些项目组成语句向学生提问;也可以是请学生使用这些项目生成语句。操练的时间不宜过久,每一项请三至四位同学即可,毕竟本堂课的教学目标是阅读理解能力和技巧的训练。

说明:

这一步骤是教师在学生完成任务后,对具体的词语和句法结构的"细节"进行教学。

2. 引导学生总结和回顾文章大意。主要方式是:请学生复述文章内容,介绍这两所大学等。

说明:

这是对"篇章意义"的回顾,是为了巩固学生在本堂课中建构的"内容图式"和篇章"结构图式",所涉及的是教学目标中阅读理解能力的一部分。

3. 最后,教师总结本次课堂教学并回答学生问题。

在结束一堂课的教学之前,教师需要对该堂课学生完成的任务、学到的知识和技能作一总结。本次教学中,学生完成了"比较两所大学"的任务。通过此次任务,学到了可以从哪些方面描写大学生活(即"内容图式");如何对文章内容进行归纳以及组织文章(即篇章"结构图式");还学了阅读中的推理技巧和几个新词语、结构。最后,教师询问学生是否还有问题。此时对于学生提出的任何问题,无论是关于文章内容、背景知识还是语言知识等,教师都应予以解答。

说明:

对一堂课的教学内容作总结的目的是重现本堂课所学习的相关"图式"、阅读技能和语言知识,以使学生对此有理性的认识。

四、教学设计说明:设计步骤和思想

1. 确定本堂课的具体教学目标

首先确定通过这份阅读材料和阅读后的任务所要训练的阅读理解能力、

阅读技巧和要学习的语言知识。有了明确而具体的目标,才能有针对性地设计整堂课的"任务"和阅读理解练习。

2. 确定"任务"

对于设计怎样的任务,可以考虑两方面的因素:"任务"的特点以及本堂课的具体教学目标。根据前者,"任务"需要具有现实意义;根据后者,鉴于本堂课的教学目标中,篇章理解能力和篇章结构图式是重点,所以确定:本堂课的任务是需要对文章进行宏观把握后完成的。基于这两点,设计了"阅读后比较两所大学,并作选择"的任务。

3. 确定教学原则和方法

教学原则决定了课堂教学程序的设计以及教师的讲解方式(即元语言的运用)等。依据任务型阅读教学模式的学习理论和心理学理论基础,本堂课的教学原则是:最大限度地发挥和发展学生的认知能力;教学方法为启发式教学,具体表现为教师提问、学生互相启发和"练习"启发等。

4. 确定具体的课堂教学程序

有了具体教学目标、教学原则和教学方法的指导,最后就可以有针对性地设计"任务前"、"任务中"和"任务后"三个阶段各做什么,以及在每一步中如何实现这些目标、如何贯彻这些原则和方法等。

第六节 对任务型阅读教学模式的评价

任务型阅读教学模式脱胎于任务型语言教学法,但又不拘泥于这种方法。结合阅读教学,特别针对欧美学生汉语阅读的特点,任务型阅读教学模式发挥了其自身的特殊性。

一、任务型阅读教学模式的优点

(一) 实用性和真实性

20世纪初索绪尔奠定了现代语言学后,注重语言"形式"的结构主义语言学成为主流理论。直到20世纪中叶,伦敦语言学派使功能主义语言观大放异彩,之后不久形成的功能主义语言学从此牢牢占据着语言学界。受此影响,"70年代以来,交际或交际能力在外语教学中是一个核心概念,是教学理论研究的焦点……"(盛炎 1990:189)

目前,外语教学界已普遍接受这样的教学观:外语教学的目的是培养学习者使用目的语进行交际的能力。而任务型教学法恐怕是将这个观点体现得最直接、最彻底的教学法之一了。学生每次上课就要完成一个现实生活中常做的活动,课上完了也就学会了要做成这件事应该说什么、怎么说,放学后走到大街上立即就可以用上。可见,这对于学习者在第二语言环境中生活有"立竿见影"的帮助。

当任务型教学法被应用到阅读教学上时,学生阅读生活中真实材料的能力也就得到了有效而迅速的提高。并且,学习者能在短时间内学会完成生活中各种与阅读相关的任务。

(二) 课堂教学形式丰富

传统的阅读课教学模式通常是学生朗读、教师解释词语和语法、学生做练习、教师对答案、分析课文。其中,学生的"活动"很少,久而久之,这种形式就显得单调乏味。而任务型阅读教学模式给阅读课教学带来了丰富的活动和练习形式。课堂教学以学生自己完成任务为主线,每堂课都有一个不同的任务;完成任务的过程还包含了各种形式的"子"活动。形式丰富了,学生的兴趣也就增强了。同时,教师的讲解在时间(何时讲)和方式(怎么讲)上也比传统的阅读课教学更灵活多变。

(三) 以"意义"为主的教学思想有助于篇章理解能力的训练

传统的阅读课教学,教师对语言点和文章内容的解释占较大比重,这样一来,学生的阅读理解能力和阅读策略的训练就自然受到影响。任务型阅读教学模式以学生完成任务为主要目的和主要形式。这种任务并不苛求对生词和结构的"细节"理解。为了完成任务,学生往往会想方设法使用各种策略来理解文章的整体意义和关键词的意义。加上教师的正确引导,篇章理解能力和阅读技巧就在这样的过程中得到提高。

(四) 学生认知能力得到发展

在任务型阅读教学模式中,教学是一个充分发挥学生主观能动性和发展学生认知能力的过程。就教学效果而言,学习者对于自己动脑得出的结论要比从他人处间接得到的知识记忆得更深刻。从学习论的角度出发,学生在此过程中学到的不仅是某个科目的某项知识,更重要的是,还学到了受益终生的"学习方法",提高了学习能力和解决问题的能力。

以上述教学实践为例,学生习得篇章结构图式的方式是在教师的提问启发下自己归纳出来的。通过这样一个过程,学生学到了如何从一篇文章中归纳得出篇章结构组织的方式,这要比得到一个"大学生活"图式更有意义。因为知道了"怎么做",就可以使他们在以后的阅读中,无论遇到什么内容和结构的阅读文本,都能自己从材料中归纳出"内容图式"和篇章"结构图式"。

二、任务型阅读教学模式对欧美学生的适用性

综上所述可以认为,任务型阅读教学模式很适合对欧美学生的教学。众所周知,欧美学生性格外向活泼,喜欢自主实践。他们在本国接受的教育传统

就是以学生实践为主、充分发挥学生自身能力的教育方法。因此,同日韩学生习惯于学习由教师安排不同,欧美学生喜欢"自己做主"、喜欢阐述自己的观点。所以,在对欧美学生的汉语阅读教学中,建议多考虑采用"任务型"的模式,让学生尽可能多地成为教学活动的"主角"。

由于运用任务型阅读教学模式的起点较高,对于一部分汉语学习尚处于初级阶段的欧美学生来说,实施该模式恐怕有一定的难度,需要适当放低要求。

第十章　前导型阅读教学模式

阅读理解从某种意义上来说,是把视觉接收的语言文字所包容的新知识或新信息,通过与头脑中原有知识结构联系、接纳、融入、同化和整合,最后得以理解并成为知识结构中的一个部分的过程。书面材料有浅有深,有难有易,有一般题材的,也有专业题材的。对于那些跟读者原有知识结构有较大差异或专业化程度较高的材料,教师必须动脑筋组织和运用某种教学方法,调动学生的已有知识,使之比较容易地接纳和理解其中的内容。前导型阅读教学就是为适应欧美学生的汉语阅读之需要而发展起来的一种模式。在阅读问卷调查中,有69%的欧美学生认为在阅读课前,教师应该先向学生介绍关于文章内容的前导性材料。(如图)可见前导型阅读教学模式是深受欧美学生欢迎的一种教学范式。

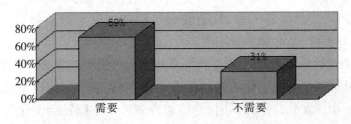

图10—1　学生对上阅读课前老师介绍相关文章内容的前导性材料的看法

前导的方式可以覆盖整个阅读教学的全过程,不仅课文阅读前需要背景的介绍与前导,就是阅读过程中对于文章结构与情节铺排的分析,以及词语解释也需要一定的前导,以提高书面材料的可懂度。在汉语作为外语的阅读教学中,教师讲解新课时,常常要插入时代背景的介绍;分析文章结构时,常得补充中文的词语篇章知识;理清情节时,也会辅以中国人叙述故事的思维顺序;解释词语时,每每引出已知的词语或词素等等,这些实际上都在一定程度上进行前导型的阅读。因此,前导型阅读教学模式的创立和建构,有着相当深厚的基础,教师实施也觉得顺畅、便利。

第一节　前导型阅读教学模式的性质

前导型阅读教学模式,是指在阅读前或阅读中,向学生提供或安排与课文内容有关的各种前期阅读的材料和活动,即教师将学习内容加以组织,通过讲课、阅读、布置作业,实现对学生相关的旧知识结构的激活、调整和补充,以便为新知识被认知结构的接纳做准备。可以这样认为,前导型活动在阅读教学中是对学生认知结构进行热身的认知活动。它的关键是将书面材料进行一番化难为易的处理,也就是教师在上正课之前或进行某个环节时,提出与新的学习内容相关、相似或相接近的概念和原理,这些概念或原理(即前导知识)是学生所能接受的,或者学生大脑中原已存有的,通过教师的导引和激发,使学生易于把新内容与前导知识联系起来加以理解,以便顺利地进行阅读。

阅读教学采用前导方式,与奥苏贝尔提出的先行组织者相像。奥苏贝尔把先行组织者定义为比正文更抽象、更概括、涵盖面更广的更高层面上的准备材料。它是对所要学习的正文所涉及思想、主题的更高层次的总结(Ausubel 1978:252)。这里包含着两大要素:

(1) 先行组织者所涉及的材料应当比具体学习材料的层次更高、更抽象;
(2) 先行组织者所涉及的材料应当与学生的认知结构有密切的相关性。

前导型阅读教学模式中的前导知识,含义和范围比先行组织者更为广泛。它包含着概念、原理、时代背景、习俗文化、词语篇章知识、构词与语法规则,乃至情节与空间陈设的图示等等,凡是有利于阅读理解书面材料,能够提高其可懂度的知识与举措,都可纳入前导之列。

前导型阅读教学模式对欧美学生汉语阅读的帮助尤为重要。众所周知,汉语作为外语的阅读教学是跨文化的阅读教学活动,欧美学生对阅读材料的许多内容大都不熟悉。由于文化背景的不同,他们对许多涉及中国社会文化的内容缺乏相应的认知基础,从而产生理解障碍和偏差。而传统的汉语作为外语的阅读教学对知识的前导又缺乏相应的重视,因此阅读教学的效果受到了一定的影响。如果在教学中运用前导的理念,在阅读前或阅读中有意识地插入有关的前导知识,发挥其先行作用和新、旧知识的联结和互动组织作用,就将有助于克服跨文化阅读教学中出现的种种问题。这就是我们创立和建构前导型阅读教学模式的依据和原因。

第二节　前导型阅读教学模式的认知原理

前导型阅读教学模式融进了先行组织者的理论。先行组织者是上世纪六十年代逐步发展起来的一种重要的教学方法。它是把心理学的认知结构理论运用于教学领域而结出的重大成果。前导型阅读教学模式吸取了先行组织者的理论和方法，并在此基础上加以扩展。因此，新模式同样具备并能发挥先行组织者的认知心理特点和作用。

一、模式合乎知识吸纳的认知心理过程

创立先行组织者教学的奥苏贝尔认为(1960)，心理学有关认知结构的研究表明，认知过程是一个新旧知识的互动过程。也就是说，新知识的获得对旧的知识结构发生了扬弃性的改造，而旧的知识结构对新知识的接纳也有重要的影响。人们的阅读活动，必然要触及一些新的知识(包括新的词语、新的句子、新的概念、新的内容等)。这些新的知识，有的可能是旧的知识结构中含有局部或部分的成分，读者就会利用和依赖旧知识结构去接纳它、同化它，把它们融化为原有知识结构的一部分，与此同时也促使旧知识结构得到一定程度的改善。而有些新的知识是旧知识结构所缺乏的、空白的，旧知识结构无法去包容它，甚至产生抵触或拒载，造成阅读上的障碍，阅读活动可能因此而终止。这时必须采取适当的策略和措施，对旧知识体系作些调整和改造，使旧知能顺应新知。奥苏贝尔指出，这些心理学的认知成果对教学研究和教学活动有着重要的意义，教学正是一个运用新知识对旧知识进行改造的过程，有必要探讨新、旧知识结构在学习过程中的互动关系，使新旧知识之间发生某种有利于新知识获取的互动。

前导型阅读教学模式跟先行组织者教学一样，在具体的学习活动开始前或在某一个学习环节实施前，预先根据将要学习的新知识点的内容和特征，作些必要的教学处理(如介绍背景、出示图表、补充有关资料等等)，激活和调整学生的旧知识结构，以便准备接纳新知识。从某种意义上说，前导活动(或者说先行活动)是学生现有认知结构的热身，能促使其在学习过程中达到最佳的认知状态。

二、模式具备新知接纳的三大因素

前导型阅读教学模式跟先行组织者一样，都是针对影响知识吸纳过程的三个重大因素而实施的技术操作。Ausubel(1960、1978)认为，就旧的认知结构而言，影响新知识接纳的因素有三个：

第一个因素是知识定位。人们头脑中的知识结构不是杂乱无章的，而是有一定序列和一定位置的。对新知识的接纳和吸收实际上是把它们安置到知识结构相关序列的位置中去。由于知识结构是一种有层级的网络结构，新知识可以归到或落户到不同的层级之中，即如果不能归进细小的类别，也可移入高一级的种属。因此，所谓定位，指的是一旦新的知识被吸纳后，它必须在现

有的认知结构中得到归类和梳理,以便所获取的知识从短时记忆贮存到长时记忆。如果新知识在知识结构中的定位不能实现,那么长时记忆就难以为之贮存而极易发生遗忘现象。许多囫囵吞枣的学习之所以效果不好,就是因为现有认知结构的定位系统无法对新知识进行定位储存。

第二个因素是知识结构的容纳度。知识的网络结构中含有新知识的种属或类别,知识结构就较易容纳和接受新知;反之,知识结构对于新的知识完全处于空白状态,则不易或难以接纳,当然也谈不上激活,久而久之便被遗弃、排斥。即使新知识被接纳,也还有一个消化吸收过程,即必须反复出现,反复应用,达到一激就活的熟练程度,才可算是成为知识结构中的一个成员。

第三个因素是新知识的独立性。新知识被知识结构接纳和同化以后,并不完全被旧知所吞并和溶解,它还在一定程度上保持其相对的独立性。这种独立性表现在:新知识改造了旧的认知体系,推动了认知体系的发展;新知识作为知识结构的一个成员,也具备了接纳新的知识的资格。如果新的知识被吸纳后,遭彻底同化,那新知识就失去了其应有的作用。

奥苏贝尔就是根据影响知识吸收的三大因素,提出了先行组织者这样的教学理念。这个理念的中心意思是,对学习者在具体实施学习任务以前要作些前期准备,有意识、有针对性地对其现有的认知结构进行干扰、调整和重组,创造对新知识定位、容纳和激活的相应条件,以提高新知的可懂度。奥苏贝尔的这种教学理念也贯穿于前导型阅读教学模式的始终。

三、模式提供了接受新知的手段

前导型阅读教学模式的最大效应是便于学习者接纳新知,而所接纳的新知可能有不同的情况,有的是全新的,有的是半新旧(部分新)的。针对不同情况,模式就得提供相应的接受新知的手段。

(一) 全新知识的学习

由于全新知识对学习者来说是完全陌生的,因此教师就必须通过前导性知识向学习者提供他们所能接受的"手段",提供更具体的帮助,例如与新知有关的基本概念、命题、判断、原理和法则等等。奥苏贝尔把这类"手段"称之为"阐释性组织者"(expository)(Ausubel 1978:252)。比如汉语中的"把"字句,对于欧美学生来说是全新的知识,跟英语比较,汉语中凡带有处置意义的动词,其被处置的对象(事物)可用介词"把"将它提到谓语之前。教师可列出一些英汉句子作为前导知识,让学生进行对比:

The workmen pulled down the house.
工人们拆掉这座房子。——工人们把这座房子拆掉。
She put the book back in the cupboard.
她放回这本书到橱里。——她把这本书放回橱里。

They pushed the door open.

他们推开了门。——他们把门推开了。

通过这些句子的对比,欧美学生很容易接受这种为汉语所独有的语法现象。

(二) 部分知识的更新

部分知识更新,对学习者来说并不是全新的知识内容,所以有必要运用前导性知识使学生对新旧知识的区别有一个恰当的认识,以保证新知识被接纳后不至于被旧知识彻底同化,失去独立性,以致模糊了两者的界限。Ausubel(1978:252)称这类"手段"为"对比性组织者"(comparative)。比如,欧美学生有了"把"字句的概念和语言实践之后,认识并掌握了汉语"把"字句的特点:介词"把"可将有处置义动词后的宾语提到前面,动词后就不再有宾语。但实际上也有些例外的现象,教师列举一些较为典型的例句作为前导知识,让学生去分析和归纳:

1. 他把这个月的工资花了一大半。　这孩子把窗玻璃敲碎了两块。
2. 他把借的书还给了图书馆。　　我把最新的技术教会了他。
3. 请你把这段文字翻译成英文。　　他把美元兑换成人民币。

经过与原先掌握的"把"字句相比较,学生发现:属于"把"后宾语中的一部分可以留在动词之后;双宾语的近宾语可留在动词之后;有"成为、变化"义的动词可另带宾语。这样,学生原有的认知结构就有了部分的更新。

前导型阅读教学模式的运用,充分考虑和顾及学习者的认知结构接纳新知的具体情况及其变化,所以能有效地提高阅读理解的水平。

第三节　前导型阅读教学模式的内容策划

在前导型阅读教学模式中,前导知识所涉及的材料应当与课文材料的内容有高度的关联性,并且应当充分考虑学生现有的知识体系。根据欧美学生的一般知识结构、学生的阅读水平和阅读材料的难易度,可以在背景、概念、语言、动机等方面策划前导性材料。

一、背景前导

所谓背景前导,主要是指具体教材的实施需要学生预先掌握相关的背景知识。背景前导不是对现有的知识体系进行改动,而是加以对比或补充。当学生不具备学习某一内容的背景知识时,就有必要预先对学生现有的知识体系进行补充或对照。就欧美学生的汉语阅读教学而言,由于欧美学生所生活的社会与中国社会有着重大的社会文化的区别,除了其现有的知识体系会对异己的社会文化内容进行干扰、排斥以外,往往还会出现学生按照其现有的认知条件对不同文化强行解读,结果造成严重的曲解或误读。这就像 Edward Said(1979)所批判的"东方主义"现象一样,把他文化强行纳入自己的解释体系而产生歪曲的严重后果。社会文化背景的前导,就是要让学生理解社会文化的多样性,为即将实施的教学做准备。这对于阅读来说尤其重要。

例如阅读鲁迅小说《祥林嫂》,教师必须把压在旧社会妇女身上的四座大山作为前导知识讲述,才能让学生明白这个被压在最底层的妇女的一生悲惨命运。这四座大山就是以鲁四老爷为代表的政权,以婆婆为代表的族权,以宗教迷信为代表的神权,以及前后所嫁的两个丈夫的夫权。结合课文讲清旧中国社会的封建宗法制度和封建思想,以及小说中的人物关系。这样的前导知识,能提高课文的可懂度,避免学生依据自己现时的思想去强读这篇作品。

背景前导的主要实施方法有:1)教师根据所教的欧美学生的具体背景知识特点,预先准备相关的材料,这些材料可以是学生母语的,也可以是学生能够理解的汉语材料;2)由于对欧美学生的教学所涉及的学生多源化,学生之间也有各种背景差异,因此也可以要求学生自己根据所要进行的学习内容进行相关的背景资料查询,自我预习;3)为了提高前导的效果,还可以进行合作互动,对所要了解的材料进行分工阅读,然后通过讨论进行沟通。

二、概念前导

所谓概念前导,指的是通过对相对高一层次概念的讨论,引出具体的讨论话题。概念讨论是激活性的,它通过激活学生认知结构里的相关知识点或价值体系等,使具体的讨论课题有一个合适的认知方位坐标。在对欧美学生的汉语阅读教学中,它同时还是补充或修正性的,因为知识结构和价值体系的不同,同一个课题在多元文化体系里可能会出现冲突。所以需要概念前导,先引发冲突,然后进行补充和修正。

概念前导往往围绕课文所要阐发的核心概念,预先安排高于该概念的相关讨论,为新概念的引入做准备。比如学生阅读《木兰从军》时,不理解她为什么不以真实性别示人而要乔装改扮,如果教师预先组织学生了解高一层次"封建社会男女不平等的"概念及其种种表现,他们就不会用本民族的文化观念以及当今社会的男女观去看待问题,诸多困惑可以迎刃而解。再如在教授汉语有关父子关系的概念时,先组织学生讨论高一层次的"家"的概念。不同文化有着不同的有关家的观念,家庭成员的关系也可能相应地不同。由于传统的中国文化突出父权概念,强调孝道,传统汉文化的家庭成员关系有着不同于西方家庭文化的特殊性。这种高一层次的概念讨论能为学生接纳具体的概念设定合适的知识方位坐标。

概念的学习涉及价值,而价值体系是最主要的评判体系。不同的文化有不同的价值判断标准。价值观念的前导性知识教学,对于来自西方的欧美学生尤其重要,因为西方生产和西方文明的高度发展,让欧美学生误以为西方社会的价值观是一种具有普适性的价值体系,凡是与之冲突的价值体系似乎都是落伍的,格格不入的。概念的前导必须破除学生这种错误的评判标准,让学生在学习时有开放的心态,认识多价值体系的多元性和不同文化价值体系的内在联系和共存性,从而排除"西方价值中心论"。例如阅读寓言故事《愚公移山》,欧美学生对愚公的子子孙孙挖山不止何愁不平的观念,总是想不通。他们觉得愚公真的很愚蠢,为什么不搬家呢,这样不是马上就能解决问题了吗?这就是观念和价值的差别。以后教师们教学《愚公移山》,先从概念前导着手,讲清中国寓言故事的特点:不拘泥于故事本身的真实性,而是通过故事传达中国人的一种思想理念和精神境界,对真善美的歌颂和对丑恶言行的鞭笞。这样,学生就不去钻牛角尖了。

概念前导的方法有许多,如先通过高一层次的抽象概念讨论(如前面提到的"封建社会的男女观"),也可以用一个具体的故事引出相关概念(如讲述《范进中举》的实例,引出毒害文人的科举制度,以便阅读理解《孔乙己》课文),或者通过一定的判断题练习,让学生进行判断,从而引起争论、冲突,并进而加以补充和修正。

三、语言前导

语言教学是对欧美学生汉语阅读教学的一个主要内容。语言前导就是通过对比学生母语和目的语的不同表达特点,引出具体的语言点。

语言前导教学主要为语言学习做先行的背景知识准备,从而提高学生对母语在各种层面的干扰(transfer)产生一定的警觉,如语音干扰、句法干扰、语义干扰和语用干扰(Odlin 2001)。语言背景前导的教学要求教师对自己所教学生的语言背景有一定的了解,以便能意识到语言错误的源头。

语言前导还涉及语篇。欧美学生大多是已经具备了较强的母语语篇能力的学生,因此有必要预先让他们了解汉语语篇的一些特点,以便他们在解读汉语语篇时能遵守汉语语篇的一些特点,而不是望文生义地强行用母语语篇的章法结构去套汉语语篇。例如学习阅读古代诗歌杜甫的《春望》,教师不仅把诗歌所反映的时代背景介绍给学生,还把押韵、平仄、对仗等古代诗歌的知识作为前导知识提供给学生,并且把有关古代诗歌的语言特点,比如用语简省和语序颠倒(像"感时花溅泪,恨别鸟惊心"乃是"因为花开感时而流泪,由于鸟啼恨别而心惊"的简省与颠倒)也告诉学生。正是这些前导知识的内容,使学生能够遵循中国古代诗歌的创作方法去体会和领悟作者在诗作中流露的思想感情。

语言前导的方法很多,要点是在不同的语言学习层次上使用相应的前导方法。主要可以通过对比的方法:如可以进行语音对比、语义对比、句法对比、语用对比、表达式对比和语言习俗的对比等等。

四、动机前导

学习动机对学习的成效有很大的影响,如果动机随意,那么现有的知识体系很难激活和调动。虽然欧美学生对学习汉语和汉文化的积极性通常较高,但他们对中国现有的课文内容有一定的选择性。有些内容由于和他们的社会文化、性情志趣相差较大,因此学生会表现出一定的被动与消极态度。动机前导教学旨在通过安排有趣或有争议的相关前导材料,调动学生的学习兴趣和积极性。

动机前导的具体方法有:安排某一课题的辩论;进行同一内容的对比讨论;组织学生进行小范围的社会调查;安排学生参观访问等。

第四节 前导型阅读教学模式的教学程序

前导型阅读教学模式有其一定的程序、操作步骤以及实施过程中的具体做法。

一、前导型阅读教学模式的程序

根据上述理论,前导型阅读教学模式的程序可以归纳为:
抽象概念的陈述或比较——新内容、新信息的展示与分析——整体综合
根据这个程序,具体又可以分作以下三个步骤进行:

(一)讲解前导知识

欧美学生的汉语书面阅读,往往有背景知识上的缺乏、文化知识上的不足、语言知识上的障碍和思维(概念和推理)方面的难点,教师应针对阅读材料的特点,进行前导,以解决学生在阅读上的障碍和困难。

1. 前导通常以一些基本概念、命题、判断、原理和法则为基础

欧美学生阅读一篇材料,常会遇到一些他们所不熟悉的概念、命题(即判断),以及某些原理、法则,而这些因素可能是他们阅读过程中的拦路虎。为了给学生的阅读打通道路,教师有必要提供某个领域中的一些主要概念和基本原理。例如学生阅读的材料是有关中国的老人问题,教师就应该根据阅读材料所涉及的老年人生活的方方面面,组织和准备某些前导材料,比如有关中国老年人的概念、中国老人的退休养老制度、社会保障机制、尊老和敬老的社会风气等等。它与以后要学习的材料密切相关,了解这些知识有助于阅读和理解书面材料。

2. 陈述性前导与比较性前导

有两种类型的前导。一种是陈述性前导,提供最抽象的概念以及一些下位概念,例如,教师提供老人的晚年生活,有家庭养老、敬老院养老等情况,学生明白这两种概念,把遇到的新信息与之相联系,为不熟悉的材料提供了观念的桥梁,就能理解材料中所反映的老人养老问题。

另一种是比较性前导,利用相对熟悉的材料,与新材料作对照,以区分新旧概念,避免由于它们之间的相似而造成概念的混淆。例如,欧美学生阅读有关"中国家居变化"的材料,教师把欧美人所熟悉的花园式别墅和公寓式单元房,跟传统的北京四合院和上海石库门住房作一对照和比较,学生就容易读懂中国家居的巨大变化。

3. 前导知识要不断地与新内容发生联系

前导知识的介绍不必太长,也不必讲得太复杂,以使学生能够意识到、能够清楚地理解前导知识的概念、观点为度;而且要引导学生不断地与所学内容发生联系,成为阅读理解的先驱和基础。

(二) 分析学习材料

阅读是新内容、新信息不断呈现和展示的过程。在这一过程中,学生依靠自己具备的百科知识(包括语言知识),凭借教师提供的前导材料中的概念、观点,不断跟新内容、新信息进行联系、对照,从而感受与理解作者的意图。例如,学生阅读《孔乙己》,教师组织一些前导材料,诸如中国封建社会和科举制度以及旧时代文人的情况与概念。学生阅读时不断地把所读内容跟前导的概念、观点相对照和联系,就容易分析与理解小说中这个人物的言语和举动。

(三) 新内容的整体综合

从某种意义上来说,阅读过程是新旧材料或新旧内容的联系、定位和储存。没有旧知识的参与,新内容与新材料是很难被接受、同化和理解的。而新内容、新知识一旦被接受,就需在人的知识结构中加以定位,即新知应安置在哪一类知识结构之中,或者由于新知的作用而使原有的知识结构做出相应的调整。游离的新知是难以被储存和记忆的。

完成新材料与现有认知结构的综合的方法有:

1. 复习已学过的观点

新材料之所以为阅读者所接受和理解,是由于以前学过的知识和体验过的经验从中起着桥梁的作用。因此,教学中复习已学过的知识、观点、原理,使这部分内容处于活跃状态,让新知与旧有的内容联系起来,就容易接受、同化与理解。例如,学生阅读有关奥运会的报导,如果教师有意识地把学生已经熟知的"奥运场馆、奥运精神、奥运竞赛项目、世界纪录、奥运奖牌"等等概念通过复习调动起来,那么这篇报道就很容易为学生读懂。

2. 要求学生总结出新材料的主要特征

学生完成了一篇材料的阅读任务,不能读过去就算数,那样不会在大脑中留下较深的痕迹,极容易遗忘。作为阅读教学,必须让学生有所获得,有所记忆,这样才能获取新知,并提高阅读能力。因此,教师在学生读完材料后,必须要求学生总结一下新材料的主要特征,诸如文章观点(包括事物的定义)、实例(事例与人物)、新的语言点、篇章结构等方面的一些特点,让它们与原有的知识、观点、原理牢牢地、紧密地联系在一起,成为阅读者知识结构中的新元素。

3. 要求总结出新学内容与旧知识之间的区别

把旧知识组成为前导材料而进行复习与调动,有助于新知的接收和理解;反过来,新知被旧知所接纳,促使原有的知识结构更加充实和完善。可见,新知对于旧知常常不是简单的重合,而是有所发展,有所补充。因此,教师不仅要引导学生注意前导材料与新内容之间的联系,同时也应要求学生总结出新学内容与旧知识之间的区别。这样才能扩充学生的知识面,深化知识结构。例如前面说过:已经学过的宾语提前的一般"把"字句与新学的动词后面还留有宾语的"把"字句,这两者之间有联系,有区别,需要学生加以总结。

第五节 前导型阅读教学模式的教学实例

前导是提高阅读可懂度的有效方式,为了让学生顺利地进行汉语书面阅读,教师在备课时就必须充分考虑和设计,课文的哪些地方需要前导知识,哪些方面需要重新组织知识和补充知识,哪些理念和概念需要预先澄清和了解,哪些词语需要先行认识和掌握,等等。这些方面如果考虑和准备得比较充分,实施阅读教学的效果也会因此而显著。

以下选择一则教学阅读课文《孔乙己》的备课笔记来进行评析,从中可窥视和展现前导型阅读教学模式之一斑。

备课笔记

教学对象:欧美学生

汉语水平:中高级(汉语水平考试 HSK 已达到六级或以上)

教材:课文《孔乙己》(选自陈灼主编 1997)

教师:吴仁甫(上海市对外服务有限公司对外教育和国际交流部)

第五课 孔乙己

一、文化背景

(一)孔乙己生活的时代

小说主人公孔乙己是生活在辛亥革命以后的一个读书人(知识分子)。辛亥革命推翻了清王朝的封建统治。但由于这次革命并不彻底,没有真正触动封建制度的经济基础,旧社会的阶级关系以及封建的等级、文化、教育等观念基本上还维持着和留存着。

(二) 孔乙己深中封建科举的毒害

布置阅读第五课后面的副课文(一)科举制度。

从隋代开始的中国科举制度,是封建社会选拔官吏的一种制度。由童生——秀才——举人——进士(状元、榜眼、探花),一级级往上考,考中举人、进士,就可以做吏或做官。因此通过考试做官,被那时的读书人视为唯一的出路(仕途)。于是在他们的头脑里就有了"万般皆下品,唯有读书高"、"学而优则仕"的思想和观念。

孔乙己的许多思想和行为,就是受到这种科举制度毒害的表现。

(三) 孔乙己是贫穷落后的下层知识分子的典型

布置阅读第五课后面的副课文(二)范进中举。

通过范进中举这篇材料,可以知道旧时的读书人(1)大半生都在考试中度过;(2)除了读书考试,什么也不会干;(3)中举而发疯(过度的惊喜而迷失心智)

孔乙己与范进差不多,是个屡试不中的穷苦知识分子的典型。他除了会替人抄抄写写之外,不会干什么营生。但满脑子都是陈旧落后的观念:自命清高,轻视劳动人民,羞愧自己考不取秀才,卖弄才学等。

【评析】以上三点,是背景方面的前导材料。欧美学生有了这些前导知识打底作阅读的基础,才能理解孔乙己这个人物迂腐、懒惰、软弱的性格。否则会觉得这个人物的言行简直是莫名其妙,匪夷所思。因为渗透于其间的文化反差实在太大。

二、乡土知识

(一) 当年绍兴的酒店格局

出示图片或示意图:

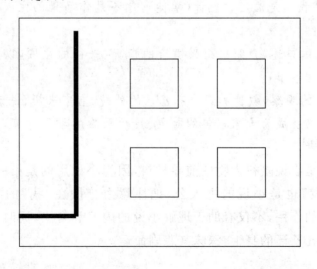

店面是当街一个曲尺形的大柜台,柜台里预备着热水可以温酒;隔壁的房子有桌子椅子,可以要酒要菜慢慢地坐喝。

(二) 当年绍兴酒店的顾客

长衫主顾,是穿着长衫的顾客,长衫标志着有一定的身份和地位。他们在隔壁房子里坐着吃喝。

短衣主顾,是穿着短衣的顾客,短衣标志着他们是出卖劳力、干苦活的人。他们只是靠柜台外站着喝酒休息。

孔乙己是唯一站着喝酒而穿长衫的人。也就是说,他是居于两者之间的一个很特别的人。他穿长衫是觉得自己是个读书人,有些身份;他站着喝酒,是因为他与短衣帮一样穷,经济地位低下。

(三) 绍兴酒店的下酒物

盐煮笋,是把竹笋的笋尖放盐和水煮熟,作为下酒菜。

茴香豆,把蚕豆放茴香等香料和盐水一起煮干,作为下酒菜。

臭豆腐,把一种带特殊臭味的豆腐放在油里煎炸,作为下酒菜。

以上几种特色下酒物,在绍兴一直遗留至今。

(四) 当年绍兴使用的货币

铜钱,是当年(辛亥革命前)使用的币制,用铜铸造,圆形,中间有方空可以用绳子串连,币值一枚,称作一文。

【评析】以上是小说情节展开的场所和风土人情的前导材料。了解这些乡土知识,是为了读懂和理解课文第一、二、三段的文字。绍兴酒店的格局、顾客、下酒物以及使用的币制,都与今天的饭店、酒店大不相同。如果学生用今天的眼光来审视和理解课文,就会格格不入,百思不得其解。因此,前导材料在这里尤显重要。

三、"我"的作用

作品里的"我",是酒店的伙计(学徒),他不是作品里的主人公。但在作品中的作用较大:

1. 通过他的口述,介绍出绍兴酒店的情况、来往的主顾,以及短衣帮的挑剔等饶有趣味的情节;

2. 通过他的观察,叙述和评介孔乙己的外貌、名字来历、说话特点、出身经历、言行举止,以及成为大家取笑的对象、最后悲惨的结局等等,是贯穿全文线索的穿针引线者。

【评析】这是小说陪衬人物的前导材料,因为小说用的是第一人称,容易让学生误解为"我"也是小说的主人公,把注意力分散在"我"的身上。而讲清"我"在小说中的作用,不仅有助于理解小说的内容和含义,同时也可把注意力集中到主人公孔乙己的身上,深味其悲剧命运。

四、孔乙己的思想和生活地位的矛盾

小说中有几处地方展示了孔乙己思想观念与其生活地位不相称的矛盾：

1. 虽然被贫穷推进到"站着喝酒"的行列，但不愿脱掉长衫同"短衣帮"为伍；

2. 虽然功名利禄同他早已绝缘，但仍然以未进学（考中秀才）为羞耻（颓唐、脸上笼了一层灰色）；

3. 虽然读死书的结果成为不学无术的人，却偏要卖弄自己的才学（在孩子面前大讲"回"字的四种写法；满口"之乎者也"）。

孔乙己的迂腐、懒惰、软弱的性格正是通过这些矛盾表现出来的。

【评析】这是小说情节方面的前导材料。小说总是通过一定情节的发生和发展，揭示出作品的主题和核心思想。而所谓的情节实际上是矛盾的形成和变化，理出小说的几层矛盾，有助于掌握和理解小说的精微。

五、孔乙己的性格悲剧

孔乙己的性格有善良的一面：1. 分茴香豆给孩子吃；2. 不太拖欠酒钱，到时定然还清。

孔乙己性格的缺陷：好喝懒做，不安分做事。

不务正业，又好喝懒做，终于走上偷窃的道路。偷窃后被打折了腿，在饥寒老病中结束一生。这正是他走向悲剧结果的直接导火索。

【评析】这是孔乙己悲剧结果的前导材料。孔乙己的死，是自己的性格缺陷造成的。孔乙己活着给人愉快，死后人们也无所谓。他的死活跟社会似乎毫无关系。这就充分显示出孔乙己是深受封建科举制度毒害的牺牲品。

六、词语解释

大抵（副词），与大都、大概同义。

阔绰（形容词），排场大，豪华奢侈。与"手头阔"中的"阔"意思一个样。

侍候（动词），与服侍、服务的意思接近。

监督（动词），是监视和督促的合成义。

幸亏（副词），与"幸好、好在"同义。

无聊（形容词），与"毫无意思"比较接近。

单调（形容词），有"简单、不复杂、少变化"的意思。

声气（名词），声音和语气的合成义，引申为态度。

凭空（副词），"凭"有凭靠、依据的意思。"凭空"，就是毫无根据的意思。

满口 口中完全说的是……与"满手（手上全是……）"、"满眼（眼里全是……）"相仿。

排出九文大钱,孔乙己比较贫穷,钱来之不易,所以把九文大钱一枚一枚地排列在柜台上,表示郑重其事。"排"字刻画出孔乙己的心态。

······ ······

【评析】这是语言方面的前导材料(只摘录部分)。教师讲解生词不是简单地解释一下就过去,而是尽可能地联系已经学过的词语,用旧词和已知的词语知识来同化生词和新词,如唤醒"手头阔"来同化"阔绰",提取"幸好、好在"来接纳"幸亏",利用"满手、满眼"来类推"满口"。有的生词,用熟词素来理解其含义,如"凭空","凭"是依靠,"空"是没有,合起来就是"毫无根据"。有的生词,把几个熟悉的词语合在一起理解,如"单调",有"简单、不复杂、少变化"的意思。有的词语结合语境来体会,如"排出九文大钱"的"排"字,跟刻画孔乙己的心态联系在一起,就容易理解。

七、阅读思考题

1. 孔乙己为什么总穿着那件又脏又破的长衫?

(1)虽然穷,只能像短衣帮那样站在柜台外喝酒;(2)但自认为是读书人,不甘心加入短衣帮行列。

关键词语:唯一　夹些伤痕　满口之乎者也　半懂不懂　绰号

2. 人们为什么取笑孔乙己?孔乙己是怎样一种性格?

(1)因偷而被打;(2)软弱可欺;(3)好喝懒做;(4)说话迂腐,强词夺理。

关键词语:伤疤　凭空　污人清白　绽出　争辩　君子固穷　哄笑
　　　　　不会营生　讨饭　失踪　偷窃　品行　拖欠　间或　定然

3. 孔乙己听到别人说他"连半个秀才也没捞到"时,为什么会显出那样的颓唐不安?

(1)自认为是读书人,为没进学而感到羞愧;(2)受科举制度的毒害。

关键词语:不屑置辩　神气　捞不到　颓唐不安　笼上一层灰色

4. 孔乙己在孩子面前表现得怎样?

(1)卖弄自己学问(回的四种写法);(2)给孩子茴香豆吃(善良的一面)

关键词语:配考我么　不再理会　恳切　不耐烦　惋惜　着了慌　罩住
　　　　　多乎哉?不多也

5. 孔乙己为什么长久没到酒店?

(1)仍旧是偷;(2)写服辩;(3)打折了腿

关键词语:结账　发昏　服辩　打折　谁晓得

6. 孔乙己最后一次到酒店是什么样子?

(1)黑瘦,不成样子;(2)盘着两腿,垫一个蒲包用草绳在肩上挂住;(3)满手是泥,是用手走来的

关键词语:耳熟　黑瘦　不成样子　穿破夹袄　盘两腿　垫蒲包　仰面

不十分分辨

7. 孔乙己的腿明明是被打折的,为什么他说是跌断的?
(1) 读书人的面子;(2) 羞愧之心
关键词语:不要取笑　跌断　颜色　恳求

8. 孔乙己的悲惨的一生说明了什么?
(1) 封建科举制度的毒害;(2) 孔乙己的性格悲剧(迂腐、懒惰、软弱的必然下场)
关键词语:到年关　到第二年的端午　到中秋　再到年关　到现在

【评析】阅读问题的设计也是一种前导举措。根据故事情节的发生、发展,用一连串的问题把它们串联起来;学生阅读时,围绕问题进行思考与回答,并补充自己的知识经验与体会,理解逐步走向全面和深入。教师在进行阅读指导时,要求学生紧紧抓住关键词语来理解和体会,就能透过文字字面深入领悟其中的含义。

八、教学思路

本课共分四个课时教学。前导设计:文化背景知识作为第一课时引入新课的前导;乡土知识作为阅读第一段落的前导;"我"的作用作为阅读第一段以下段落的前导;词语例释和阅读思考题分别插入有关段落作为阅读的前导;"孔乙己的思想和生活地位的矛盾"以及"孔乙己的性格悲剧"作为第4课时讨论的前导。

第六节　对前导型阅读教学模式的评价

前导作为一种教学方式,在其他课型中也可应用,如听力课,在听较为复杂的语料之前,教师述说文化背景,或展示相关的事例,作为理解听力语料的前导;又如写作课,在命题作文前,讲述有关故事,观看图片或录像,讨论某个话题,以便启发和打开学生思路,这也是一种前导。但是其他课型都只是把前导作为一种教学方法或教学环节来运用,唯独阅读课型的前导却覆盖了阅读教学的全过程。整个教学全用前导来组织、串联和展开,无论是背景介绍、文章结构、情节铺排,还是词语解释,都由前导开路和铺垫,可以说,前导贯穿了整个阅读教学的始终。因此,它已经不是一种简单的方法或手段,而是成为了相当完整的阅读教学模式。

前导型教学模式既适用于精读课,也适用于泛读课,只是泛读的前导不像精读课那么致密和周详,一般只作文化背景的介绍和阅读内容的提示,有时在读后的检查中也可作些前导性的点拨和引导。由于前导的目的,在于提高阅读的可懂度,使课文内容和课文语句通过前导变得易于为学生所接受和理解。因而,这种模式在初、中、高年级的阅读教学中都可采用。

一、前导型阅读教学模式的优越性

前导型阅读教学模式的优越性反映在以下两点:

(一) 注重逐步完善和整体综合

前导型阅读教学模式讲究逐步完善,即从基本概念着手,逐渐使之详细化和具体化;同时也讲究整体综合,即新观点和新内容有意识地与已有的观点和内容联系起来。通过这两个举措,把学习内容组织成学生已有认知结构中的一个稳定部分。(Bruce et al. 2002:306)因而,前导手段是强化认知结构和提高记忆新信息能力的基本方法。欧美学生的汉语阅读随着汉语水平的提高,阅读内容向一定的深度和广度发展,对于时代背景广阔、文化内涵丰富、人物关系复杂、情节结构复杂、词语句子艰深的汉语书面材料,教师使用前导手段,把要学习的语料进行一定的编排和整理,使它能在现存的认知结构中找到定位,就可让学生对新材料做出反应,思考新旧知识的联结点,找出两者的不同点和相同点,从而得以理解新内容,接纳和储存新知识。汉语作为外语的阅读教学,许多课文正是通过前导的方式获得了较好的阅读效果。

(二) 前导知识丰富与扩大了知识的学习与积累

前导知识具有这么一些特点:(1)内容与课文材料有一定的联系;(2)能激发学生对阅读材料的学习兴趣;(3)有助于对课文所涉及的重要概念和知识点的把握;(4)能对学生现有的知识体系进行扩容和改造。因此前导不仅是一种教学手段,更是学习的重要内容。它至少提供了文化背景知识(包括政治的、经济的、历史的、时代的、乡土的、民俗的等等),人物形象的典型化知识(包括思想的、行为的、性格的、动作细节的等等),语篇结构知识(包括记叙的、论说的等等),概念与观念知识(包括价值观、世界观等等),与课文词语相关的语言知识(包括词汇的、词义的、句法的、句式的等等),这些材料与知识常常是阅读理解课文所不可或缺的学习内容。之所以把这些前导知识作为重要的学习内容,原因有二:一是前导知识必须被学生充分理解后才能发挥和起到组织新学习材料的作用,即前导所提供的材料和知识为学生所接受和理解,有了阅读和接纳新内容的知识准备和心理准备,他们才可以在汉文化和汉语知识的平台上开展阅读活动。二是前导知识所提供的基本概念、命题、判断、原理和法则,以及文化背景知识等,都是教学的先导,既为教学作铺垫,提高课文材料的可懂度,又能起到加深印象、丰富和扩大知识的作用。而且这些知识的积累,为以后阅读同类材料或相关材料创造了有利条件。

二、前导型阅读教学模式的不足

前导型阅读教学模式的执行对教师的要求较高,组织不当可能会产生以下一些弊病。

(一) 喧宾夺主

尽管我们强调前导知识本身也是一种学习的重要内容,学习者可以从中汲取多种知识,改善认知结构,但它们毕竟是学习的铺垫,教学的辅助,这个主次关系的位置要摆得恰当。如果教师对自己感兴趣的内容尽情地、无休止地介绍和发挥,喧宾夺主,本末倒置,减少和压缩了教学的时间,则反而妨碍和影响学生对课文的学习与钻研,达不到预定的教学目的与要求。

(二) 增加负担

采用前导型教学必须掌握好一个度,介绍和补充材料要恰到好处,教师对学生的文化知识和语言水平应有充分的估计,课文中的哪些内容需要前导知识的辅助,心中要有数,不能没有限制地组织课文以外的材料。否则,学生在学习课文的任务之外,又凭空增加了许多学习资料,记忆更多的有关知识,负担和压力过重,会打击他们的学习积极性。

前导型教学往往以教师讲述和教授为主,缺乏师生或学生间的互动,课堂气氛易于沉闷,因此宜与其他教学模式,如讨论型、合作型等结合使用。

第十一章 讨论型阅读教学模式

一般阅读课常以教师讲读为主,中间也穿插一些提问、朗读、练习等学生活动,但主要是以教师的教为主,这种方法往往会形成教师的一言堂和注入式,学生经常处于被动状态。为了能使学生更多地主动参与到教学中来,讨论型教学模式应运而生。对欧美学生的调查统计图表也显示欧美学生上阅读课比较喜欢在教师指导下,分组讨论,合作阅读。如图:

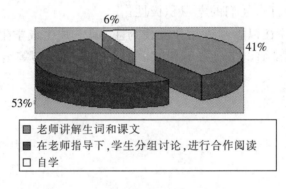

图 11—1 上阅读课学生喜欢的方式

讨论型阅读教学模式虽然也由教师主持,讨论的问题基本上也由教师提出,但与传统阅读教学所不同的是,它主要由学生发言、讨论和辩驳,教师作些指导和归纳。这可以说是合作交流模式中的一种,不过合作交流模式所涵盖的内容较为广泛,它主要体现在阅读理解的分工合作上面,即分别布置班级的每个学生分工阅读一部分材料,进行充分的准备,然后在大班课上实施交流和综合,使有关资源得以共享,从而解决阅读理解方面的诸种问题。而所谓的讨论型教学模式仅局限并体现在围绕课文所展开的课前准备和课堂讨论等活动上。虽然它也有合作交流的因素和成分,但因为讨论式比较适合于欧美学生的阅读理解,在欧美学生的阅读教学中呈现出比较鲜明的典型性,所以我们把讨论式从合作交流模式中分离出来单独进行阐述和介绍。

第一节 讨论型阅读教学模式的性质

讨论型阅读教学模式是在教师的指导下,学生阅读和思考,并形成自己的看法,在课堂教学中开展讨论与辩驳,通过阅读讨论获取知识并运用知识。在讨论型阅读教学模式中,学生由客体转变为主体,从被动地位转变为主动状态。通过独立思考及与主体之间的商榷和辩论,在提高语言实践能力的同时,也提高了学习者的综合素质。

有研究认为,"讨论式教学模式是有别于课堂讨论的一种新型教学模式。""这种模式由教师备课、布置讨论、组织讨论、讨论总结四个前后紧密联系的环节组成,在其具体实施过程中必须坚持实事求是、知识与能力并重、课上与课下并重、面向全体与照顾重点相统一和恰当性原则。"(张为民 2001)这紧密联系的四个环节,教师备课和布置讨论环节是实施该模式的基础,教师必须在备课中确定教学目的要求和教学重点,根据具体课文或语料设计和提炼出讨论的重心及问题(一个或几个问题),并下达给学生,让学生分头阅读和准备,思考和形成自己的看法或见解。课堂讨论环节是实施该模式的教学核心和手段,通过自由发言和讨论、辩驳,将对课文或语料意义的理解引向深入,全面而准确地把握课文的核心内容。讨论总结环节是实施该模式的教学成果。在充分开展思考和讨论的前提下,教师及时进行归纳,小结和肯定大家比较一致的意见和观点,达成共识。当然,这种讨论是开放的,结论不一定要求统一。即使在某些议题上取得了一致的意见,那也是学生与教师通过充分的课下阅读准备与热烈的课堂讨论得出的。因此教师的小结应该顾及不同的观点和看法,肯定它们的合理内核,这有助于开拓和扩展学生的思路和见识。

讨论型阅读教学模式跟平常说的谈话法是不同的,谈话法主要由教师设计一系列互相关联的问题并在课堂上一个接一个地提出,由学生针对教师的问题进行回答。问题全部回答完,全班学生也就理解了这篇课文。期间主要是促使学生积极思考,努力把自己的想法建构成语句,准确地回答问题。如果一个学生回答不够全面,则请另外的学生补充,教师加以肯定或归结,然后进行下一组问答。整个过程较少开展讨论,学生还是处于半被动的状态。而讨论型阅读教学模式,间或也可能对一些词语的意义和语句的意思需要教师加以指点,但基本上是围绕几个主要的问题,由学生进行准备、讨论和辩驳,达到较为深透的理解。整个过程,学生处于较为主动的地位。

第二节 讨论型阅读教学模式的认知原理

讨论型阅读教学模式的实施,使学生在课堂上由教学的客体变为主体,化个体阅读为群体阅读,而贯穿于其间的是一系列认知心理活动。

一、模式的认知过程是多种感官的综合心理活动

阅读讨论是一种调动视觉、听觉和动觉一起参与认知理解的综合性心理活动。讨论前的阅读,是学习者的视觉接收文字形式,经过大脑编码和解码的加工,获取其中的意义和信息,初步形成自己的看法。在讨论中,学习者运用听觉接收语音形式,同样经过大脑的编码和解码加工,吸纳其中的意义,加深自己的阅读理解。在视觉接收和听觉吸纳两方面的作用下,学习者提炼出自己的见解和观点,或者萌生新的意念和创见,这时,就可向全班同学提出,参与讨论。由于内部驱动力的驱使,大脑积极活动,调动长时记忆中的心理词语和语法知识,将自己的观点、意见或命题,整合成为合乎汉语习惯的语句,并转化成相应的语音串,通过声带和口腔发表出来。所谓的阅读讨论,就是上述认知心理活动的反复运作,最后提高了理解的深度与广度。由此可见,阅读讨论,外显的形式是读、听、说的结合,而内隐的规律则是视觉、听觉和动觉的综合心理活动。

二、个体阅读转化为群体阅读的心理特性

阅读本是个体的脑力劳动,是阅读者接触并输入文字信息给大脑加工器进行加工和整合,从而得以解读和理解。而讨论型阅读教学模式,运用群体的智慧,互相补充,互相启发,从而较快较深地解读和理解课文,可以说是变个体脑力劳动为群体脑力劳动。

欧美学生阅读汉语材料,其认知心理流程是一致的,但表现在流程中的某个环节的认知质量是有差异的。比如,阅读接触文字形体进行感觉登记,这是相同的,但由于注意有所侧重,接收与输入的文字信息就不完全一样,甲个体认为这几个文字信息重要,必须抓住,另外几个文字信息不甚重要,可以忽略;而乙个体不这样认为,他抓住的是另外的文字信息。文字信息进入短时记忆进行加工和编码,这也是相同的,但具体如何加工和编码,不同的个体会表现出一定的差异。有的个体短时记忆的容量大,可以容纳较多的信息单位,记忆的连贯性比较好;有的个体短时记忆的容量小,容易产生遗忘,前读后忘的情况严重。短时记忆中的信息,经过编码,成为代码线索,必然要在长时记忆的知识结构中唤醒有关的相似或相近的模板或原型,进行匹配和提取,然后在工

作记忆中解码和整合。这个认知过程,各个体也是大致相仿的。但是个体的知识结构以及当前阅读所需知识的活跃程度是不相同的,代码线索能否激活有关的模板或原型,情况也是多种多样的:有的基本能匹配和提取;有的匹配对一部分;有的只能匹配小部分。即使是能基本匹配和提取的学习者,也会在解码和整合方面表现出不同。因为在工作记忆中的解码和整合,需要有足够的语言知识(语音的、文字的、词语的、句法的等等)和世界知识,而这方面的个体差异就更大了。因此,阅读理解的程度就更难以求得一致。这种个体阅读的差距在自主阅读的方式中是无法消除和弥合的,而讨论型阅读教学模式在这方面可以起较大的调和与修整作用。

讨论型阅读教学模式的最大特点是让学习个体把自己的阅读心得和体会,公之于课堂,互相切磋,互通有无,化个人阅读为集体阅读。尽管个人阅读和理解会因为各种原因而有各样的差异,但必然有许多地方是"所见略同"的,也就是每个个体的领会和见解会有很多重合的部分。当开展讨论的时候,这些重合的部分在课堂讨论中反复再现,加深了学习者的印象和记忆。而不同的看法和主张,则通过讨论表述出来,为全班成员所共有。它们或者作为新的知识,为某些个体所接收,扩大了他们的知识结构;或者作为一种强化线索,激发和唤醒某些个体业已储存而没有被调动起来的知识(包括文字和词语的模板和原型);或者修正和补充了某些个体理解或领会上的不足(包括词义、句意、段落的理解等等)。因此,讨论的结果,全班个体的阅读和理解趋于同化(取得一致的意见)。从这个意义上说,讨论具有启发性、思考性和趋同性。

开展课堂讨论,可以把班级同学在阅读中各自从不同角度去思索的心得和体会,在教师的引导下,调动各自贮存于长时记忆中的知识结构,对课文的句段意义进行再思考和再组合。经过讨论与整合,使个体的工作记忆的加工,诸如词义的选定、句子歧义的排除、段落层次的划分与归纳、语篇结构的梳理、全篇意义的挖掘与深化、文章缺省成分的弥补与充实等等,逐步趋于一致。这样,阅读程度高的学生,在讨论中可发挥其长处,把自己读解的独到之处提供给全班同学,同时自身也在思维和口头表达方面有所长进。阅读程度差的学生,则获益更大,不仅可依靠集体的智慧,正确理解所阅读的课文,而且也缩短了同学之间彼此的差距,使自己的阅读水平得以提高。

第三节　讨论型阅读教学模式的应用

讨论型阅读教学模式不仅在掌握文体、阅读技巧、背景知识等方面有相当大的作用,就是在词义的确定,句子歧义的排除,层次、段落的分析,篇章结构的理解,语言直觉和非语言直觉的相互作用等有关语言结构方面也有其一定的作用。

一、模式反映在词义选定上

词义选定是理解句子意义的基础,阅读中初次接触文字与词语信息,首先反映在头脑中的是常用义,如果句子中的词语,学习者采用其常用义就能加合为句子的意思,则不存在词义的选定问题。如果其中有个(或几个)词语选用常用义讲解不通或者发生歧义,则有必要通过讨论,对其词义的确定和选定取得一致意见。由于学习者的心理词典中所贮存的词语及其词义,存在一定的差异:有的积累的词语较多,且掌握词语的多义情况较好,跟课文有关的词语比较熟悉和活跃,容易匹配和提取;有的积累的词语较少,且掌握的多数是常用义,跟课文有关的那些词语的熟悉度和活跃度一般,匹配和提取就比较缓慢或迟钝,某些地方的理解就欠准确。讨论的过程,实际上是词语的再现或再学习,在一定程度上或一定范围内完善词义网络结构的过程。同时,句子词语的词义,受着句子上下文语境的限定和约束,词义的选定,讨论中必然要从全句的意义来推论、猜测和假设,因而也加深了对有关句子的理解。

二、模式反映在歧义的排除上

句子的歧义是由句子结构不完善(缺省成分太多或句法上有缺陷)或句子内部成分过于复杂而引起的。因而学习者在阅读中各有各的读法和理解。理解正确的,自无问题;理解不正确的,不仅影响本句句意的理解,还影响课文后面部分的正确理解。所以排除歧义,也是实施讨论型阅读教学模式的重要内容。歧义句的排除,一靠学习者的长时记忆中语法处理器的加工和分析,二靠上下文语境的限定和贯通。讨论的过程,调动了每个学习者的汉语句法知识,对歧义句进行了从形式(句成分的结构层次)到语义(比较哪种语义更为合理)的分析,舍弃不合理的解释,择取合适的、上下文可以贯通的语义,加强了学习者在阅读中运用句法分析的自觉性和技巧性。同时,又因为歧义句涉及两个或多个句子的句义衔接,有助于学习者对句群和段落层次的把握和理解。

三、模式反映在层次(句群)和段落的分析上

阅读理解有三个相关的层面,即:接触层面(文字、词语的输入);分析层面(句群和段落层次的划分和归结);内容层面(篇章情节的组合或论述、说理的结构)。接触层面由若干字词信息结合为几个小的意义单位,分析层面由若干小的意义单位结合为几个中等意义单位,内容层面由若干中等意义单位结合为几个大的意义单位。阅读就是在三个层面上由小到大、由部分到整体、由浅到深的理解过程。讨论型阅读教学模式在分析层面要解决的是:句子与句子

之间的联系,哪些句子结合为一个句群,句群与层次的关系(或者一个句群就是一个层次,或者几个句群合为一个层次),层次与段落的关系(由一个或几个层次组成一个段落,其间有因果、条件、连贯等关系),段落与段落之间的关系(自然段与篇章段落的划分)等等。这里的主观成分和主观色彩较浓重,不像词义问题和歧义问题多少带有客观条件的限定和约束,容易取得一致的意见。在句群和段落层次的划分和归结上,常常是各有各的主见和看法(当然有标志词,如关联词语的复句关系就比较容易趋同)。讨论的结果是尽可能做出合理的意义群的划分和分析,同时也允许保留个人的意见。通过讨论,学习者对句段意义的理解,由模糊到清晰、由片面到全面,有可能比原先要前进和深入一步。欧美学生的阅读,不能只停留在接触层面上,那样往往沦于过分的简单和狭窄,理解不易深入,必须培养和训练他们进入分析层面,驾驭句群、层次与段落,高屋建瓴地审视课文(或文章)的意义。而讨论型阅读教学模式就是提高欧美学生阅读能力的好方法之一。

四、模式反映在篇章结构的分析理解上

阅读到了分析篇章结构这一步,实际上已到达内容层面。尽管在分析句群、层次、段落的层面时,对于课文的内容已部分地或大体地有所了解,但毕竟还没有到达分析篇章结构的高度,理解可能还不够深刻或不够全面,必须在内容层面上作进一步的分析和加工。如果阅读的是小说、散文一类的记叙文,那么就应该循着事件(故事情节)的展开和变化,分析出事情的起因、起伏、发展和结果,并从中体味作者寓于事件(故事情节)的思想感情。如果阅读的是论述、说理一类的论说文,那么就应该循着作者的思路,理出文章的论点、论据和说理(论证)方法,以及最后的结论,并从中体味作者写作的动机和见解。可见内容层面是阅读至为重要的一环。而这个环节,欧美学生乃至其他外国学生(如有汉字背景的日、韩学生)都是比较薄弱的。因为它涉及两种知识:一种是文体知识(跟篇章结构的分析有关),一种是世界知识(跟弥补和充实文章的缺省成分有关)。而这两方面知识的积累和掌握,对于每一个学习者来说弹性很大。因此,阅读到了内容层面,理解的准确度和深度会有较大的出入。只有通过讨论,才能互通有无,共同理解。

五、模式反映在语言直觉和非语言直觉的相互作用上

阅读起直接作用的是语言直觉,即学习者接触到的字、词、句语言成分,由线性的字符串切分为词,由词选定词义,由若干词义加合为句意,由若干句子意义组合为段落意义,由若干段落意义构成篇章意义,从而得以理解全篇的内容和中心思想。但这仅仅是表面上的理解,实际上全篇的意思并不止于全部句义的总和,阅读者常常要超出语言直觉所提供的意义信息。这超出的部分

从何而来？它就来自于个体头脑中所贮存和积累的世界知识、社会经验、图式和心理模型，这些统称为非语言直觉成分。作者写一篇文章，不可能把原始意识和意念不加筛选和组织地统统流之于笔端，常常是力求简练和浓缩。作者估计和认为读者应当明白的、习以为常的东西，往往一句带过，甚至干脆省却，只有作者认为读者需要了解的才详细铺叙。因此，光凭语言直觉成分所构成的意义，可能是残缺不全的、跳跃而不连贯的，但具备一定阅读能力的读者一般都能顺利地阅读和理解，这是因为读者凭借自己的世界知识、社会经验、图式和心理模型，将文章中的简略或缺省部分，通过想象和推理，去补足和充实，把语言成分所蕴涵的细节和深意，一一揭示和披露出来，理解就比较圆满和完整。但由于个体所贮存和积累的非语言直觉部分的差异很大，因此虽然阅读同样一篇文章，由于补足和充实进文章的非语言直觉的东西不一样，理解的程度和体会的深度就大不相同。即使是同一个读者，在不同时期阅读相同的文章，其体会和心得也会不一样。讨论型阅读教学模式的作用，就是把个体阅读文章的感受，通过讨论，进行交流与互补，利用集体的智慧，达到各个体基本一致的理解。所以阅读的能力和水平，不仅仅体现在个体对语言直觉成分的接收（输入头脑）、转换（目的语词语转译成母语）和意义的建立，而且还要看读者赋予文章的世界知识、社会经验、图式和心理模型等非语言直觉成分是否足够和熟练。阅读中讨论型教学模式的运用，可以有效地检验个体的阅读理解水平，而且能在相互学习中提高他们的阅读技能和技巧。

六、泛读和讨论型阅读教学模式的运用

泛读课的讨论与精读课有所区别。泛读是对课文或有关材料进行快速阅读，大致理解课文或材料的基本意思，并寻找读者所需要的知识、观点和事实、例子。一般由教师布置讨论的问题或焦点，学生自选材料去寻求答案，或者由教师规定几篇参考材料，让学生从中寻找解决问题的答案（理由和事实）。学习者根据解决问题的需要，采取不同的快速阅读方法，或者浏览，或者扫读，或者跳读，舍弃无关紧要的文字，集中注意力于有价值的文字上，掌握材料的主要信息，形成新的知识结构。通过讨论，相互诘难，相互补充，相互交流，取得一致的或部分相同的意见和看法，从而提高阅读理解的水平和能力。泛读课的讨论有三种：消化性讨论、专题性讨论和交流性讨论。

1. 消化性讨论

所谓消化性讨论，是指在学习者快速阅读一篇课文（或文章）后，立即组织学生就课文（或文章）的内容、主旨进行回忆、理解和讨论。讨论题可采用是非题、选择题、简答题等。有些泛读教材后面的练习就附有这类题目，也可以由教师根据课文（或文章）内容拟定问题。学习者的快速阅读，主要采用一般浏览法，即在较短时间内，把课文从头至尾扫视一遍，把握其中的主要内容和中

心意思,以及一些特别的提法,然后教师出示问题,学生寻求答案,疑难处开展讨论,课文(或文章)内容因此而得以消化和吸收。这种教学模式,学习者贮存进长时记忆的是课文(或文章)的思想内容,至于语句已经由个体重新组织,不再保留原字原句。

2. 专题性讨论

所谓专题性讨论,是指由教师布置某个专题(专门性问题,如老人的赡养问题,子女的教育问题等),学生在课外自行寻找有关参考材料(或者由教师指定一些材料)进行快速阅读,积累有关问题的知识和资料,然后在课堂内围绕该专题开展讨论,最后取得一致意见或保持几种看法。讨论题的范围大小宜适中,以能引起辩论为度。讨论范围过小,几句话就讲完,讨论不起来;讨论范围过大,容易分散,较难聚焦。学习者的快速阅读主要采用鉴别阅读法,即在阅读过程中抓住一些关键词,迅速形成概念,进而理解和确定所读材料的观点和看法,并记住其中的实例(事实和数据),供讨论时引用和辩解。这种教学模式,可训练学生具有通过阅读搜检、寻求和掌握有用的资料(包括观点和实例)的能力,对个体的继续学习、知识积累和从事某种研究都有好处。

3. 交流性讨论

所谓交流性讨论,是指教师不规定讨论的题目,只布置课外快速阅读的任务和要求,定期在班级里进行读书报告和汇报交流。学习者主要采用整体阅读法,就书名、作者、资料和依据、基本内容及题材、主要事例、评价和感想等项目,边读边做些笔记,以便在交流和讨论时引用和转述。这种讨论,不仅能训练和提高个体快速阅读的能力,而且还能扩大学习者的知识面。

第四节 讨论型阅读教学模式的教学程序

讨论要有聚焦,即讨论的中心,不能各说各的,互不相涉。一般课堂讨论,教师都要针对学生的阅读,提出一些问题,供全班学生思考和讨论,保证讨论沿着教师所给出的问题而开展,从而达到教学目的,完成教学任务。因此,问题的提出和问题的组织是实施讨论型阅读教学模式的关键。问题可以由教师根据课文的重点和难点来设计,也可依据学生预习课文中所遇到的疑难来归结。问题的组织可以从上而下、由大到小(即先讨论篇、段的内容,后解决疑难语句),也可自下而上、从小到大(即先讨论疑难的、重要的语句,后归纳段落篇章的意思)。中间也可穿插在讨论中产生的有关问题。

讨论型阅读教学模式的基本教学程序可以归纳为:提出问题——讨论和交流——归结和理解。

一篇课文的讨论可以运用这个程序，一堂课的安排也可运用这个程序，上课的每个环节（包括词语、句子、段落、篇章的理解等等）都可运用这个程序。可以这么说，讨论型的阅读教学是在各个环节反复运用这个讨论模式的基本程序的过程。

一、提出问题

提问是讨论型阅读教学模式基本流程的第一步。讨论的意义、阅读教学的效果往往取决于"问题"的质量。因而"问题"必须根据学生的阅读水平，针对课文的重点或难点来进行设计。讨论的问题不宜太简单浅显，少用是非题和选择题，宜略高于学生独立解决问题的水平，促进其读解和思维、论述与辩驳，从而提高阅读的质量与水平。

（一）问题的内容

讨论题的设计，可以涉及众多内容，宏观的如背景知识、课文论点、事件情节等等；微观的可有段落结构、句子词语等等。但是，讨论型阅读教学模式以讨论较为重大的问题为宜，问题过于琐细不利于在课堂上展开讨论。一般来说，出题的内容可以从下列三个方面来考虑和拟定。

1. 课文所包容的内核和意义

不同的文体，其思想内容和中心意义是通过不同手段来实现的：记叙文是依赖事件和情节的起因、发展过程和结果来突出人物的活动及其意义的；论说文则是安排论点、论据及组织论证来阐述观点和结论的；说明文则是重在分门别类地介绍事物的性质和功用的。抓住体裁的特点和课文的核心内容来拟定讨论题，学生就能有所思索，有所整合，有话可说，有义可述。

2. 课文所内隐的文化背景和世界知识

课文记叙的人物和事件，阐述的观点和结论等等都是在一定的文化背景中展开或形成的，都是世界知识的结晶和提炼。讨论和熟悉有关的背景文化，复习并提取储存于各人头脑中的世界知识和社会体验，有助于对课文和书面语料的阅读和理解。因此，围绕讨论题目，布置参看与课文内容有关的资料，通过讨论和互相补充，班级同学各自提供了相关的直接或间接的文化知识和社会生活体验，就能提高阅读材料的可懂度，增加理解的深度与广度。

3. 课文所外显的关键语句和篇章结构

课文内容是借助于语句、层次、段落来表露的，个体阅读基本上采用由词而句、由句而段、由段而篇的自下而上地加合来理解其意义的。由于这种理解难免带上各人的体验和色彩，有可能表现出一定的偏颇或缺漏。而采用讨论式能把焦点聚集在主要语句和谋篇布局上，能从整篇的高度、自上而下地看待和审视课文的重要段落和关键语句，这样就可弥补阅读理解中的不足或缺陷。

（二）问题的类型

讨论的问题可以有以下几种类型：矛盾与焦点类问题、分析与开掘类问题、概括与归纳类问题、发散与想象类问题。这几类问题有各自的性质、特点和作用。

1. 矛盾与焦点类问题

矛盾类问题是揭示课文或书面材料中事件发展违背常情、观点论述违背常理的题目，也可揭示教材中知识之间的矛盾之处；焦点类问题是紧扣课文内容所围绕的中心话题以及内容重要又值得商榷的题目。它们的特点是：1)涉及课文的要害与关键；2)从表面文字中很难直接找到答案，必须从字里行间去挖掘其真意；3)须用生活逻辑去破解，用逻辑思维去推理；4)题目能引起争议与辩论。这类题目能促使学生原有知识与新知识之间发生激烈的冲突，能锻炼与发展他们的思辨能力，能在讨论与辩驳的过程中牢牢把握课文的核心和精义。

2. 分析与开拓类问题

分析类和开拓类问题要求对课文事件中某些情节的发展、人物活动中的一些行为的合理性、价值观和社会意义进行具体分析、讨论和挖掘。它们的特点是：1)须放在一定的文化背景中去衡量和考察；2)须有一定的社会生活经验来充实与体会；3)须跟当前世界的现实联系与挂钩。这类题目能跳开就事论事的浅表层面，把问题的实质放到比较广阔的场景中去考量与较比，抽茧剥笋，逐层揭示，开掘其中新意。

3. 概括与归纳类问题

概括类问题是将课文繁复的内容，用简练的话语重新组织与概述；归纳类问题是将课文所阐述的观点及其例证，所运用的谋篇与修辞等写作手法，从具体的文字中抽绎和归并。此类问题的特点是：1)要求熟悉课文内容，从篇章的整体上加以思考；2)须运用文化知识与语言知识来认识课文或语料的写作特点与社会意义；3)没有现存的答案，须重新组织和建构话语。这类题目的讨论，可锻炼和培养学生全面驾驭课文与深入理解课文的能力。

4. 发散与想象类问题

发散与想象类问题要求通过想象或比喻，将课文内容及其意义引申开去，加深体验与理解。其特点是：1)由课文内容联系本人的所见所闻，开阔思路；2)可与本国的有关情况相对照，理解文化差异及思维理念的不同。这类题目的讨论，可让学生紧密围绕某一问题，从各个不同的角度和层面进行思考，以寻求问题的多种答案。

（三）问题的提出

1. 周密设计

开展讨论，教师应该有所计划和准备，做好一系列的教学设计，不仅要根据课文内容和讨论型教学的特点,从文化背景、世界知识、人物活动、语言表达、语篇段落组织等等方面去提炼和形成讨论题目,而且得充分了解学生的知识水平和学习习惯,安排好讨论的教学次序和教学步骤,循序渐进,让学生在原有的基础上有所提高。

2. 充分利用语料

要充分利用阅读材料所提供的各种信息线索提出问题。一般情况下,每篇阅读文章都有题目,有的文章还有段落的标题。教师可以根据文章的题目或标题提问,这是因为题目或标题往往是对文章内容的高度概括,而就题目或标题提问,可以帮助学生对文章基本内容进行预期、猜测和联想,激发阅读兴趣。有些阅读文章配有相应的数据、图表或插图。数据和图表往往是文章的主要内容通过数字形式的一种表现,而插图有时能起渲染、烘托和画龙点睛的作用。就数据、图表或插图进行提问,可以引导和帮助学生抓住文章的要点,通过外在的或形象化的形式来理解和挖掘内在的深层次的含义。

3. 适时提出

提问的时机,是促使讨论有效进行的不可忽视的因素。阅读开始时,就得把有关的讨论题布置下去,让学生的注意和思维都集中在所提的问题上面,根据各自的阅读习惯,或进行整体阅读,或进行扫读,或进行浏览,边阅读边形成自己的看法和见解,同时可做些笔记或提纲,以便组织语句加以表述。

在讨论的过程中,可以根据学生产生的疑惑和不解,临时组织问题,及时插入,以便解除学生的阅读理解障碍,求得顺利、正确地领悟文章的意思。总之,适时提问,是讨论顺利进行的必要保证。

二、讨论和交流

(一) 讨论和交流的形式

讨论和交流可由多种形式展开。课堂教学中常用的讨论形式有:邻座讨论、分组讨论和全班讨论。邻座讨论是"因地制宜",即座位相近的学生开展讨论。一般情况下,比较简单的问题适宜于此,因为只要经两三人讨论后,就能加以解决。而相对复杂的问题适宜于分组讨论。分组讨论实际上已经纳入群体阅读的范畴,这种形式便于集思广益,互助共进。全班讨论是在邻座讨论或分组讨论的基础上进行的,能在更大范围取得交流和提高。

讨论的结果进行交流可有三种形式:1)指定发言为主,由教师指定某几个学生先在课堂上发言,其他学生进行补充;2)小组代表发言,由该代表归纳小组讨论中的观点和体会,以及疑惑不解的地方,向全班同学汇报;3)自由发言,学生可以自由地根据自己的理解和体会在全班表述或争论。

(二) 教师的作用

教师对课堂讨论的展开既要做好组织、引导工作又应加以必要的掌控。

首先,教师对讨论要作出具体的规划和安排,提出明确的目标。其次,在讨论过程中要参与其中并把握好自身的角色身份,既不全程替代,也不游离于外。如果在讨论中出现偏题或跑题现象,教师应及时加以掌控并给予引导。此外,通常参与讨论的学生,其实际水平往往各有差异,而课堂讨论时间又是有所限定的,因而教师在面向全班的同时,应当对发展滞后的学生有所关照,做好引导、辅助与推动工作。

三、归结和理解

在讨论将近尾声,教师要对讨论进行总结。总结可以是对讨论内容进行归纳梳理、也可以对各种观点做出评价分析。必须注意的是,正因为是讨论,就要鼓励学生充分发表意见。因此,教师的归结不必追求所谓的正确答案,更不需要统一唯一答案。任何肯定或否定的意见,都应具有充分的说服力。而归结的目的是进一步加深学生对阅读内容的理解,拓宽学生的思路,努力使学生通过讨论,知识上有所增进,能力上有所加强。

第五节 讨论型阅读教学模式的教学实例

讨论型阅读教学模式是深受欧美学生欢迎的教学模式之一,而开展阅读讨论也是对外汉语教师所乐于采用的。这里,我们以一则教学实例来具体展示该教学模式的课堂教学过程。

  教学实例
  教学对象:美国纽约大学学生
  汉语水平:中级
  教材:课文《入乡随俗》①
  教师:刘弘(华东师范大学对外汉语学院)
  老师:今天我们上课,分两个组,你们俩一组,你们俩一组,你们三个人一组,葛杰弥,你的是繁体字的,其他同学都是简体字的,可以看吗?
  学生们:可以,没问题。
  老师:今天我们先学习一篇短文,在看这篇短文以前,我们先看一下题目,大家认识吗?可以念一下吗?
  学生们:入—乡—随—俗。

---

① 选自北京外交人员语言文化中心编写,《桥—外国人汉语系列教材:新实践(三)》,北京语言文化大学出版社,1998。

【教学评析】从课文标题入手，引入新课。解题的目的，是为破读创造条件。

老师：请你们跟小组的同学讨论一下，这个题目，入乡随俗，是什么意思，这个"俗"可能是什么意思。

（学生开始分组讨论。约2分钟后）

老师：好了，同学们，你们讨论完了吗？现在请告诉我，你们小组觉得"俗"是什么意思？

学生1：风俗。

老师：什么是"风俗"呢？

学生2：就是习惯。

老师：对，习惯，风俗。那么刚才大家讨论过入乡随俗，"入"是什么意思呢？

学生1：进去，进入

老师：这里面的"乡"呢，能想到什么和乡有关的？"

学生3：town.

老师：还有什么呢？

学生4：never come back home again！

老师：嗯，回不了家，所以怎么样呢

学生：习惯了。

老师：哦，入乡随俗的意思是什么呢？

学生1：去一个地方，习惯了那里。

老师：对，入乡随俗的意思就是，到了一个地方，就习惯一个地方的风俗，别人做什么，自己也就做什么。比如说：到了中国，就要入乡随俗，习惯中国人的生活，吃饭的时候用用筷子。现在请大家小组讨论，一起说一下这个词，然后给我举出一些例子。

学生开始讨论，教师在各个组之间观察学生的表现，回答学生的问题。

【教师备课】读前分组讨论：去别人家做客要注意什么？

【教学评析】抓住标题的字词进行讨论，在讨论中整合标题所包含的意思。教师加以肯定和小结，并要求展开小组讨论，举出实例来理解、消化这个标题。

讨论结束。

第一组的学生代表发言：在美国，去别人家里要脱鞋子。

第二组有同学反驳："我们家里不用脱。"

同学们笑起来。

老师说：所以不同的家庭，习惯不同，你去他的家，要脱鞋子，这就是入乡随俗。

同学们点头。

第二组的一个同学说:在中国,女孩子和女孩子拉手走路,美国不这样。

老师(问那个女生)(诱导):所以你在中国,如果有中国女孩拉你的手,你觉得可以吗?

女学生:可以。

老师(继续诱导):所以你怎么?你可以怎么说?

学生(思考了一会儿):我入乡随俗。

老师:非常好!

老师问第三组:你们有什么想告诉大家的?

学生:在中国,我问你要不要茶,中国人说不要,可他们想要。

老师:你说的非常对,中国人,亚洲人都比较害羞,他们常常说不要,那你会给他们茶吗?

学生:我会的。在美国,我们会说,你自己去拿,茶,咖啡,饮料。

老师:哦,在美国,大家可以自己去拿想喝的东西是吗?

学生们笑着说:是的。

【教学评析】标题讨论是阅读的序幕和先导。因为文章的标题,常常涵盖整篇文章的内容,是文章的核心和意义所在,有时还能起画龙点睛的作用。所以讨论型阅读教学模式,非常重视阅读之前的标题讨论。吃透了标题的含义,等于掌控了一把开启的钥匙,可以打开重重封闭的大门,披露出深藏在库房里的珍品,任凭读者去尽情品味或赏玩。这儿的"入乡随俗"是文章的标题,又是一个成语。教师不惜时间,组织和引导学生讨论和理解这个成语所包容的丰富含义,就可让学生预期和揣测整篇文章所表述和描写的重心,为后面的正式阅读设下铺垫,打好基础。这是讨论式进行标题破读的真正意义和价值。

老师:好的,现在请大家阅读这篇课文。阅读完以后,大家可以互相讨论,准备回答下面的问题

【教师备课】分组阅读,并进行讨论。

老师在黑板上写出问题:

1) 中国人为什么这样回答英国人?
2) 中国人跟英国人做客的方式有什么不同?
3) 英国人参加中国人的聚会为什么喝很多酒?
4) 怎么样才能真正做到入乡随俗?

(教师巡视,回答学生提出的问题。学生们阅读,分组讨论,约15分钟)

【教学评析】以上进入到布置讨论题环节。教师根据课文内容,事先拟好讨论题,在正式阅读之前布置下去,让学生带着问题阅读。这些题目,有的属于矛盾和焦点类问题(中国人跟英国人做客的方式有什么不同?);有的属于分析和开掘类问题(中国人为什么这样回答英国人?英国人参加中国人的聚会为什么喝很多酒?);有的属于概括和归纳类问题(怎么样才能真正做到入乡随

俗?),开展这些问题的讨论对于破读和理解课文意思至关重要。

其中,一个学生问老师"尴尬"是什么意思,老师让学生先猜一猜,等会儿一起讨论。

老师:好了,时间到了,现在请大家来谈谈你们小组讨论的结果。第一组,第一个问题。

第一组学生1:他想主人应该主动给客人喝饮料。

老师:你们是怎么知道的呢?

第一组学生2:因为课文里面说"客人怎么好意思说要喝什么呢"

老师:对,很好。第二组同学,你们回答第二个问题

第二组学生1:中国人会准备各种饮料让客人挑选。

老师:是中国人还是——

第二组学生2:中国人会让你喝,可能你说不想喝。西方人让客人自己挑。

老师:好的。刚才有人问我"尴尬"是什么意思,你们觉得看了课文以后大概是什么意思?

学生:难过?不高兴?

老师(摇头):如果你发现别人都拿着杯子,可是你没有,你会有什么感觉?

学生:是奇怪吗?

学生:embarrassed

老师:对。好,请第三组回答后面两个问题。第三个问题:那个人为什么喝很多酒。

第三组学生1:因为他想不能拒绝,不礼貌。

老师:对,第四个问题:怎样才能做到入乡随俗呢?

第三组学生2:要了解对方想法和生活。

老师:是的。再问大家一个问题,中国人说"干杯",那么你要真的喝完吗?

学生:不要,因为"干杯"只是祝酒,不是要全部喝完。喝一点也可以。

【教学评析】小组代表发言,汇报本组的意见。虽然回答的只是一两句话,但实际上经过小组成员的讨论,最后取得一致的意见,由代表把讨论的结论或结果告诉大家。如此的交流,让学生们深深懂得外国人与中国人一起生活,期间产生的误会或笑话都是由于不同习惯和不同文化差异所引起的,只有"入乡随俗"才能消除隔阂,弥补不快。由此更体会到"入乡随俗"的重要,也更理解课文表述中所含的道理。

【教师备课】分组讨论下面的问题

1) 你觉得自己有没有"入乡随俗",为什么?

2)美国人跟中国人的风俗习惯有哪些不同。

老师:那么你觉得你有没有"入乡随俗"呢?
学生1:有,我常常吃中国菜。我去中国学生的食堂吃饭。
老师:很好,别的同学呢?
学生2:我没有,比如我没有吃了很多奇怪的东西。
老师(纠正学生):我不能吃很多奇怪的东西。
学生2:对。
老师:你呢?
学生3:我随便过马路,跟中国人一样。
老师:这个不好。应该遵守交通规则。好,下面请你谈谈美国人有哪些习惯跟中国人不同。
学生1:美国人不吃臭豆腐。
老师:对,除了吃的以外,还有吗?
学生2:中国人常常迟到,美国人不迟到。
老师:还有什么。
学生1:中国人起床很早,美国人,美国大学生起床很晚。
学生2:中国人睡午觉,美国人不睡。
学生3:美国人喜欢喝酒,中国人不喜欢喝酒。
老师:真的吗。可能上海人不太喝酒。北方人也喜欢喝酒。
学生4:美国女孩子不能手拉手,中国女孩子可以。
学生5:你去中国人的家,中国人不会马上打开你的礼物,可是美国,我们马上打开。
老师:对,这些都是不一样的风俗习惯。好的。刚才大家表现得非常好,我们一起讨论了入乡随俗这个词,大家说了很多自己家乡的习惯。也讨论了美国人和中国人在习惯上的不同。

【教学评析】以上进入自由发言、自由讨论的环节。这是对小组代表汇报的意见和补充。教师有意识地引导大家谈生活中的实例来证实"入乡随俗"的问题,同时也让大家列举中国人的习惯与自己家乡的习惯,在对比中让学生们体会和领悟不同民族的习惯差异和文化差异。在讨论过程中,教师随时指出"随俗",要随好的习俗,不要学习不好的习俗。最后,教师加以小结。

接下来,想请大家做个游戏,是编故事的游戏,就是 make story. 我给每个人一张纸,上面有一个故事。自己的故事跟别人的有点不一样。你看自己的故事里哪些要的可以留着,哪些不要的可以给你的 partner. 比如说:(教师在黑板上写下句子:我骑了一个小时的自行车去北京,我坐了一天的火车去市中心),同学们觉得逻辑上对吗,is it logical?

学生:应该说"我坐了一天的火车去北京"。
老师:对。很不错。骑自行车不可能只用一个小时,那第二个呢,怎么改?
学生:我骑了一个小时的自行车去市中心。
老师:对,这就正确了。下面给大家的故事也有这些问题,请大家两个人一起看,讲出两个正确的故事。

(学生开始读文章,小声讨论。老师在几个组之间解答学生的提问。大约15分钟。有的同学激动地对老师说"可以编出两个故事",老师点头表示赞许。)

老师:好了,时间到了。现在请大家讲一讲。你们讨论之后,这个故事应该是怎样的?

一组学生念出了一个爸爸给儿子在商店买玩具的故事。

另一组学生念出了一个匪徒打劫超市的故事。

老师:大家都听懂了吗。今天你们做得很好,这两个故事都是可以的,好,今天我们的课就到这里。下课。

【教学评析】以上进入练习环节。这与课文的内容没有多大关系,但对培养阅读能力与思维表达能力有关。因为正课的讨论还比较偏重于内容,对于篇章和语言方面的分析所花的力量较少。练习题让大家整理与纠正语料中的逻辑混乱状况,经过小组讨论,编出故事向全班讲述。这样做,可以弥补语言训练方面的不足。

第六节 对讨论型阅读教学模式的评价

讨论型阅读教学模式的核心是要开展讨论,它不像合作型阅读模式那样大班课主要是汇报和交流,间或适当展开一些讨论,而是整堂课都以讨论的形式进行。而讨论就得开口说话,发表自己的意见,这必须具有一定的汉语口语水平才能得以实施。由于低年级的欧美学生的汉语口语水平还局限于复述课文内容的层次,不可能参与自由讨论。而且讨论模式适用于泛读课,低年级的学生尚不具备泛读的能力。因此,讨论模式一般只在中高年级采用。

讨论型阅读教学模式是比较受欧美学生欢迎的一种阅读教学模式。跟其他教学模式一样,它有自己的特点和优越性,当然也存在着一定的不足。

一、适应性和优越性

讨论型阅读教学模式的适应性和优越性具体表现在:

(一)符合建构主义的基本要求

"讨论"这一特殊的教学形式能充分调动学生参与集体阅读的积极性,能启发和促使学生开动思维机器,尽力表现自己,接受评判并评价他人。在整个讨论过程中,新旧知识不断地相互作用,相互转换,相互滚动,长时记忆中的知识结构,也因此而不断地改变、调整和充实。教师可充分利用"讨论"这一教学手段,引导学生自觉、主动地构建自己的知识系统,提高汉语的阅读水平和阅读质量。

（二）既能习得知识,又可发展能力

讨论式教学的开展,可以给学习者提供大量的信息,为知识的学习和积累创造良好的条件,而更为重要的是还可以培养学生在仿真的社会化课堂中,用汉语建构和组织语句来表达和抒发自己思想与见解的能力,培养他们的主动性与创新意识,在提高理解能力的同时,提高阅读能力和表达能力。

（三）强化阅读的深度与广度

讨论过程中,班级成员集思广益,开阔了视野,活跃了思维,他们的破读和理解大大冲破了一己之力的局限,在更大、更广阔的平台上领悟与挖掘课文的新意。这是其他阅读教学方法所无法比拟的。

二、不足之处

任何事物都具有两面性,同样,讨论型阅读教学模式也有它的不足之处：

（一）课堂掌控有一定难度

讨论型阅读教学模式不像谈话法那样主动权完全掌握在教师手中,它有一定的自由度,在实施中难免会出现意想不到的情况：讨论或许会偏离主题,不得要领；或许在枝节问题上停留,耗费不必要的时间和精力。因此,实施讨论型阅读教学模式时,教师往往难以掌控,有时可能达不到预期的目标和要求。

（二）适应性有一定限度

讨论型阅读教学模式很大程度上需要学生的配合才能成功实施,也就是说它对学习者有一定的要求。然而,这一模式跟学生的学习风格和学习习惯又不一定能完全合拍,往往会有学生不适应于课堂发言或辩论。因此,讨论过程中很可能出现有的学生反应热烈、踊跃发言或提问,而有的学生则反应冷漠、沉默不言或仅做听众的情况。如此,就易造成学生发展的不平衡,带来负面效应。

附录 1

【备课笔记摘录】

1. 读前分组讨论：去别人家做客要注意什么？
2. 分组阅读，如果不认识的词语，可以问同学。并且讨论下面的问题
   (1) 中国人为什么这样回答英国人？
   (2) 中国人跟英国人做客的方式有什么不同？
   (3) 英国人参加中国人的聚会为什么喝很多酒？
   (4) 怎么样才能真正做到入乡随俗？
3. 分组讨论下面的问题
   (1) 你觉得自己有没有"入乡随俗"，为什么？
   (2) 美国人跟中国人的风俗习惯有哪些不同。

附录 2[①]

在商店 1

早上好，你们这里有那么多可爱的玩具！我真的想买一些。是的，这是我的枪，我经常带着它去买东西。它正对着你呢。…他很聪明的。你能不能让我看一下那些钱？多少钱？你说什么？每个只有10元钱？我相信你能做得更好。这样好多了。给我拿一套玩具。我的老板会非常高兴的。请把他们包起来，然后放在我的箱子里。非常感谢你的合作。

请两人一组讨论，重新整理出一篇新故事，然后猜一猜，说话人可能是谁？

在商店 2

早上好，你们有这么多可爱的钱哪。我真的想要一些。是的，这是我的孩子。我常常带着他去做事情。他正看着你呢。…我枪法很好的。你能不能把那个玩具汽车给我。那里有多少钱？什么你说只有200块。我相信你可以做得更好。这样好多了。我要把钱箱拿走。我的孩子会觉得它非常有用。请把它拿过来，然后放到我的包里，非常感谢，你真好。

请两人一组讨论，重新整理出一篇新故事，然后猜一猜，说话人可能是谁？

---

① 材料改编自 Penny Ur《课堂讨论－目标教学小智囊》，南开大学出版社，2007。

第十二章　提问与质疑型阅读教学模式

在教学中进行提问或鼓励学生在学习中提问（或质疑）是个古老的教学法话题。古希腊时期的苏格拉底所倡导的提问式讨论被后人称之为教学法的瑰宝之一。我国古代也有"学起于思，思源于疑"的说法。"师者，所以传道授业解惑也"一直是指导我国教育的基本思想。不过现代教学理论中所提出的提问和质疑的教学模式并不是苏格拉底提问法简单的回归，也不是我国传统的释疑解惑的发展。它的兴起有着深刻的教育理念的革命性变革。该变革所涉及的最关键的部分是对知识学习性质和过程的认识变化，所反映的是现代心理学的相关研究成果。

而从学生角度（特别是欧美学生）来说，他们也并不满足于教师一个人的讲述，希望参与阅读课的教学活动。问卷调查结果显示，学生希望在阅读课上由教师鼓励或引导对所读文章进行质疑的占 70%，有 57% 的学生愿意自己阅读、讨论和解决问题（如图）。由此可见，阅读课上采用提问与质疑教学模式是有一定基础的，是符合学生学习愿望的。

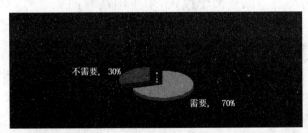

图 12-1　学生需要在阅读课上由教师鼓励或引导对所读文章进行质疑的比例

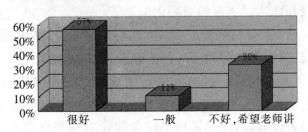

图 12-2　学生对阅读课组织讨论后自己解决问题的看法

第一节　提问与质疑型阅读教学模式的性质

提问是教师在授课中常用的教学手段,质疑是学生有疑而向教师发问的学习现象。在各种教学模式中,都会不同程度地运用到提问或者质疑的方式。但那只是穿插于教学中间的一种教学环节或步骤而已。比如,在讨论型阅读教学模式中,所讨论的问题或者是由教师提出来供学生思考和分析,或者是根据学生在预先阅读时遇到的难解的问题归纳出来以供全班讨论解决。这样的提问与质疑只是规定一个讨论的范围,还不是讨论型阅读教学模式的核心。至于在一般的阅读教学中,教师也常会发问,或者学生在听课过程中提出一些疑问,但那也只是随机的,还不能说是形成了一个模式。

提问与质疑型阅读教学模式必须有一个严密的设计过程。整个阅读过程是围绕一系列问题(提问的或质疑的)而展开的。随着这一个个相互有关、相互联系的问题的思考和解决,阅读理解也随之而深入。

提问与质疑型阅读教学模式中的问题,应该关系到:1)关键词和关键句;2)段落与句群的逻辑层次;3)篇章结构与写作特色;4)人物之间的关系与人物的言行;5)情节与矛盾的分析;6)全篇的中心思想;7)作者的观点与论证方法,等等。教师有意识地分解课文内容,设计与提出一系列问题,使整个阅读课紧紧地围绕着课文的核心内容进行;在此阅读过程中,学生有不解的地方,可以提出来质疑教师,教师可以作答,也可以把学生的质疑纳入到系列问题之中一并解决。

实施提问与质疑型阅读教学模式,学生围绕着问题思考,对教师分解课文内容而提出的问题一一作答,然后把这些答案重新组织起来,那就驾驭了课文的内容和思想,读懂了该篇课文。在教学过程中,学生可以用回答的方式(一人回答,大家补充;或学生回答,教师补充)解决某个问题,也可以经过讨论和交换意见来解决问题。它与合作交流模式有点相似,个体需要把心里对某个问题的答案和看法组织成言语表述出来,在合作交流(表现为提问和回答,以及质疑和回答)过程中,逐步加深对课文的理解。当然所谓的回答,也包括引用课文中的词语和念读课文中的重要语句等。

教师提出问题,什么时候比较合适?当视课文的具体情况而定。对于阅读材料篇幅较长、内容较深、学生一下子难以驾驭的,适宜在阅读之前就提出问题;对于篇幅不长、内容浅显的,可以在阅读完了之后再提问题。问题的出示一般采用板书全部罗列出来,让学生有个整体的了解,即看了这些问题,对于课文内容已经大致有数;不宜采用一般的阅读教学那样逐个地出示问题,那样会导致学生处于被动的学习地位,不知下一步教师将要做些什么。

对外汉语阅读教学中,教师总会插进某些问题启发和提问学生;学生也常有问题需质疑与请教老师。因此,提问与质疑在阅读过程中,是必然会采取的一种教学方式,具有一定的普遍性。只要加强提问的设计与明确提问的目的性,就能很自然地形成与构建提问与质疑型阅读教学模式。

第二节 提问与质疑型阅读教学模式的认知原理

提问与质疑型阅读教学模式所包含的提问和质疑这两种教学手段,既有区别,也有联系。它们都有着一定的认知心理基础。

一、提问与质疑可以合理地调配注意资源

一篇阅读课文或语料从形式(字形、词形、句型、篇章等)到内容(词义、句意、篇段意思等)涉及许多方面,如果不分大与小、不管枝或干,都要抓住和顾及,很可能产生精力不济或注意力分散的弊端,反而会影响阅读的展开与深入。如果阅读过程中辅以提问和质疑,就会取得较为理想的效果。

提问是教师有意识地调动与分配学生的注意资源,引导学生把阅读的注意力集中在所提问题的范围、性质、成因,以及解决的方法上,提高阅读理解的深度。因而,提问如果有了正确答案,可说是学习者耗费注意资源所换得的成就和结果。质疑是学生在阅读过程中,遇到障碍(难词、难句等)和困惑(难理解或不理解的内容)自行归纳成问题,向教师发问或请教。因而质疑是学习者耗掉部分注意资源仍未解决问题的求援之举。提问与质疑结合,问题一一得到解决,学习者就能抓住关键词语和重要句子的语义,弄清课文或语料的脉络,把握课文或语料的中心思想。从而不会在细小的枝节问题上纠缠不清,浪费注意资源。

二、提问与质疑在元认知的监控下进行

提问与质疑是阅读教学中两种有效的手段。它们跟元认知监控有着极为密切的关系。

人的大脑中有几个认知系统:传递系统——专司外界刺激信息的接收、传输和整合;知识系统——专司知识的储存和网络的构建;策略系统——专司学习的诸种策略和学习经验的积累;表达系统——专司意念和命题的口头或书面的表达。这些认知系统都接受元认知的管辖、支配和监控。教学中的阅读、提问、质疑以及问题的解决,都是在元认知的调配下,几个系统共同作用的结果。

教师的提问，其问题往往是针对课文中最为重要的部分而设计的。这些问题的一一解决，学习者对课文的形式和内容也就真正弄懂和搞明白了。因此，学习者面对教师所提出的问题，首先是吃透问题的精神和要求，其次是根据问题所提示的信息线索，去阅读和寻找答案。这时，元认知就会自动地在学习者头脑中发挥作用。因为所提问题的答案，一般不是现存的，而要通过阅读课文的有关语句，在元认知的支配下，调拨贮存于长时记忆中的已有知识去同化和理解语句的意思，并对语句的命题进行分析，真正把握其中的含义，进而归纳出自己的看法或观点，问题才得以解决。而业已形成的想法是否符合问题的实质，还得由元认知来监控和检验。如果发现答案有误或不完整，须在元认知的监控下，调整阅读策略(诸如自上而下还是自下而上、扫视还是细读、抓关键词还是进行语法分析等等)，重新对课文进行阅读、审视和提炼，直到找到满意的答案为止。

学习者的质疑，也同样要运用元认知去阅读和发现问题。在阅读过程中，学习者在元认知的支配下，调动和提取旧有的知识去理解课文的语句，弄懂其中的意思。但是否理解正确，需由元认知作出评判。如若觉得有问题，元认知监控就会要求调整策略进行重读；重读仍然不解决问题，学习者就会在元认知的监控下，将疑问构成问题而提出来，要求教师启示、点拨或解答。

由此可见，阅读过程中提问与质疑自始至终都在元认知的作用和监控之下。正是元认知主导了提问和质疑，阅读理解才得以顺利进行。

三、提问与质疑调动了学习积极性

根据西方学者的研究(Kissock et al. 1982；Bereiter et al. 1985；Dansereau 1985；Garner 1987；Barnett 1988；Carrell, et al. 1989)，在现代提问教学模式中，提问的目的和传统教学中的教师设问有重大区别。虽然现代提问教学所涉及的提问呈多样性，但启发是其主要目的。所谓启发，主要是指激活学生现有的认知结构和知识体系，激发学生的学习情绪，从而广泛、主动地吸收知识点。就具体的提问教学模式而言，提问教学要求教师在实施提问前，对学生的需求、知识结构、实际能力有较好的了解，对提问的目的有明确的想法。

提问与质疑型阅读教学模式是贯彻学生中心原则和积极学习教学理念的主要手段。实施提问和质疑教学的主要目的是激发学生的学习兴趣，促进学生主动思考问题，激活相关的认知体系，引导和鼓励学生积极参与整个学习过程。

提问和质疑是该教学模式既有联系又有区别的两个组成部分，虽然都与问题有关，但实施者不同，设问的目的不同。提问者通常是教师，提问的目的是要求学生回答；而质疑者则是学生。质疑的问题要求教师解答或学生之间相互回答。

实施提问与质疑型阅读教学模式,问题设计的质量直接影响学习者的积极性,影响教学效果。因而提问必须考虑:1)根据文本内容拟出相关的、有连续性的系列问题,方便学生理解文章意思;2)问题要有开放性,能启发思考和联想,答案不一定是唯一的;3)问题设计要多样化,笼统的、具体的、探讨的、假设的、反思的,都可设问,以活跃学生的思维。对学生的质疑,可以这样处理:1)琐细或枝节的质疑问题,或由别的同学回答,或教师自己解答,花时不宜过多;2)重要的或带有实质性的质疑问题,不必急于解决,可以纳入或归并到系列的提问中去,在教学过程中一并解决;3)跟课文无关系或关系不大的质疑,可在课后个别交谈。提问与质疑教学掌握得好,能调动学习者学习的积极性,激发学生的学习情绪,激活学生的认知结构或知识体系,将阅读文本、思考问题、理解意思的心理过程有机地融合在一起。为了更有效地实施提问与质疑型阅读教学模式,教师应对欧美学生的文化背景有一定的了解,对课文中可能由于文化背景不同而产生的理解障碍有较好的把握。在实施提问与质疑模式之前,要提供汉文化的背景知识,让学生对不同国家和民族的文化差异有充分的心理准备,避免阅读中发生理解上的困惑,力求提问与质疑教学达到较好的效果。

第三节 提问与质疑型阅读教学模式的应用

在汉语作为外语的阅读教学中,实施提问与质疑型阅读教学模式,关键在于提问与质疑的启发和引导。提问的问题与课文关系比较紧密,质疑的问题质量较高,那么后面的思索与回答以及组合与理解两个心理活动的进行就会比较顺利。

一、启发提问

提问带有启发性,能调节学习者的情绪和兴趣,促使学习者关注重要的知识点,对上下文做出正确的预期与推导。

(一)调节情绪、启发学习兴趣的提问

学生的情绪是影响学习的一个重要的因素。由于文化差异,欧美学生对有些阅读内容兴趣不大,这就需要通过提问手段调节他们的兴趣和情绪,创造合适的学习氛围,以增强他们的阅读欲望和探求新内容的好奇心。

调节兴趣和情绪的提问宜在阅读前或阅读初进行,可依据课文内容提出有关历史的、背景的、文化的、习俗的、观念的、情节的等等问题,引起学生的注意和思索。并让他们联系或对照本人的经历见闻或自己国家的具体情况,表述自己的看法,交流不同的体验。由表及里地吸引学生对即将阅读的教学内容产生兴趣和好奇,这是调节情绪提问的关键。

（二）启发相关的知识点的提问

阅读是通过文本语词、句子以攫取意义信息的过程。阅读中,长串的语词和句子,有的是学生熟悉的,可通过提问来激发和唤醒;有的是新的陌生的词句,需要激活相关的知识结构去学习和掌握。对于词语和句子的相接相连而形成的段落和篇章,则更是启发的重点。段落和篇章涉及一系列的知识点,诸如材料的剪裁,句群层次的划分,语段结构的安排,文章风格和特点等等。这些知识点对阅读理解文本的意思息息相关。教师要紧扣这些知识点进行启发式的提问。欧美学生由于阅读水平与文化差异上的问题,可能会忽略或误读这些重要的知识点,即使抓准了知识点,也会在理解上出现偏差,或者仅仅是望文生义,没作深入的体味,或是根据自己的知识体系和价值观念做出不合汉语文化实际的判断。比如父子关系是理解某篇文章的重要知识点,欧美学生从他们本国文化的家庭关系出发,往往会对汉文化所涉及的父子现象做出偏颇的理解和评论。而通过启发式提问,可以引导学生注意到不同文化体系的差异,从而达到掌握具体知识的目的。

启发知识点的提问是为了唤醒和激活学生相关的知识系统,为即将进行的学习做相应的铺垫,使学生能充分调动已有的知识储备参与到新知识的学习和获取之中。

（三）启发预期与推导的提问

阅读时,对文本内容作一些预期与推导是经常发生的现象,而且已经发展成为一种阅读技能。由于欧美文化和中华文化在文化习俗、生活经验、思维方式、推理习惯上不尽相同,欧美学生阅读中的预期与推导会有某些错失或困惑。他们的预期常常被否定或推翻,他们的推理也往往不尽正确。对此,教师应运用提问的方式,去启发和引导欧美学生循着正确的预期与推导的道路行进。比如欧美学生的阅读,习惯上抓住具体的连接词来推导句子之间的逻辑关系,而汉语逻辑关系的表达,意合的情况较多,不一定非要用连接语词不可,这是欧美学生阅读汉语材料时的一大难点。他们常常会忽略汉语语句间的照应关系和内部的逻辑联系,简单地根据邻近语句加以推导,于是理解出现了偏差。教师抓住理解的焦点进行提问,提醒学生注意语句、尤其是跨语句间的逻辑关系,引导学生注意不同的推理习惯,这对学生正确理解阅读文本会有很大帮助。

汉语的省略形式也影响着阅读推理。在许多文本中,作者的表述往往因追求简练而有较多的省略,要求读者根据自己的知识结构去判断和弥合,这对于欧美学生来说尤其困难。针对该种情况进行有效的提问,可以提醒学生关注阅读材料中所省略的内容和见解,让学生体会汉语表达的特点和在具体推理过程中所要注意的问题。

二、引导质疑

阅读教学引导和鼓励学生质疑,目的是增强学生自主学习的动力,激发学生独立思考,开掘和发挥他们的批判性思维的潜能。由于欧美学生在本国接受早期教育中都受到过质疑的训练,习惯于独立学习,独立思维,不适应、也不太接受传统的教师主导课堂的教学模式,因此,在欧美学生的阅读课教学中,给予充足的质疑空间,能大大调动他们的学习兴趣,提高教学效果。

阅读课开展质疑活动,教师也可借此了解学生阅读的状况,知道他们的阅读难点、阅读障碍和思维倾向,以及非语言因素对阅读的干扰等,这对阅读教学的实施有很大益处。

质疑可分为自由式和教师引导式两种。两种方法的有机结合能使质疑活动更有效地服务于教学。质疑活动的分类很重要,教师可以根据阅读内容有意识地引导学生对阅读文本所涉及的不同内容和方面,诸如文化背景、具体命题、关键词语等等进行质疑;也可以对教师的讲解进行质疑。

(一)对阅读文本内容的质疑

1. 不同的文化背景的质疑

由于欧美学生的文化背景和中华文化不同,而欧美学生在阅读中又不自觉地或无意识地用本国的文化背景知识去理解汉语材料,自然会遇到由于文化撞击而产生的疑惑与障碍,影响阅读的进程。因此,教师应鼓励学生对缘于文化不同而产生的疑惑进行质疑,一则能使教师及时地了解学生所遇到的问题;二则可使教师的讲解或提问更具针对性。

质疑的形式当然是多样化的,可以让学生口头提出问题,教师或学生进行回答;也可以让他们写在纸上,然后同桌、分组或全班进行交流。质疑的结果,教师可以了解学生在文化内涵方面所产生的疑惑,针对质疑的具体问题,进行不同的处理:或个别解答、或同桌交谈、或分组讨论、或小组交流等,保证阅读深入进行。

2. 对具体命题提出的质疑

阅读材料无论是叙述性的还是议论性的,都包含了一系列的命题,由分散的小命题最后汇集为一、两个大命题。阅读从某种意义上说,正是透过文字形式,揭示种种小命题和信息,最后获得文章的中心意思或大命题的过程。欧美学生由于文化差异,对阅读所获取的命题可能困惑不解,也可能有着自己的理解和评价。教师引导学生通过对大命题的质疑,说出自己的想法和意见,在相互的讨论和交流中得到完美的理解,并因此也了解了中华文化的特点。

在阅读中就命题提出质疑,这是一种做法。另外教师也可以事前准备好与课文内容相关或相反的命题,在学生阅读文本完成后发给他们,让他们根据课文所学到的命题跟教师提出的命题进行对照和评述,或者质疑提问,加深对课文命题的理解和印象。

3. 对关键词语的质疑

一篇阅读材料有众多的词语,有些词语构成一般的命题,传递一般的信息;有的词语在句中或段落中,甚至在整篇文章中起着极为重要的作用,它们构成重大命题,传递最为重要的信息和意义。这样的词语,大家称之为关键词语。关键词抓得准不准、掌握得好不好往往影响整个阅读教学的效果。欧美学生对一些问题产生不同的理解,甚至偏见,往往和对具体的关键词的意义的理解不同有关。因为不同语言文化里的词汇往往有不尽相同的语义场,不同的联想意义。如果用本国语的词义来理解或翻译某个关键词,常常会产生误解。因而让欧美学生对关键词提出质疑,即根据他们母语文化的特点对该词在阅读课文中的含义和作用提出质疑,可以使他们意识到语词的多义性(有本义、引申义、比喻义、转义等等),以及语词的多层含义在不同文化中不具有对等性(有概念和意义相对应的、部分对应的以及不对应的等等多种情况),增强欧美学生对汉语词语(文化内涵、构词特点以及词义引申等)的认识。

学生对关键词语所提出的质疑也能有效地帮助教师调整阅读教学中的词汇讲解重点、讲解内容、讲解层次和范围。

(二) 对教师讲解的质疑

质疑与提问教学模式的实施过程中,教师就学生的质疑和同学之间的回答,常要作一些解答或讲解。由于文化的差异和可能的语言障碍,欧美学生对教师的讲解并不一定能完全理解。教师有必要留一些质疑的空间,让学生对教师的讲解提出质疑。这样可以检查他们是否理解教师教授的内容,是否抓住了讲解的重点。有意识地让学生对讲解提出质疑,可以帮助教师对教学内容的繁简、难易做出适当的调整,以提高阅读课的有效性。当某个学生提出质疑或个人的见解时,教师可以让其他学生对此发表意见或看法,以形成相对自然的讨论或争辩的气氛。这是激发学生课堂讨论的积极性,提高学生参与度和师生之间互动度的有效手段。

三、提问和质疑教学中教师的角色和作用

Meyers al et.(1993)对教师在积极学习中所扮演的角色和所起的作用尤为重视。实践表明,在提问和质疑的过程中,教师发挥着重要的作用。

(一) 教师的角色和地位

提问教学,教师是提出问题的主体。教师的作用在于通过问题的拟制和布置,启发学生的阅读途径和思维方向。此时的教师是引导者、启示者。而在

运用质疑教学时,教师的角色是多样的,既可以是引导者、质疑对象、质疑问题的解答者,也可以是质疑的共同参与者。

提问和质疑教学的成功与否的关键在于,教师是否能以一个平等的对话者参与提问和质疑教学的过程。教师的平等态度,让学生倍感亲切,质疑和回答都处在一种放松的状态下进行,即使学生自己感到思考的问题不太成熟,也会毫无顾虑地、大胆地叙述出来。可见,教师对学生的平等态度,以及与学生的平等地位,是保证提问与质疑教学模式顺利而有效进行的重要因素。

(二) 教师的作用

教师在实施提问和质疑型阅读教学模式中的主要作用是组织研讨和进行总结与评价。

1. 组织研讨

学生对于问题的回答不一定正确和全面,教师要随时启发、组织学生补充与讨论。在学生确实不能回答或理解有误的情况下,教师可以发表自己的看法供学生参考,并与学生一起探讨,把一个阅读教学过程发展成一个研讨过程,以便顺利完成阅读任务。

2. 总结与评价

教师的总结与评价是提问和质疑教学的重要组成部分。它是总结、肯定、补充或修正学生学习成果的必不可少的一个步骤。经过教师的总结与评价,学生就可把自己的解答和同学的回答放心地、系统地吸收进知识结构。教师的总结与评价手段必须是多样化的,其目的不仅仅是判定答案的得当与否,而且要根据答案来判断学生的兴趣调动程度和相关知识点的激活程度。根据 Rasmussen(1984)和 Nuttall(1996)等以及我们的教学研究,我们认为,教师的总结与评价可以简要地归结为以下几种:

1)鼓励性总结与评价(以肯定与赞扬为主);2)开导性总结与评价(指明不足之处与努力的方向);3)纠正性总结与评价(指出错失与误解,指示正确答案);4)提问性总结与评价(用提问方式让学生自己总结,自行评价)。

必须指出的是汉语作为外语的教学是跨文化教学,教师评价的有效性还往往受到学生不同文化习惯和背景的影响。我们在教学中发现,由于教学传统不一样,欧美学生对教师的角色和作用的认识不同于中国学生。在他们的眼中,教师不仅仅是传道者、授业者、指导者,更重要的是平等的参与者和讨论者。因而,我们教师在做总结与评价时必须考虑到这些跨文化的因素,以保证总结、评价与教学的互补作用和有效性。

第四节 提问与质疑型阅读教学模式的教学程序

提问与质疑型阅读教学模式是在"启发式"与"以学生为中心"的理念支配下形成的一种教学范式。其教学过程可以归纳为如下的程序：

分解与提问、质疑——思考与回答——组合与理解

该教学模式的第一步是，教师把课文分解为若干有关部分，并依据各部分的内容和特点归纳和抽绎出需要思考的一系列问题；同时收集归并学生在阅读中向教师质疑的问题，纳入系列问题之中。第二步是学生就一系列的问题，进行再次阅读，积极思考并酝酿如何回答。第三步是学生把每个问题的答案组合在一起，进行整体的理解。下面作些具体的阐述。

一、分解与提问、质疑

提问与质疑教学模式的核心是分解和组合。分解是把课文分析和切分成诸如关键词语、重要语句、层次段落、篇章结构（开头、结尾和过渡等）、记叙因素（时间、地点、事件等）、人物关系（主人公和陪衬人物）、情节安排（发生、发展、结局等）、论述方法（论点、论据、论证等），全篇中心思想，等等，教师就这些有关部分编制主要问题和附带问题等一系列问题向学生展示，以引起学生的注意和阅读兴趣，启发学生阅读和思索。由于这一系列问题中的主要问题与主要问题之间、主要问题与附带问题之间本身是有机联系的，跟课文是密切相关的，因此可以引导学生步步深入地去阅读和领悟。学生依据这一系列问题的提示和规定的范围，既可在某个问题范围内深入地钻研和挖掘下去，又可对问题与问题之间的内在联系进行推论、联想和整合。学生的阅读就可由部分的理解走向全面的理解。

质疑的方式有两种。一种是作为提问方式的补充，即学生在一系列问题的启示下进行阅读，发现有读不懂的或与教师所提的问题意见相违的，提出来质疑于教师。教师可以自己作答，或让同学回答。也可把学生所质疑的问题纳入系列性的问题之中，让学生在阅读中一并思考解决。另一种是作为单独的教学方式，即整个教学完全由学生向教师提问和质疑，教师一一回答学生的问题，解决他们阅读中的疑难。这有点像辅导课的形式。不同的是教师所作的辅导不是个别性的，而是群体性的。这可以充分调动学生阅读的自觉性和积极性，发挥学生自主性学习的作用。不过，由于学生个体之间有一定的差异，仅让学生质疑而教师不作提问，全班学生的阅读理解可能会有参差，而教师很难把握和了解每个学生阅读时的具体状况。因而这种纯质疑方式只在高年级使用，在初中等学生的阅读课上一般总是把提问与质疑结合起来运用。

二、思考与回答

一般来说,阅读的目的是为了透过文字以攫取材料中所蕴涵的信息。因而阅读不能像跑马流水般地趟过去算数,必须有读有思,即使是快速浏览也并不是一味追求快捷,也得有停下来回味一下的时间,即在自己需要的文字和信息上多逗留一点时间,以便将它们加工和储存于长时记忆。所以思考是阅读必不可少的环节和步骤。

阅读中的思考,不是漫无边际的遐想,而是有目的、有针对性的思索。在提问与质疑模式中,思考表现为依据提问或质疑的问题在课文中寻求答案。而这种寻求的过程实际上就是阅读的过程。学生受问题的启发,去接触书面文字,将它们切分为语句,并揭示它们所包容的命题和意思,一个语句跟问题对不上号,就必须把两个语句、乃至几个语句、甚至整个段落连续起来加以思索和考察,直到找到答案为止。一个问题有了答案,就继续进行第二个问题的答案寻找,一直到回答完全部问题,阅读才算告一段落。而真正的理解还必须在程序的第三阶段把这些答案组合和串联起来,才能深入领悟和理解有关课文或书面材料的精义。

问题的思考还只停留在个人的头脑之中,作为人们的自由阅读或学生的课外阅读,根据问题思考,心中有了明确的或者大致的答案就可以继续阅读下去。但汉语作为外语的阅读课教学,仅仅停留于各人的思索,那是远远不够的。因为教师无法掌控与把握每个学生的阅读与理解的情况,不便于教学的开展,所以提问与质疑教学模式,还要求学生把理解了的内容和答案,组织成自己的话语向全班表述或补充。哪怕只是念读跟问题答案有关的课文上的语句,也可表明或从中了解学生的阅读理解程度。

三、组合与理解

提问是课文内容的分解,理解是若干问题答案的组合。可以这么说,组合是将课文经过分解而提出来的一系列问题(即提问和质疑)的答案按类重新组合起来从而得以深入理解的一种心理活动。由于提问与质疑所依据的内容和角度有所不同,读者的理解也往往有意或无意地按类对有关答案进行加工和组合。阅读者常见的组合有词语性组合、段落层次性组合、全篇性组合、情节性组合、人物形象性组合,等等。

(一)词语性组合

词语性组合是将课文中的生词、难词、关键词、重要词语,以及重要语句与关键语句联系并加合起来进行考察与推测的一种单项的理解方式。重点在于组合词语与句子所包含的意思。例如,新词语的出现和作用,课文的关键词与重要词语以及其意义,修辞手法(如比喻、排比)在课文中的作用,使用成语与俗语的作用,某种句式的集中使用在课文中的作用,等等。如果把有关词语与句子的答案加合起来,就能透过文字理解它们所蕴涵的意义。

(二) 段落层次性组合

段落层次性组合是将课文中的一个段落或几个段落中的层次问题的答案加合起来进行考察和分析的一种单项的理解方式。重点在于层次的划分和内在逻辑关系的揭示。例如,一个段落包含几个层次,层次之间有着怎样的逻辑关系(显性的或内隐的),句群与层次的关系等等。如果把有关段落层次的答案加合起来,就能掌控和显示课文的记叙或论述的条理和内在逻辑。

(三) 全篇性组合

全篇性组合是将所有问题的答案加合起来进行考察和归纳的一种理解方式,重点在于组合篇章结构的安排与写作方面的特点。例如开头、结尾、过渡的布局与安排,段落的分割和重心所在,记叙、议论、抒情的结合,材料剪裁的详略等等。如果把这些答案全部加合起来,就能驾驭全篇,领会整篇文章的内容和形式。

(四) 情节性组合

情节性组合是将课文中有关事件情节的问题的答案加合起来进行考察和归纳的一种单项的理解方式。重点在于组合事件情节的发生、发展、高潮和结局。例如,事件的开端和人物的介绍,事件的发展和人物的活动,事件的起伏和所包含的小事件的作用,事件的高潮与主人公的命运,事件的结局与给人的启示等等。如果把方方面面的答案放在一起考虑,就能掌控课文的主要线索和故事内容。

(五) 人物形象性组合

人物形象性组合是将课文中有关人物的问题答案加合起来进行考察与分析的一种单项理解方式。重点在于通过人物的外在表现揭示人物的内心世界。例如,人物的外貌特征,人物的细节动作,人物的言语行为,人物的思想情感等等。如果能把有关人物的活动、思想和特征加合起来,就能理解人物形象的典型意义。

组合可以是多方面的,教师可根据课文内容和学生阅读的目的与需要进行启发与安排。

第五节　提问与质疑型阅读教学模式的教学实例

在阅读教学中,不论是穿插运用提问或质疑方式,还是在整堂课中都采用提问质疑的方式,对于对外汉语教师来说并不陌生;与此同时,这一阅读教学模式是在"启发式"与"以学生为中心"的理念支配下形成的教学范式,符合学生学习愿望。因此,创立与建构提问与质疑型阅读教学模式,具有一定的基础。事实上,部分教师也已经在阅读课中实践这种模式,取得了较好的阅读效果。这里,我们选用一则教学实例来展示与引证。①

教学实例

教学对象:欧美学生(市场营销本科)

汉语水平:中级

教材:课文《我从不参加旅游团》②

教师:仲清(上海商学院国际交流学院)

老师:好,我们马上开始上课,今天学习第五课。顺便通知大家一下,国庆节放假的时间是十月一号到十月七号,请注意。

(学生们纷纷记下)

老师:放假七天,大家觉得时间长不长?

学生们:很长！很好！(大家一起笑)

老师:对,放假的时间很长,在中国叫"长假"。大家知道中国还有别的长假吗?

学生1:春节是长假！

学生2:嗯,五月也有长假！

(有学生小声纠正,现在五一不是长假了。)

*评析:教师在上课的一开始,利用真实语境,通过对预设事件进行提问,由课文生词"长假"作为切入点,调节学生的情绪并激发兴趣,集中学生的注意力,为主要教学内容的展开做好铺垫。

老师:这次国庆节长假,大家打算做什么呢?

学生1:休息！在家里看电影。但是不是所有的时间。

学生3:我们也打算去动物园,去佘山！

老师:哦,你们打算休息和旅游。今天我们学习的第五课,也是说长假旅行的打算等等,在88页,请大家读一下题目。

学生们:我—从—不—参—加—旅—游—团。

老师:好的,"从不"这个词上次我们学过了,是什么意思?

学生2:一直不做这个事情,never。

老师:好的,说得对。那么"旅游团"或者"旅行团"的意思是什么?

学生4:是不是很多人一起旅行?

---

① 本教学实录已经过提炼和删节,略去师生话语中的重复语句和内容,意在集中显示提问与质疑型教学模式的实施过程。

② 选自徐文静、施琳娜主编,《我的汉语教室:中级(一)》,人民教育出版社,2007年版。

老师：更准确一点儿说，旅行社组织很多人一起旅行，叫旅行团。现在请大家读第一篇，从对话的开头读到这儿，"过了一会儿"。先看我的问题再读，给大家十分钟。有问题可以问我。（教师分发预先准备好的问题纸一。）

＊评析：从学生实际生活入手导入课文主题，引导学生理解题目意思，对课文内容有了一定的预设。教师进行了一两个启发和唤醒相关知识点提问（比如对"从不"的提问），温故知新，激发兴趣，为接下来的提问质疑的教学做好准备。学生回答教师的提问，并有所质疑，比如有学生问："旅行团"是不是很多人一起旅行的意思？对学生的质疑，教师给予了解释和修正（见课堂实录划线处）。

＊问题纸一内容：
1. 李强说"这次我不会再跟旅游团去了"，为什么？
2. 杰克最后决定去哪儿旅游？为什么选了这个地方？
3. 如果你要决定去一个地方旅游，对你来说，什么因素是最重要的？
4. 在中国，你觉得长假的时候旅行好不好？可能有什么问题？

（约10分钟后，学生均示意阅读完毕。）

学生1：李强不喜欢旅行团，因为他觉得旅游团不让他看很多地方，只是买东西。（学生看着课文内容回答）

老师：米沙觉得安妮说得对不对？有没有别的？

学生2：嗯，还有，李强说没有很多自由。很麻烦。

老师：哦！所以李强"一点儿也不喜欢"。"一点儿也不喜欢"还可以怎么说？

学生2：讨厌！李强讨厌不自由。

老师：很好！那杰克最后决定去哪里？第二个问题谁来？

学生1：杰克决定去大连。因为李强推荐杰克去大连，他说那边没有太多的人。

学生4（补充）：也因为大连又漂亮又干净。（课文内容）

老师：大连又漂亮又干净，而且长假的时候，没有那么多人，所以杰克最后决定去大连。那对你来说，决定去一个地方旅行，什么因素最重要，请回答第三题。

学生1：仲老师，"因素"是什么意思？

老师问学生们：大家知道不知道？

老师（见学生们都不确定）：是出现一个结果的各种原因，factors。这里的意思是什么影响你做决定。比如你要去旅游，你要考虑价格贵不贵、天气好不好、地方远不远，这些都是"因素"。

学生1：哦，因素！那对我来说，最重要的因素是价格不太贵！

学生3：那个地方有什么样的天气，有什么景点！

老师：对我来说，最重要的因素是有多少时间，是不是长假。（学生们点头笑起来）好，现在回答第四个问题。

学生1：我觉得在中国，长假的时候旅游不太好，因为太多人。杰克也说，有太多人，所以拍照的时候要排队。（课文内容）

学生2（思考了一会儿）：还有别的问题，可能长假的时候门票贵一点，还是贵很多。

老师（纠正）：或者贵很多！对，这都是因为长假的时候，同一时间旅行的人太多。在德国有没有这样的问题呢？

学生4：我觉得没有，因为门票都是一样的。在德国，也没有这么多人在一样的时间，一起去旅行。

学生3：暑假的时候很多人一起去，但是德国没有这么多人。（大家笑起来）

老师：对，所以中国的长假和德国的暑假，都叫旅行的"旺季"，peak time。

学生2：旺季！那有没有"空季"？

老师：哦！没有人的时候，叫"淡季"。淡季是旺季的反义词。（教师在黑板上书写并注音。）好，现在我们读完这篇对话，大家两个人一组，进行讨论。十分钟以后，每组选一位同学回答。（老师分发问题纸二。）

学生回答的要点：

1. 李强决定不再跟旅行团的原因是不自由。

2. 杰克最后决定去大连旅游，因为他听说大连又漂亮又干净，而且游客不会那么多。

3. 决定去一个地方旅游，要考虑价格、天气、景点、是否有足够的时间等等。

4. 在中国，长假的时候旅行不太好，因为人太多，价格也会比平时贵一点。

学生质疑：

1. 对阅读障碍的质疑："因素"是什么意思？

2. 在受到启发后调动已有知识进行猜测："旺季"的反义词是否是"空季"？

教师回答：见课堂实录画线处。

* 评析：教师把课文分解为若干部分，依据各部分的内容和特点归纳和抽绎出需要思考的一系列问题。问题纸一的四个问题代表了课文第一部分中需要学生读懂和重点理解的内容，教师通过向学生们展示这一系列问题，以引起学生的注意和阅读兴趣，启发学生步步深入阅读与思考。例如，问题1和问题2主要抓住关键词句、课文情节与矛盾分析进行提问，意在攫取意义信息；问题3和问题4以开放性问题激发学生主动思考和想象，深入体味课文想要表达的矛盾问题。大家都对中国和德国的假期和旅游做了初步的对比、分析,加深了对课文所述某种特定社会现状的理解。提问质疑的过程促使学生积极思考、组织语言输出。教师在这部分提问质疑的过程中,主要扮演了组织研讨、纠正评价、平等参与者的角色。

*问题纸二内容:

1. 旅行以前,你一般怎么订机票和酒店?打电话、上网、找旅行社,还是别的?
2. 头脑风暴:关于坐飞机、酒店服务,请快速说出有关词语,包括新词。
3. 你愿意找旅行社,还是自己和朋友一起做计划自由行?请给出三个理由,并且说出一段话。

(学生开始讨论,约10分钟后,小组代表示意可以发言。)

老师:好了,时间到。每个小组请一位同学回答问题。第一题,安妮你们组。

学生1:我一般上网,或者找旅行社。如果在德国旅行,我平时上网找,但是如果我去欧洲别的地方,我喜欢找旅行社。

老师:为什么这样呢?

学生1:因为我不知道别的地方有什么好玩的。所以我喜欢去旅行社问他们。在德国旅行,我知道有什么地方,所以我可以自己上网订地方。

学生3:我和安妮一样,也上网订机票和宾馆,很方便。但是我不找旅行社,我觉得太贵了。

老师:很好!我们做了一个比较!现在回答第二个问题,我们做brainstorm来练习词汇。先从米沙组开始,有关酒店服务的词。

学生2:嗯,三星级。

老师:很好!上节课我们学了一个五星级,对不对?

学生2:对对!然后,单人间、房费、地段。

老师:在住酒店的时候,你希望它的房费包括不包括早餐?

学生2:包括早餐!还有,我希望服务费和wifi是免费的。

老师:对,交通方便不方便也很重要,对不对?好,那关于坐飞机,有哪些词?

学生1:航班、航空、起飞、机票、送票,还有……飞机服务员?

老师:他们是"空服",航空的空,服务的服。能理解吗?(学生们轻松表示能理解)这些词都是今天的新词,看来大家已经比较熟悉了。好!最后一个问题,准备好了吗?(学生们表示可以开始。)

学生1:我不愿意订旅行社,因为我觉得第一个原因是太贵了,我想省钱,去年我去土楼,在福建,英文导游需要两千块每天。嗯,第二个原因是没有那么多自由,我喜欢自己安排时间。最后我觉得自己上网找景点和饭店有意思，可以真的学习很多。

老师：很好！自己去旅行叫自由行，跟旅游团叫跟团。大家也可以这样说。（学生兴奋地记下来）好，我们休息十分钟，然后学第二篇。

学生1：仲老师，我有一个问题！杰克最后的句子。嗯，那个，"吧"，这里是什么意思？我以为是一个问题，但是它不是。

老师：<u>这是一个请求和商量，request, ask for help，它很客气，很礼貌。杰克是请求李强帮自己找酒店，在和李强商量。所以你需要别人帮助的时候，可以说，请帮我做一下吧。</u>

学生回答的要点是：

1. 在国内旅行一般会自己上网、打电话订机票和酒店；如果是出国旅行则可能找旅行社，因为自己不熟悉当地情况。找旅行社有点儿贵，所以尽量自己上网预订行程。

2. 与酒店服务有关的词有：三星级、房费、单人间、地段、包括早餐、免费wifi、交通方便等等；与航空服务有关的词有：航班、航空、起飞、机票、送票、空服等等。

3. 不太喜欢找旅行社，因为太贵了，而且没什么自由。自己做旅行计划更有意思，也是一种学习。

学生质疑：

1. 通过猜测和联想，提出"飞机服务员"一词，询问是否正确。

2. 对关键词语"吧"的质疑：是疑问词吗？

教师回答：见课堂实录划线处。

*评析：问题纸二的三个问题代表了课文第二部分中需要学生读懂和重点理解的内容，教师对这组问题的设计更加贴近学生实际生活，也更具开放性。问题1就课文内容做进一步提问，让学生由自己的生活经验出发回答问题，交换信息。在前面花了大量时间讨论课文内容和思考、比较后，问题2的作用是调节课堂节奏和气氛，同时重回课文的基石——生词，激活词汇网络，加深对新词的印象。问题3利用小组讨论形式，给学生足够的相互交流、提问、质疑的机会，最后引导学生输出语言段落。这部分的提问质疑是课文内容的延伸，与前一部分相比，给了学生更多的自由空间，形成自然的讨论的气氛。教师主要起到组织研讨、鼓励性总结与评价、回应质疑的作用。

（休息10分钟后，继续上课。教师分发问题纸三。）

老师：好，时间到，我们继续上课。刚才我们读完了第五课的第一篇。现在我们读第二篇，请大家看一下问题，十分钟后回答。

*问题纸三内容：

1. 这篇阅读，如果分成三个部分，应该怎么分？

2. 每个部分的主要意思是什么？全文的主要意思是什么？

(约 10 分钟后,学生们示意阅读完毕。)

老师:都好了？非常好！我们看,问题 1 和问题 2 都是关于文章结构的,structure。这篇文章要分成三个部分,你觉得怎么分？

学生 1:第一部分到"这次希望他能和我们一起去"。第二部分到,嗯,到……"带我们去买很多东西,真浪费时间。"

老师:嗯！很好！这是第二部分。第三部分就是到最后。那米沙的想法是什么？

学生 2:跟她一样。

老师:好！第二个问题,米沙来说。

学生 2:第一部分重要说,嗯,主要说,放暑假有什么打算,打算带朋友一起去旅行。我不知道这个人是不是典子的朋友？

老师:哦,这篇文章是典子写的,她和丈夫有两个孩子,他们是一家人。

学生们(纷纷发问):一郎是她的丈夫吗？典子是女的吗？……

老师:对,典子是日本名字,她是女的,一郎是她的丈夫。

学生 1:哦！懂了,所以典子希望她的丈夫可以跟她和孩子一起去旅行。

老师:好！第二个部分意思是……

学生 3:第二个部分说上次他们去旅行有什么问题。他们去北京玩儿,但是她的中文没有那么好,所以他们跟旅游团去北京,但是她不太喜欢。现在暑假她不要跟旅游团一起去。然后她说她为什么不要跟旅游团一起去。She is listing the negative points.

老师:哦,你可以说她例举为什么不要跟旅行团一起去。(在黑板上书写并注音。)那第三个部分主要是什么意思？

学生 2:是这个暑假的打算是什么。她打算去桂林,但是这次不要和旅游团一起去。她要自己去桂林,了解中国的文化和习惯,跟中国人说话聊天、练习中文。也有时间拍照片。

老师说:非常好！大家分的三个部分是对的,也很有逻辑,very logical。但是要注意,我们说每个部分主要的意思是什么,这个时候大家最好用一两句话说出来。比如你可以说:第二个部分的主要意思是,典子不太喜欢跟旅行团,因为不自由,而且浪费时间。

(学生们点头表示明白。)

老师:好,那全文的主要意思是什么呢？

学生 3:全文是说,典子上次跟团旅行的经历,和这次旅行的打算,还有为什么不跟团了。

老师:这次回答得非常好！现在全文都看懂了吗？

学生1:这个结果差点儿迟到了,是几乎迟到了？

老师:对,差点儿迟到了,他们真的迟到了吗？

学生们:没有,almost！没有迟到！

老师:很好！还有吗？

学生1:我忘了问,是前面的问题。可以问吗？

老师:可以。

学生1:前面课文里说,一号什么什么,六号什么什么,这个是什么意思？

老师:哦！他们讨论的是五一长假。所以一号就是五月一号,五月六号。他没有说五月,因为两个人都知道说的是五一放假。

学生1:哦！懂了懂了,这个是date,是……日期！

老师:很好！对！还有问题吗？

学生们:没有了。

老师:好的,最后的给大家两个问题,请大家认真想,十分钟后我们讨论。(分发问题纸四)

学生回答的要点是:

文章可以分三个部分,第一部分主要说这次放暑假典子打算去旅游,第二部分主要说上次典子跟团去北京旅游的经历,第三部分主要说典子这次旅游的计划。全文主要说的是典子上次跟团旅行的经历,和这次旅行的打算,还有为什么不跟团了。

学生质疑:

1. 由于文化背景不同,对课文尚不熟悉,大部分学生对典子是谁,以及由典子口吻写的这篇文章中的人物关系产生了疑问:典子是女性的名字吗？典子是想和朋友一起旅行吗？一郎是典子的丈夫吗？

2. 课文中出现的省略造成了学生的疑问:前面课文里说,一号什么什么,六号什么什么,这个是什么意思？

教师回答:见课堂实录划线处。

* 评析:从问题纸三开始,课堂进入到对本课第二篇课文的提问质疑。问题纸三的提问与课文结构紧密相关,是较为宏观的问题,需要学生提炼语言,做出总结性的回答,属于较高水准的阅读训练。教师抓住关键词语、文章层次的划分、逻辑的递进进行启发式提问,引导出学生的质疑,从而疏通整个文意,避免理解上的偏差。教师借此也了解了学生阅读的状况(是否读懂？),知道阅读的难点(词汇、逻辑、省略),以及非语言因素的干扰(典子是日本女性人名,这篇文章是由典子的口吻写的),等等。教师在这部分提问质疑中主要起到鼓励性总结与评价、开导性总结与评价(如指明总结段落大意时语言需要精炼)、回答质疑的作用。

＊问题纸四内容：

1. 你的中国朋友喜欢去哪里旅游？在德国，现在流行去哪里旅游？
2. 你们觉得人们为什么喜欢旅行？
3. 你们是学习市场营销专业的学生，从专业上来说，你觉得中国旅游业的优点是什么？但有哪些问题？怎么解决？

（约10分钟后）

老师：考虑得怎样？可以开始第一题吗？（学生们示意可以开始）

学生2：我的中国朋友喜欢去有名的地方！

老师：来举例！

学生1：我听说过很多人说去过云南，还有桂林！

老师：哦！去中国西部。你们觉得为什么现在流行去云南、桂林呢？

学生3：因为在那里风景很迷人，上海没有很多自然的风景。

学生4：我觉得出国旅行也很流行，但是很贵。我知道现在国内旅游非常受欢迎。因为我觉得中国和欧洲一样大，差不多。嗯，所以在中国有很多的地方非常不一样。

老师：哦，我听懂了，你是说欧洲的国家和国家很不一样，就像中国的每个省都很不一样。在中国国内旅游已经够了。对不对？（学生点头赞同）好，继续。

学生2：现在德国最流行的是去沙滩休息。我们喜欢去南边的沙滩，因为德国常常很冷。

学生1：但是德国的北方也有沙滩，很多德国人也喜欢去那里。

老师：那德国北方的沙滩冷不冷？可以游泳吗？

学生4：有时候可以。

老师：所以大家觉得，不管是中国人还是德国人，为什么都喜欢旅游？

学生2：中国人要看特别的地方，德国人喜欢休息、放松！

学生3：因为工作很累。

老师（继续参与和引导）：对！很好！人需要旅行，一是需要放松，二是需要看看不一样的世界。德国人来中国，想看一看中国人的生活有什么不一样，生活方式、建筑、风景有什么不一样。

学生2：旅行是为了看不一样的文化！

老师：我同意。最后一个问题，你们觉得中国旅游业有什么优点？但有哪些问题？怎么解决？

学生1：我觉得问题是对外国人来说，有时候有点麻烦，因为很多景点没有那个……英语的介绍或者地图。这个我觉得要改变。

老师（纠正）：要改进，improve。

学生:哦!改进!

老师:对,改变的改,进步的进。

学生2:我们不能提前订火车票,网站不能用外国护照注册。

学生4:还有,有的地方很特别,但是很小,不太有名,他们应该做多一点广告!

老师:很好的建议!好,那中国的旅游业有什么优点?

学生1:我觉得价格不太贵,跟欧洲比。几乎什么地方都可以谈价格。

老师:哦!可以讲价、还价!在德国不可以吗?

学生1:对,在德国老板会觉得很奇怪。

老师:大家做得非常好!今天我们上课就到这里。下次我们听写和复习。今天的第一个作业是第101页的阅读,请先看问题再读文章。第二个作业是大家两人一组,做一个对话,包括三个部分,决定十一长假去哪儿旅行、商量订航班和酒店、商量跟团还是自由行。

学生在教师引导下回答的要点是:

1. 中国朋友在国内喜欢去云南、桂林等地,因为自然风景迷人。出国游也很受欢迎,但是相对较贵。由于中国地大物博,在国内旅游已经能基本满足需要了。德国人现在很喜欢去沙滩度假,享受阳光。

2. 人们喜欢旅游是因为需要休息、放松、看不一样的世界、了解不同文化。

3. 中国旅游业目前在英文标识方面还需大力改进,给外国游客更加便利的旅行体验。应该加大对有特色的地区的宣传、推广,不论此地是否有名。中国旅游业具有价格方面的极大优势。

*评析:问题纸四中的问题都是本课话题的延伸,与课文没有必然关系,但是进一步促进学生从个人经验、文化异同、专业知识角度深入思考,教师给学生提供了完全自由的联想空间,扩展和提升学生思维能力。教师在这部分提问质疑中除了发挥引导、组织研讨的同时,还通过对学生发言的提炼和归纳,通过适当的肯定和赞扬,随时进行总结与评价。教师的总结与评价,帮助学生把自己的解答与同学的回答放心地、系统地吸收进个人的知识结构加以储存和内化。

第六节　对提问与质疑型阅读教学模式的评价

提问质疑阅读型模式,可以灵活运用于精读课和泛读课:问题提得细一点,系统一点,涉及课文的时代背景、故事情节、思想观点、文化内涵、语词篇章等方方面面,就适用于精读课;问题提得粗一点,关键一点,涉及课文的主要内容、主要人物、主要思想,则适用于泛读课。提问质疑型模式也适用于低、中、高三个层次的阅读课:问题提得浅近一点,主要从课文中寻找答案,则适用于低年级;问题提得略微复杂一点,需要动脑筋作答,则适用于中年级;问题提得较为系统,并有一定难度,需要联系一些世界知识和社会生活经验来回答,则适用于高年级。

总的说来,提问与质疑型阅读教学模式是比较适合于欧美学生的一种教学模式。其优越性体现在下列几个方面:

一、变被动听课为主动学习

由于传统的习惯,汉语作为外语教学的阅读课很容易上成讲读课,即以教师讲解为主,学生被动接受。如果教师的讲解内容过多,学生根本来不及吸收就已经遗忘,表面上是完成了进度,实际上浪费了课文资源。而提问与质疑型阅读教学模式是建立在"启发式"与"以学生为中心"的基础之上的,它打破了教师一言堂、满堂灌的程式,改为学生在一系列问题的启发和引导下进行循序阅读,并积极思考、作答,变被动听课为主动学习,能够充分理解并吸收新的信息和内容。

二、符合阅读的认知规律

提问与质疑型阅读教学模式的核心是分解与组合,提问与质疑是分解课文产生的结果。阅读从某种意义上来说,是不断自我提问与不断自我解答的过程,到一定阶段整理和组合阅读中的答案,于是得以理解所阅读的内容。因而,提问与质疑型阅读模式完全符合阅读的认知规律,它能调动已有和现有的知识,在问题的导引下去接收、同化、理解新的知识。

三、为自主独立阅读打基础

提问与质疑型阅读教学模式,可以说是由听讲阅读向自主独立阅读过渡的桥梁。自主阅读,完全由个人来选择阅读材料、阅读的时间,连进度也完全由个人来定,阅读中产生的问题也由自己设法解决(或查词典,或向教师同学请教)。而提问与质疑型模式是在教师出示一系列的问题的导引下进行思考、质疑和作答的,严格来说,尚属于半独立的阅读。但它比听讲阅读前进了一大步。

四、具有较为广泛的融合性

提问与质疑型阅读教学模式的实施,实际上融合了其他一些阅读教学模式。比如提问的问题有主要问题(大问题)与附带问题(小问题),从大问题向小问题扩散开去,学生的思路也是从大的方面着眼,去琢磨细小的方面,这可以说是从上到下的思维;而把答案组合起来,是从局部到整体,这是自下而上的思维。因此提问与质疑型模式是融合了分解整合型阅读教学模式。至于思考、作答和讨论等环节也融合了合作型阅读教学模式或讨论型阅读教学模式。该模式能够取得比较好的阅读效果,其中其他模式也发挥了一定的作用。

　　提问与质疑型阅读教学模式虽有问题的导引,但以学习者的自主学习、自行思考为主,这必须有一定的阅读理解基础,否则将难以进行,因此一般情况下,低年级较少采用。然而,在低年级以教师讲解为主的阅读课上,如适当辅以提问与质疑,则可为高年级的自主学习,实施提问与质疑型阅读教学模式打下一定的基础。

参考文献

白剑波、刘艳妮,试论非汉字文化圈学生的字感培养与获得[J],《现代语文》,2006,(5)。
北京外交人员语言文化中心编写,《桥—外国人汉语系列教材:新实践(三)》[M],北京语言文化大学出版社,1998。
曹勇衡,二语习得者句子空隙处理研究述评[J],《外语教学理论与实践》,2008,(4)。
常红梅,阅读与写作图式的课堂教学模式研究[J],《中国外语》,2007,(4)。
陈宝国、彭聃龄,汉字识别中形音义激活时间进程的研究(Ⅰ)[J],《心理学报》,2001,33(1)。
陈宝国、王立新、彭聃龄,汉字识别中形音义激活时间进程的研究(Ⅱ)[J],《心理学报》,2003,35(5)。
陈启山,阅读中的元理解监测与元理解调控[J],《心理学报》,2009,(8)。
陈启山,元理解:动态的交互系统[J],《心理发展与教育》,2010,(3)。
陈庆荣等,工作记忆和句法复杂性对汉语判断单句的影响[J],《心理科学》,2008,(3)。
陈庆荣等,句法预测对句子理解影响的眼动实验[J],《心理学报》,2010,(6)。
陈相雨、汤天明,"读图时代":从粗放走向集约[J],《传媒观察》,2003,(5)。
陈灼主编,《桥梁——实用汉语中级教程(下)》[M],北京语言文化大学出版社,1997。
陈灼,《桥梁:实用汉语中级教程》[M],北京语言大学出版社,2007。
冯胜利,韵律制约的书面语与听说为主的教学法[J],《世界汉语教学》,2003,(1)。
付玉萍,《以汉语为第二语言的留学生高级阶段阅读眼动研究》[D],首都师范大学博士论文,2008。
干红梅,浅析中级汉语阅读课堂中的词汇习得——以一次真实的课堂教学为例[J],《云南师范大学学报》,2008,(5)。
龚亚夫、罗少茜,《任务型语言教学》[M],人民教育出版社,2003。
管益杰,方富熹,单字词的学习年龄对小学生汉字识别的影响(Ⅰ)[J],《心理学报》,2001,33(5):425-430。
管益杰,方富熹,单字词的学习年龄对小学生汉字识别的影响(Ⅱ)[J],《心理学报》,2002,34(1):23-28。
郭睿,内隐学习:对外汉语教学的新视野[J],《语言教学与研究》,2008,(6)。
郭曙纶,对外汉语书面词汇教学要从汉字抓起——基于汉语字与词对比数据的一项研究[J],《汉语教学学刊》,2009。
郭小朝,汉字图像模式识别的早期知觉过程[J],《人类工效学》,2001,(1)。
郭秀艳,《内隐学习》[M],华东师范大学出版社,2003。
韩晓蕙,《可理解输入影响第二语言阅读理解和附带词汇习得之实证研究》[D],上海外国语大学博士论文,2010。
何先友、林崇德,中文阅读中的边界效应及其消除:事件持续效应[J],《心理学报》,2008,(6)。
胡裕树主编,《现代汉语》[M],上海教育出版社,1989。

黄健辉、陈恒之,中文阅读中的字形与语音加工[J],心理学报,2000,32(1)。
黄源深,学会通过阅读获取信息——谈《阅读教程》的编写思路[J],《外语界》,2008,(1)。
江新,汉字频率和构词数对非汉字圈学生汉字学习的影响[J],《心理学报》,2006,(5)。
江新,《对外汉语字词与阅读学习研究》[M],北京语言大学出版社,2008。
蒋锦文等编著,《轻松阅读－初级汉语泛读》,北京大学出版社,2005。
景艳梅、路海东,自我解释与工作记忆对汉语阅读理解的影响[J],《心理科学》,2009,(4)。
亢世勇,《面向信息处理的现代汉语语法研究》[M],上海辞书出版社,2004。
李大遂,汉字的系统性与汉字认知[J],《暨南大学华文学院学报》,2006,(1)。
李辉,学前阶段儿童汉字认知能力发展的比较研究[D],北京师范大学博士论文,1999。
李蕊,汉字学习策略的介入性研究[J],《云南师范大学学报》,2009,(5)。
李珊林,语感训练的思考和做法[J],《语言学习》,1990,(9)。
李晓琪,《对外汉语阅读与写作教学研究》[M],商务印书馆,2006。
李铮,六岁左右儿童的汉字字形知觉形位的初探[J],《心理学报》,1964,2:178－184。
刘爱伦,《思维心理学》[M],上海教育出版社,2002。
刘电芝,试论直觉思维的心理机制[J],《教育研究》,1988,(1)。
刘焕辉,《言与意之谜》[M],中国社会科学出版社,2001。
刘鸣,汉字分解组合的表象操作与汉字字形学习的关系[J],《心理学报》,1993,(3)。
刘珣,《新实用汉语课本》[M],北京语言大学出版社,2002。
柳燕梅,汉字策略训练的必要性、可教性和有效性的实验研究[J],《世界汉语教学》,2009,(2)。
吕叔湘,《汉语语法论集》[M],商务印书馆,1984。
吕叔湘等著　马庆株编,《语法研究入门》[M],商务印书馆,1999。
马箭飞,汉语教学的模式化研究初论[J],《语言教学与研究》,2004,(1)。
马南邨,白开水最好喝,《燕山夜话》[M],北京出版社,1979:486。
孟建等主编,《图书时代:视觉文化传播的理论诠释》[M],复旦大学出版社,2005。
牛瑞英,合作输出相对于阅读输入对二语词汇习得作用的一项试验研究[J],《现代外语》,2009,(3)。
潘文国,《汉英语对比纲要》[M],北京语言文化大学出版社,1997。
彭聃龄,《语言心理学》[M],北京师范大学出版社,1991。
彭聃龄,《汉语认知研究》[M],山东:山东教育出版社,1997。
彭聃龄,汉语信息加工及其认知神经机制的研究——20年研究工作的回顾[J],《当代语言学》,2004,6(4)。
邵敬敏,《现代汉语通论》[M],上海教育出版社,2004。
余贤君,王莉,宋歌,张必隐,小学识字教学难点与汉字心理词典的发展[J],《上海教育科研》,1998,(12)。
沈德立等,词切分对初学者句子阅读影响的眼动研究[J],《心理学报》,2010,(2)。
盛炎,《语言教学理论》[M],重庆出版社,1990。
施正宇,现代汉字的几何性质及其在汉字教学中的意义[J],《语言文字应用》,1998,(4)。
施正宇,词·语素·汉字教学初探[J],《世界汉语教学》,2008,(2)。
孙海丽,从汉字和拼音文字的比较谈对外汉字教学的方法[J],《教育视野》,2000,(3)。
田然,近十五年对外汉语中高级阅读教材编写理念评析[J],《云南师范大学学报》,2008,(4)。
佟秉正,从口语到书面——中级汉语教学课题之一[J],《世界汉语教学》,1996,(4)。
佟乐泉、张一清,儿童语言学习若干问题研究[J],《世界汉语教学》,1993。
王飙,试论"精视精读"教学模式与教材编写[J],《语言教学与研究》,2010,(3)。

王汉卫,《华语阅读测试论》[D],暨南大学博士论文,2008。
王恒俭,语感研究述评[J],《江苏教育学院学报(社会科学版)》,1997,(2)。
王惠萍,英语阅读教学中多模态识读能力的培养[J],《外语界》,2010,(5)。
王建勤,《外国学生汉字构形意识发展的模拟研究——基于自组织特征映射网络的汉字习得模型》[D],北京语言文化大学博士论文,2005。
王建勤,汉语学习者汉字知识获得机制模拟研究[J],《语言文字应用》,2008,(1)。
王珏主编、蒋向艳编著,《汉语中级综合教程》上册,北京大学出版社,2008。
王骏,汉语词汇在长时记忆中的贮存模式及其对教学的意义[J],《云南师范大学学报》,2008,(4)。
王骏,留学生汉字习得的相关因素研究[J],《语言教学与研究》,2009,(1)。
王蕾,可读性公式的内涵及研究范式——兼议对外汉语可读性公式的研究任务[J],《语言教学与研究》,2008,6。
王力,《中国语法理论》[M],中华书局,1954。
王培光,《语感与语言能力》[M],北京大学出版社,2005。
王瑞明,《文本阅读中信息的协调性整合研究》[D],华南师范大学博士论文,2006。
王坦,合作教学的基本理念[J],《语文教学通讯》,1996,(9)。
王坦,合作学习的教学论贡献[J],《课程·教材·教法》,2003,(1)。
王坦,合作学习的理论基础简析[J],《课程·教材·教法》,2005,(1)。
王尧美、张学广,图式理论与对外汉语阅读教学[J],《语言教学与研究》,2009,(2)。
王永德,《留学生习得汉语句子发展研究》[M],复旦大学出版社,2008。
王雨函等,阅读中跳读现象的研究[J],《心理科学》,2008,(3)。
王聿恩,句群的呼应[J],《修辞学习》,1994,(4)。
魏在江,概念转喻与英语阅读教学[J],《外语界》,2009,(2)。
伍丽梅、莫雷,说明文阅读中局部连贯因果推理的产生[J],《心理学报》,2010,(2)。
吴中伟,《当代中文》[M],华语教学出版社,2003。
荆建华等译,《教学模式》[M],中国轻工业出版社,2002。
邢福义,《汉语语法学》[M],东北师范大学出版社,1997。
徐彩华,《汉字认知与汉字学习心理研究》[M],知识产权出版社,2010。
徐火辉,汉字形态认知复杂性分析[J],《语文建设》,1995,(8)。
徐子亮,汉字背景与汉语认知[J],《汉语学习》,2003,(6)。
薛锦、舒华,快速命名对汉语阅读的选择性预测作用[J],《心理发展与教育》,2008,(2)。
阎巩固译,《心理学——一条整合的途径》[M],华东师范大学出版社,2000。
杨炳辉,语法教学必须与培养语感相结合[J],《语文学习》,1993,(4)。
杨剑峰、舒华,汉字阅读的联结主义模型[J],《心理学报》,2008,(5)。
杨治良等,《记忆心理学》[M],华东师范大学出版社,1999。
姚宝梁,预制语块与英语教学[J],《教学研究》,2003,(3)。
姚梅林、王泽荣、吕红梅,从学习理论的变革看有效教学的发展趋势[J],《北京师范大学学报》,2003,(5)。
姚小平译,《论人类语言结构的差异及其对人类精神发展的影响》[M],商务印书馆,1999。
叶军,语言能力、汉字能力与汉语教学之瓶颈问题[J],《中国文字研究》,2007,(2)。
尤浩杰,笔画数、部件数和拓扑结构类型对非汉字文化圈学习者汉字掌握的影响[J],《世界汉语教学》,2003,(2)。
余宁编著,《中国视点:中级汉语教程》,北京语言文化大学出版社,2000。

余文森、刘家访、洪明主编,《现代教学论基础教程》[M],东北师范大学出版社,2007。

曾逸群,拼音文字为背景的外籍学生对汉字形音认知的倾向调查[J],《暨南大学华文学院学报》,2008,(3)。

查有梁a,《新教学模式之建构》[M],广西教育出版社,2003a。

查有梁b,《课堂模式论》[M],广西师范大学出版社,2003b。

詹丽茹译,《语言家》(The Linguist)[M],中华书局,2004。

张必隐,《阅读心理学》[M],北京师范大学出版社,2004。

张法科、王顺玲,图式理论在EFL阅读教学中的应用研究——以《综合教程》教学为例[J],《外语界》,2010,(2)。

张法科、赵婷,非语言性阅读障碍调查及课外阅读模式的构建[J],《外语界》,2007,(6)。

张厚粲、徐建平、孟祥芝译,《阅读障碍与阅读困难:给教师的解释》[M],人民邮电出版社,2007。

张积家、张厚粲,汉字认知过程中整体与部分关系论[J],《应用心理学》,2001,(7)。

张洁、白琼烨,母语为拼音文字的留学生学习汉语初期重"音"轻"字"现象研究[J],《辽宁行政学院学报》,2006,(5)。

张金桥,《汉语阅读与习得的认知心理研究》[M],暨南大学出版社,2008。

张 静、郑致远,《修辞学教程》[M],河南教育出版社,1990。

张景业,构建全方位的对外汉字教学格局[J],《外语与外语教学》,2001,(6)。

张世涛编著,《新视野:汉语高级教材》[M],北京大学出版社,2007。

张为民,谈"讨论式教学模式"[J],《课程·教材·教法》,2001,(2)。

张宪、亓鲁霞,自然阅读中的词汇附带习得研究[J],《外语教学与研究》,2009,(4)。

赵金铭主编,《对外汉语教学概论》[M],商务印书馆,2008。

钟海清编著,《教学模式的选择与运用》,北京师范大学出版社[M],2006。

周爱保、张学民、舒华、何立国,字体、字号和词性对汉字认知加工的影响[J],《应用心理学》,2005,(2)。

周健,《对外汉语语感教学探索》[M],杭州:浙江大学出版社,2005。

周智,合作、共享阅读的快乐[J],《文学教育》,2006,(1)(载http://www.ztsyzx.com/txt/200662604.doc)。

朱纯,《外语教学心理学》[M],上海外语教育出版社,1994。

朱德熙,《语法答问》[M],商务印书馆,1985。

朱勇,汉语阅读教材编写中的若干对矛盾[J],《语言教学与研究》,2010,(6)。

朱志平,汉字构形学说与对外汉字教学[J],《语言教学与研究》,2002,(4)。

庄稼婴、张增增编著,《新视角-高级汉语教程》(上),北京大学出版社,2007。

Ausubel, D. P. (1960) The use of advance organizers in the learning and retention of meaningful verbal material. *Journal of Educational Psychology*, Vol. 51, pp. 267—272.

Ausubel, D. P. (1978) In defense of advance organizers: a reply to the critics. *Review of Educational Research* Vol. 48. pp. 251—257.

Bachman, Lyle F. (1990) *Fundamental Considerations in Language Testing*. Oxford: Oxford University Press.

Barnett, M. A. (1988) Reading through context: How real and perceived strategies use affects L2 comprehension. *Modern Language Journal*, 72, 150—162.

Bereiter, C., & Bird, M. (1985) Use of thinking aloud in identification and teaching of reading comprehension strategies. *Cognition and Instruction*, 2, 131—156.

Carrell, P. L. B. G. Pharis & J. C. Lieberto (1989) Metacogntive strategy Training for ESL reading *TESOL Quarterly*, Vol. 23, 647—678.

Dansereau, D. (1985) Learning strategy research. In J. Segal & S. Chipman (Eds.), *Thinking and learning skills*. London: Lawrence Erlbaum Associates.

Wilkins D. A. (1972) *Linguistics in Language Teaching*. Edward Arnold.

Deutsch, M. (1949) An experimental study of the effect of cooperation and competition upon group process. *Human Relation*, 2, 199—231.

Edward Awh, John Serences, Paul Laurey, Harpreet Dhaliwal, Thomas van der Jagt and Paul Dassonville. (2004) Evidence against a central bottleneck during the attentional blink: Multiple channels for configural and featural processing [J], *Cognitive Psychology*, Volume 48, Issue 1, January.

Garner, R. (1987) Metacognition and reading comprehension. *Norwood, NJ: Ablex Publishing*.

Goodman, K. S (1976). Reading: a psycholinguistic guessing game. In H. Singer & R. Ruddle (Eds.) *Theoretical models and processes of Reading (2nd)* Newark, Del., International Reading Association.

Goodman. K. S. (1976) "Reading: a psycholinguistic guessing game" in H. Singer and R. B. Ruddell (eds), *Theoretical Models and Processes of Reading*. Newark, DE: International Reading Association. pp. 497—508.

Gough, P. B. (1972) *One second of reading*. In H. Singer & R. B. Ruddell (Eds.), Theoretical Models and Processes of Reading, 3rd edition (pp. 661—686). Newark, Delaware: International Reading Association.

Hadley, Alice Omaggio. (2001) Teaching Language in Context (third edition). *Boston: Heinle & Heinle*.

Johnson, D., Johnson, R. et al. (1981) Effects of Cooperative, Competitive and Individualistic Goal Structures on Achievement: A Meta—Analysis. *Psychological Bulletin*, 89, 47—62.

Johnson, D. W., Johnson, R. T. & Holubec, E. J. (1993) *Cooperation in the Classroom*. Edina, MH: Interaction Book Company.

Kissock, C. & Lyortsuun, P. A. (1982) *Guide to Questioning: Classroom Procedures for Teachers*. London: MacMillan Press Ltd.

Leck k J, Weekes, B S, Chen, M J. (1995) Visual and phonological pathways to the lexicon: Evidence From Chinese readers. *Memory & Cognition*. 23(4).

Meyers, Chet and Thomas B. Jones, (1993) *Promoting Active Learning: Strategies or the College Classroom*. San Francisco: Jossey—Bass Publishers.

Nuttall C. (1996) *Teaching Reading Skills in a Foreign Language*, Oxford, Macmillan Publishers Limited.

Odlin, T. (2001) *Language Transfer: Cross-linguistic influence in language learning*. Shanghai: Shanghai Foreign Language Education Press.

Penny Ur《课堂讨论——目标教学小智囊》,南开大学出版社,2007.

Rasmussen, R. V. (1984) Practical Discussion Techniques for Instructors. *AACE Journal*. 12(2), 38—47.

Rumelhart, D. E. (1977) *Toward an Interactive Model of Reading in Attention and Performance*. Vol6, Cornic, S. (eds.)576—603. New York: Academic Press.

Rumelhart, D. E. (1985) Toward an Interactive Model of Reading. In H. Singer & R. B. Ruddell

(Eds.), *Theoretical Models and Processes of Reading*, 3rd edition (pp. 722—750). Newark, Delaware: International Reading Association.

Rumelhart D. and Ortony. (1997) The Representation of Knowledge in Memory [A] R. C. Anderson, F. J. Spiro(eds) *Schooling and the Acquisition of Knowledge*[C] N. J.: LEA.

Said, E. (1979) *Orientalism*. New York: Vintage.

Skehan, P. A (1998) *Cognitive Approach to Language Learning*. 语言学习认知法[M]. Oxford University Press.

Stevens, R. J. N. A. Madden, & R. E. Slavin & A. M. Farnish. (1987) Cooperative Integrated reading and composition: two field experiments. *Reading Research Quarterly*. Vol. 22. 433—454.

Smith. F. (1978) *Understanding Reading—A Psycholinguistic Analysis of Reading and Learning to Read*, Second Edition Holt, Rinehartand Winston.

Thorndike, E. L. (1917) Reading as reasoning: A study of mistakes in paragraph reading. *Journal of Educational Psychology*.

Xie, Tianwei. (1999) "Using Computers in Chinese Language Teaching, Mapping the Course of the Chinese Language Field", *Chinese Language Teachers Association Monograph Series*, Vol. III.

汉语阅读调查问卷

您好！为了更好地研究汉语阅读教学，我们想进行一次问卷调查。请根据您的实际情况回答，如无特殊说明，每题只选一个答案。谢谢您的合作！

个人资料：

学校_____ 性别_____ 年级_____ 国籍_____ 通过HSK考试____级

一、基本情况

1. 你学习汉语多长时间了？
   A 半年
   B 一年
   C 一年半
   D 两年
   E 半年以下
   F 两年以上

2. 每个星期学习几个小时？
   A 2个小时
   B 3个小时
   C 4个小时
   D 15个小时
   E 15个小时以上

3. 现在的汉语水平如何？
   A 基础（能听懂并进行基本的对话、但不流利，能阅读一些简单的句子）
   B 初级（能较顺利地听懂并进行日常对话，能阅读较长的段落，而且能写出表达比较准确的句子及段落）
   C 中级（能很顺利地听懂并进行一般对话，能阅读一般文章，而且能写出表达准确的句子及文章）

D 高级（能听懂并进行专业性较强的对话，能阅读专业性较强的文章，写作表达准确，可以翻译专业文章）

4. 你为什么学习汉语？
　　A 为了升学
　　B 为了工作
　　C 为了将来发展
　　D 有兴趣
　　E 其他

二、关于阅读

1. 您是否喜欢汉语阅读？
　　A 很喜欢
　　B 比较喜欢
　　C 不太喜欢
　　D 很不喜欢

2. 如果你不太喜欢或很不喜欢汉语阅读，请问原因是什么？
　　A 生词太多
　　B 语法结构太难
　　C 不熟悉汉语的文化背景
　　D 阅读速度太慢

3. 你通常阅读哪类中文材料？
　　A 报纸杂志
　　B 教材
　　C 小说或散文
　　D 科技书籍

4. 你认为哪类汉语文本在阅读时难度最大？
　　A 小说或散文
　　B 报纸或杂志
　　C 科技类文本
　　D 广告类文本

5. 你觉得汉语阅读多长时间合适？
　　A 30 分钟
　　B 45 分钟
　　C 90 分钟
　　D 135 分钟

6. 你喜欢的汉语阅读方式是哪种？
　　A 在老师指导下的课堂阅读

B 在课堂上与同学一起合作阅读

C 与朋友一起阅读

D 自己一个人阅读

三、阅读过程

1. 阅读时遇到生词或难词你怎么办？

    A 查字典

    B 跳过去

    C 通过上下文猜测

    D 问别人

2. 阅读时遇到难句你怎么办？

    A 查字典或书

    B 跳过去

    C 通过上下文猜测

    D 问别人

3. 自己阅读时，你是

    A 每个词都弄懂

    B 弄懂大部分词

    C 只要求知道个大概

4. 你怎么来猜测词的意思？

    A 按字形

    B 按词语构造

    C 按句法结构

    D 按语境

5. 遇到不理解的句子，你是

    A 从头开始再读一遍

    B 反复看句子中难懂的词语

    C 跳过去

6. 阅读中有了跳跃，意思连不起来，你怎么办？

    A 回过头来重读

    B 抓主要词语的意思

    C 读到后面，再联系前面跳跃的语句

    D 放弃对这个语句的理解

7. 阅读句子，你是

    A 把汉语词语意义翻译成母语意义来理解

    B 有一半翻译成母语来理解

    C 直接用汉语来理解

8. 理解词义和句意,你是
    A 先理解词义,再理解句子
    B 先理解句意,再确定词义
    C 从词义到句子,再从句子确定词义

9. 你阅读时,习惯上依靠什么来理解意义:
    A 语法分析(对句子进行语法结构分析)
    B 字词意义(将每个词的意义加合起来)
    C 语感(凭汉语的语言经验来判断理解)

10. 在汉语阅读时,你最关注的是
    A 字词的意思
    B 语法结构
    C 信息
    D 文化背景

11. 在汉语阅读时,如果文本中的汉字你几乎都认识,但仍有阅读困难,是为什么?
    A 不了解惯用语
    B 语法知识欠缺
    C 受母语的干扰
    D 不了解文化背景

12. 在阅读汉语文本时,你最大的障碍是什么?
    A 生词
    B 惯用语
    C 语法问题
    D 文化背景

13. 你阅读时
    A 光用眼睛看
    B 一边看一边默默地读
    C 小声地读

14. 在阅读文章时,你常常采用下面哪种方式?
    A 自下而上,即先弄清生词的意思和句子的语法结构,然后理解整篇文章的意思
    B 自上而下,即根据自己的知识,对文章进行推测和假设,然后依据篇章信息对自己的推测和假设进行验证,而不注重理解每个生词和语法结构
    C A 和 B 的方式交互使用

15. 你较多地采用哪种阅读方式:
    A 细读(一字一句都理解)
    B 浏览(不求一字一句理解,大致了解意思)

C 扫读（选择自己需要的读一下）

16. 哪种阅读方式对你的汉语学习帮助最大？

    A 细读

    B 浏览

    C 扫读

17. 加快汉语阅读的速度，你认为主要应该

    A 多积累词语

    B 熟悉语法结构

    C 增强汉语语感

    D 勤查词典

18. 阅读汉语文章时，你觉得对理解很有帮助的是

    A 文章的第一句

    B 每个段落的第一句

    C 每个段落的最后一句

    D 连词

四、阅读课堂教学

1. 你喜欢现在的阅读课吗？

    A 非常喜欢

    B 喜欢

    C 一般

    D 不太喜欢

    E 不喜欢

2. 上阅读课，你希望老师

    A 先讲生词，再读课文

    B 先读课文，再讲生词

    C A 或 B 都可以

3. 上阅读课时，你觉得

    A 听同学朗读容易懂

    B 听老师朗读容易懂

    C 自己读容易懂

4. 上阅读课时，你喜欢的方法是

    A 老师讲解生词和课文

    B 在老师指导下，学生分组讨论，进行合作阅读

    C 自学

5. 在阅读课组织的学习活动中，你最喜欢哪一种？

    A 听老师或同学说

B 回答问题或提问

C 做游戏或者表演

D 小组讨论

6. 对阅读课文后面的问题,你喜欢

A 听老师解释

B 跟同学讨论

C 自己想

7. 对阅读课文涉及的文化内容,你喜欢

A 听老师介绍

B 自己查找资料

C 知道不知道都无所谓

8. 你认为在上阅读课之前,老师是否需要先向学生介绍关于文章内容的前导性材料?

A 需要

B 不需要

9. 你认为上阅读课时,老师要鼓励、引导学生对所读文章进行质疑吗?

A 需要

B 不需要

10. 希望老师在阅读课堂上做哪些工作?(可以多选)

A 解释词语

B 介绍背景

C 讲解语法

D 讲解难的句子

E 讲解文章意思

F 做课后练习

G 让学生讨论

H 让学生查找资料

I 讲解汉字

11. 如果老师在阅读课上给你几个跟阅读内容有关系的任务,你愿意完成吗?

A 很愿意

B 无所谓

C 不太愿意

12. 阅读课上,请你跟同学讨论后自己解决问题,你觉得怎么样?

A 很好

B 一般

C 不好,希望老师讲

汉语阅读调查问卷英文版

Questionnaire on Reading Habits in Chinese

Thanks for your cooperation with our research on teaching reading comprehension skills in Chinese. Please answer the following questions by sorting out one answer out of the choices. You are also welcome to provide an answer based on your special personal experience in learning Chinese. We really appreciate your kindness in filling out this questionnaire!

Personal information:

School:_____ Gender:_____ Grade:_____ Nationality:_____

Did you take the HSK exam? And you are at level _____

I. General information

1. How long have you been learning Chinese?

    A. half a year B. one year C. one and a half years

    D. two years E. less than half a year F. over two years

2. How many hours do you spend in learning Chinese each week?

    A. two hrs B. three hrs C. four hrs

    D. fifteen hrs E. more than fifteen hrs

3. At which proficiency level do you think your Chinese is?

    A. Basic level (which means you are able to understand some basic conversations. You still need to work on the fluency of your conversations, and you can read some simple sentences).

    B. Beginning level (at which you can understand and hold some daily conversations with relative ease, and you are able to read passages of a certain length, and you can write intelligible sentences and short paragraphs)

    C. Intermediate level (at this level, you can hold the conversations very fluently and smoothly, and you are able to read articles of general interest, and you are able to compose articles with high accuracy)

    D. Advanced level (you are able to interpret conversations in specialized fields, and you can read articles about different specialties. Your composition is well-understood and you can translate articles about a specific subject)

4. What's your motivation of learning Chinese?

    A. further education B. job demands

    C. future development D. out of personal interest E. other reasons

II. Questions on your reading preferences

1. Do you enjoy reading Chinese articles?
   A. really like
   B. like
   C. not really
   D. dislike

2. What do you think is the main factor that perplexes your reading Chinese articles?
   A. too many new words
   B. the grammar is too difficult
   C. not familiar with the Chinese cultural background
   D. you read the articles as slowly as a snail.

3. Which types of Chinese articles would you prefer reading?
   A. Chinese newspapers and magazines
   B. Chinese language textbooks
   C. Chinese novels.
   D. Chinese science and technology books

4. Which type of Chinese articles do you think is most hard to comprehend?
   A. novels or essays
   B. newspapers or magazines
   C. essays introducing scientific knowledge
   D. advertisements

5. What do you think is the ideal length of time set aside on improving reading skills everyday?
   A. 30 mins.
   B. 45 mins.
   C. 90 mins.
   D. 135mins

6. Which is your favorite way to read?
   A. classroom reading under teachers' guidance
   B. classroom reading together with your classmates
   C. reading with friends
   D. reading by yourself

III. Questions on your reading process

1. What's your strategy to deal with new words encountered in reading?
   A. look them up in the dictionary
   B. skip them
   C. extrapolate their meanings from the context
   D. ask other people

2. What's your strategy to deal with difficult sentences in reading?
   A. look them up in the dictionary or books
   B. skip them
   C. by extrapolating their meanings from the context   D. ask other people
3. When you read, you will try to
   A. understand each word
   B. understand most of the words
   C. focus on the main idea without paying attention to the meanings of each word
4. How do you guess the meaning of new words?
   A. by analyzing the shape of the characters
   B. by analyzing the meaning of each character in the compound word
   C. by analyzing the role and position of the word in the whole sentence
   D. based on the specific context
5. When you can't understand a sentence, you tend to
   A. read the sentence again
   B. try to figure out the meaning of the difficult words in the sentence.
   C. just skip them
6. When you come across inconsistent messages in the reading, you tend to
   A. find the paragraph or sentence which conveys the inconsistent message trying to pin down their exact meaning by reading again.
   B. find the key words which convey the idea and try to interpret them again
   C. keep reading and pay attention to other sentences which may explain the inconsistency.
   D. ignore it
7. When you read sentences, you tend to comprehend them by
   A. translating the Chinese words into your native language
   B. half by translation, half by comprehending directly in Chinese
   C. comprehending them just in Chinese
8. How do you deal with the relation between the words and the whole sentence?
   A. try to understand the words first, then the whole sentence
   B. understand the sentence first, nail down what the words mean.
   C. by two-way processing (from words to the whole sentence, then from the sentence to each word)

9. When you are reading, how do you work to get the meaning of the article?

   A. by grammatical analysis on the structure of sentences

   B. by working out the meaning of words and characters and piecing all of them together.

   C. by your language intuition developed by accumulation of previous experience in reading Chinese materials

10. What are you most concerned about while reading?

    A. the meaning of words   B. the grammatical structures

    C. information   D. cultural background

11. Sometimes, you may find, even though you can recognize all the characters in the text, you still have difficulty in comprehending the whole meaning, what do you think is the reason behind this problem?

    A. you are unfamiliar with the usage of some fixed expressions or Chinese Slang.

    B. you are short of the grammatical knowledge of Chinese knowledge

    C. your reading process is disturbed by your native language

    D. you are not familiar with the Chinese cultural background

12. What's the largest barrier in the process of comprehending Chinese materials?

    A. new words   B. fixed expressions or Chinese slang

    C. grammatical problems D. cultural background

13. When you are reading, you tend to

    A. read by sweeping

    B. read it silently to yourself

    C. read it out in low voice

14. When you are reading an article, you tend to take which of the following strategies?

    A. bottom-up (first figure out the new words, the structure of the sentences, then comprehend the main idea of the article)

    B. top-down (make some predictions based on your knowledge of the theme, then proceed to back your prediction up by extracting the information from each paragraph. Pay little attention to the new words and grammatical structures)

    C. both A and B

15. Which of the following ways of reading would you prefer?

    A. reading word by word

B. scanning to get the main idea of the article

C. skimming the paragraphs of your personal interest

16. Which of the above ways of reading is most helpful in improving your Chinese language proficiency?

    A. reading word by word

    B. scanning to get the main idea of the article

    C. skimming the paragraphs of your personal interest

17. What do you think could help improve your reading rate?

    A. by building up your vocabulary

    B. by getting familiar with the grammatical structures

    C. by developing the language intuition

    D. by looking the dictionary up frequently

18. Which part of the article do you think carries the most significant message?

    A. the first sentence in the article

    B. the first sentence of each paragraph

    C. the last sentence of each paragraph

    D. the conjunction words

IV. Questions on your reading classes

1. Do you enjoy your reading class?

    A. you totally enjoy it   B. you like it   C. it's so-so

    D. not really   E. dislike

2. In the reading class, you'd prefer your teacher

    A. firstly explaining the new words, then proceeding to the text

    B. first the text, then the words

    C. I don' care

3. In the reading class, you think

    A. it's easier to understand the article while you hear your classmate read it aloud

    B. It's easier to understand the article while your teacher reads it aloud

    C. It's easier to understand the article while you read it by yourself

4. Which of the following patterns of reading classes do you prefer?

    A. the teacher dominates the class by explaining words and the article

    B. the students are cooperating to accomplish the reading task by group discussion under teachers' guidance

    C. each student reads and teaches himself.

5. Which of the activities in the reading class attracts you most?

   A. listening to your teacher or your classmates

   B. answering or questioning

   C. games or skits

   D. group discussions

6. By which of the following ways do you prefer doing the after-text exercises ?

   A. listening to the teacher's explanation

   B. discussing with your classmates

   C. thinking about them on your own

7. So far as the cultural background is concerned, you prefer

   A. listening to the teacher's explanation

   B. finding out the information on your own

   C. leaving it without care

8. Do you think it's necessary that teachers introduce some pre-text materials to get the students familiar with the subject the text's going to discuss?

   A. yes, it's necessary.　　B. not necessary

9. Do you think teachers should encourage students to form questions about the text they are going to read?

   A. yes　　　　　　　B. no

10. What do you recommend the reading class teacher to do? (multiple choice)

    A. explain the words

    B. introduce the background of the text

    C. analyze the grammar points

    D. expound the difficult sentences

    E. explain the main idea of the text

    F. organize the students to do the after-text exercises

    G. organize the group discussions

    H. assign the students to find out relevant information

    I. explain the characters.

11. Are you willing to accomplish the tasks related with reading in the reading class?

    A. very willing　　　B. don't care　　　C. not willing

12. How do you like the idea of finding an answer through discussion with your classmates?

    A. I like it very much.　　B. I don't care

    C. it won't work for me, I hope it's explained by the teacher.

后 记

经过数年的辛勤工作,项目终于完成并通过结项。在本书即将出版之际,回顾这一路走来,感言颇多。

2006年初,新一轮的国家社科基金项目申报启动。华东师范大学终身教授,时任对外汉语学院常务副院长的陈勤建老师找我商谈项目申报事宜。当时我的《实用对外汉语教学法》(与吴仁甫教授合著)刚由北京大学出版社出版不久(2005年8月),手头还有两部书稿(即后来由华东师范大学出版社出版的《对外汉语教学心理学》和由北京大学出版社出版的《汉语作为外语的学习研究:认知模式与策略》)正在撰写中,所以抽不出时间来考虑。没承想过了几天,陈老师又来找我谈此事,而且把项目申报与提高学院的科研水平联系在一起。于是接下来的整个寒假和春节,我就埋首在项目申报的大量资料查阅梳理、项目论证的反复思考和撰写之中。

2006年5月课题立项。我重新调整了自己的研究工作,组织课题组的老师们全身心地投入到项目的研究之中。首先面临的是进行欧美学生汉语书面语阅读情况的调查,这是一项基础的也是工作量很大的任务。课题组的陈流芳老师通晓俄语,张永奋老师通晓意大利语,两位老师利用她们在俄罗斯彼得堡大学和意大利米兰大学工作的机会和条件,完成了大部分在境外学习汉语的欧洲学生的问卷调查。课题组的叶军老师、肖路老师和朱勘宇老师都有在美国工作和学习的经历,这为问卷调查、访谈以及研究工作的完成打下了良好的基础。问卷调查工作还得到兄弟院校和有关单位同仁的帮助。他们是:易源高级经理(上海市对外服务有限公司)、彭育波副教授(上海交通大学)、鲁洲老师(东华大学)、陈钰老师(复旦大学)、袁海萍老师(上海财经大学)、陆晓红编辑(上海辞书出版社)。美国旧金山中美双语学校的中文部主任周均等国内外有关院校的老师协助课题组做了大量访谈。他们的支持和帮助为项目研究打下了扎实的基础。

项目的研究得到了学校和学院各级领导的支持。课题组在研究期间召开了专题研讨会,请校内外中文、外语、对外汉语/汉语国际教育界的专家学者对项目的立意、研究内容、研究方法、成果应用等问题进行了深入的研讨。赵金铭、巢宗祺、曲卫国、侯敏跃、陶黎铭、吴仁甫、张建民、李明洁等各方专家教授为项目把脉，他们高屋建瓴、切中肯綮的见解和意见对项目研究起到了重要的指导作用。学院对外汉语系、汉语言系与对外汉语教学文化中心的老师在课题组举办的多次学术沙龙中，以他们丰富的一线教学经验，对欧美学生的汉语阅读教学提出了许多具体的建议。这些宝贵的经验和建议，加强了项目研究的针对性，提高了研究的实践价值。

为了获取第一手资料，征得任课教师和欧美学生的同意，我带领研究生进入欧美学生课堂听课、实录课堂教学，并转写了近三十万字的教学实录文字稿。本书中呈现的各个教学模式的教学实例是其中颇具典型意义的部分。除课题组成员外，吴仁甫教授、刘弘老师、汤莉娜老师和仲清老师为项目提供了他们的教学实例。这些实例很好地印证了各个阅读教学模式的特点，使研究成果充满了鲜活的生命力。

经过大家数年的努力，研究终于进入成果合成阶段。统稿的那些日子至今回想起来仍恍如昨日。总是在夜深人静的时候，我独自对着电脑屏幕，一字一句斟酌，一段一节增删，一篇一章修订和梳理。记不清度过了多少个这样的夜晚，书稿终于在上海世博会开幕前交付送审。

2011年5月项目通过评审，顺利结项。在此，特别感谢项目评审专家的支持和信任，他们所提出的宝贵而中肯的评审意见，使项目成果的水平得到了进一步的提升。

得益于北京大学出版社对学术研究的重视和王飙主任的鼎力相助，项目成果最终得以出版。在编辑出版的过程中，我与沈岚老师的联系是最多的。从一封封的邮件中，我深深感受到沈岚老师对工作认真负责的态度和精益求精的精神。特别在我进行全书最后的审读和校对时，这种精神极大地激励着我去完成最后的冲刺。

衷心感谢所有帮助我们和关注我们的人们。

徐子亮

2013年立冬